COLLECTION NOUVELLE DE MÉMOIRES MILITAIRES

COMMANDANT GUITRY

L'ARMÉE DE BONAPARTE

EN ÉGYPTE

1798-1799

ERNEST FLAMMARION, ÉDITEUR

Lh⁴
2155

L'ARMÉE DE BONAPARTE
EN ÉGYPTE
1798-1799

En vente chez le même éditeur :

COLLECTION NOUVELLE DE MÉMOIRES MILITAIRES

Publiée dans le format in-8 colombier et en très élégante reliure souple.

Illustrée de portraits, cartes, etc.

L‍t BURKARD. **ÉPOPÉE DES ZOUAVES.** 4me zouaves et zouaves de la garde. Illustrations de P. de Sémant. Deux volumes avec cartes . . . . **12 fr.**

G. BERTIN. **LA CAMPAGNE DE 1812,** d'après des témoins oculaires. Un volume . . . . **6 fr.**

G. BERTIN. **LA CAMPAGNE DE 1813,** d'après des témoins oculaires. Un volume . . . . **6 fr.**

G. BERTIN. **LA CAMPAGNE DE 1814,** d'après des témoins oculaires. Un volume. . . . . **6 fr.**

J.-B. ANTOINE. **MÉMOIRES DU GÉNÉRAL BARON GODART (1792-1815).** Un volume, avec portrait et cartes. . . . . **6 fr.**

IDA SAINT-ELME. **MÉMOIRES D'UNE CONTEMPORAINE** sur les principaux personnages de la République, du Consulat et de l'Empire. Un volume avec portraits tirés du cabinet des Estampes, préface par M. Napoléon Ney . . . . . . **7 fr.**

H. LOIZILLON. **CAMPAGNE DE CRIMÉE.** Lettres écrites par le capitaine d'état-major H. Loizillon, préface de G. Gilbert. Un volume avec portrait et un plan. . . . **6 fr.**
(*Couronné par l'Académie française.*)

A. TOURNIER. **VADIER,** président du Comité de sûreté sous la Terreur. Préface par J. Claretie. Un volume illustré. **6 fr.**

S. BLAZE. **MÉMOIRES D'UN AIDE-MAJOR SOUS LE PREMIER EMPIRE,** guerre d'Espagne, 1808-1814. Préface par Napoléon Ney. Un volume illustré. . . . . **6 fr.**

G. BARRAL. **L'ÉPOPÉE DE WATERLOO.** Narration nouvelle des Cent Jours et de la Campagne de Belgique en 1815. Un volume illustré. **6 fr.**

G. BARRAL. **ITINÉRAIRE ILLUSTRÉ DE L'ÉPOPÉE DE WATERLOO.** Guide historique et militaire du champ de bataille, avec 10 gravures et 60 dessins originaux d'A. Hamesse. Un joli volume in-18, en reliure souple . . **3f50**

PARIS. — IMP. FERD. IMBERT, 7, RUE DES CANETTES.

Collection nouvelle de Mémoires militaires

COMMANDANT GUITRY

L'ARMÉE DE BONAPARTE EN ÉGYPTE

1798-1799

PARIS
ERNEST FLAMMARION, ÉDITEUR
26, RUE RACINE, 26

INTRODUCTION

« Je n'aime dans l'histoire que les anecdotes,
» a dit Mérimée (1), et parmi les anecdotes je
» préfère celles où j'imagine trouver une pein-
» ture des mœurs et des caractères à une époque
» donnée. »

J'ai cherché à faire « cette peinture » en grou-
pant dans ce livre des anecdotes racontées par
des témoins oculaires de l'expédition d'Egypte.
L'œuvre est modeste. Plus ambitieux est son but.
Il vise la préparation à la guerre.

L'histoire des campagnes d'Egypte et de Syrie
a été dictée à Sainte-Hélène par Napoléon; rela-
tée, quant aux faits militaires, par Berthier
en 1800; racontée dans son ensemble, au
commencement du siècle, par des officiers, des

(1) *Une Chronique sous Charles IX*. Préface.

administrateurs, des ingénieurs, des artistes attachés à l'armée; décrite, en certains détails, au courant des nombreux Mémoires édités depuis la Restauration jusqu'à nos jours. Après ces publications, j'estimerais osé de reprendre le récit complet de ces campagnes. La Section historique de l'armée, à la source de tous les documents officiels, me paraît, seule, en état de fixer définitivement, cent ans après, l'histoire de cette expédition d'Orient, d'enregistrer ses hauts faits militaires, d'étudier ses projets grandioses et leur effondrement.

Mais un ouvrage de ce genre s'adresse à un public restreint. Sa précise sécheresse est d'un haut enseignement pour les spécialistes, militaires et politiques, demandant le secret des succès futurs à l'étude des triomphes et des revers passés; en outre, il satisfait les goûts d'érudition d'un plus grand nombre. Par contre, obligé d'embrasser les causes de la guerre, sa préparation, ses opérations, leur théâtre, le rôle tactique échu aux différentes unités engagées, il ne peut pénétrer dans la vie intime de chaque jour et y saisir l'état des esprits aux divers échelons de la hiérarchie. Cette recherche est attachante pour toute armée. Elle séduit davantage, appliquée à l'armée de Bonaparte qui, jetée en Egypte — *déportée*, murmuraient parfois les soldats — dans un pays nouveau, fut, tour à tour, enthousiaste et découragée, sombre et gaie, « toujours admirable au feu ».

C'est cette vie intime que je voudrais faire connaître non pas tant pour « renouer entre nos » glorieux ancêtres et nous une sorte de com- » merce moral » que pour instruire nos jeunes troupes, leur apprendre à souffrir, à lutter en campagne contre la misère, la fatigue quotidiennes à travers lesquelles le combat apparaît souvent comme la diversion désirée.

A ce point de vue spécial, l'expédition d'Egypte, « aussi intéressante, disait Napoléon, qu'un épisode de roman (1) », est peut-être une des plus riches en enseignements.

I

Jamais ces enseignements ne nous furent aussi nécessaires.

Avant 1870, chaque corps comptait dans ses rangs une majorité d'officiers supérieurs, de capitaines, un assez grand nombre de sous-officiers et de soldats ayant déjà fait la guerre. Les souvenirs de Crimée demeuraient toujours ; ceux d'Italie étaient encore vivaces ; ceux du

---

(1) *Mémorial de Sainte-Hélène* ; juillet 1816.

Mexique semblaient être de la veille. Tous berçaient les débuts des jeunes officiers. Les échos des chambrées redisaient encore la glorieuse misère des hivers de Sébastopol, l'âpre lutte de ses nuits de tranchée, les trop courts triomphes de 1859, les caresses de Milan, les fleurs de Paris, puis les longues traversées vers la Vera-Cruz, les chaudes marches du Mexique et ses haciendas parfois trop tôt laissées.

L'éloignement des faits et un grain de fanfaronnade altéraient un peu les récits, amplifiaient légèrement fatigues et succès, heureuses et mauvaises fortunes ; mais le conteur était si bon enfant, si convaincu, si naturellement fier de son passé que profonde restait l'empreinte marquée sur ses jeunes auditeurs. Ces souvenirs, faits de mouvement, de contrastes, de quasi-libertés, frappaient d'autant plus que la vie militaire d'alors, hormis l'exode fréquente de garnison en garnison, était rigoureusement confinée entre les murs du quartier, dans les limites du terrain d'exercices. Pas de services en campagne ; pas de manœuvres de garnison ; pas de manœuvres d'automne. A de rares intervalles, un été au camp de Châlons sur le souvenir des manœuvres-parades duquel on vivait plusieurs années. Ces troupes qui parlaient beaucoup de l'existence en campagne, de la guerre d'hier et désiraient sans cesse celle de demain, s'y préparaient peu. Tous ces vieux soldats, sauf en présence de l'ennemi, n'avaient jamais couché hors de la caserne, marché en plein champ ou fait la soupe au bord du chemin.

Actuellement, la situation est renversée.

Les combattants de Crimée et d'Italie se comptent dans le haut état-major de l'armée; ceux du Mexique sont au moins à la tête d'un régiment. Tous, de par leur situation élevée, sont trop loin du soldat, du jeune officier, pour le réchauffer familièrement de leurs souvenirs glorieux. Les souvenirs tristes de 1870 eux-mêmes, ceux vécus du moins, manquent à tous nos officiers subalternes. Aucun, parmi ceux-ci, ne peut appuyer un conseil, un enseignement à ses subordonnés du récit d'un fait s'en rapprochant et dont il fut le témoin oculaire.

En revanche, il faut peut-être remonter à 1805, à la Grande Armée du camp de Boulogne, pour trouver des troupes comparables aux nôtres par tout ce qu'on peut savoir de la guerre... sans l'avoir faite. Habileté manœuvrière, endurance dans les marches, discipline de route et de cantonnement sont portées à un haut degré, non plus dans certains corps comme l'étaient quelques privilégiés de jadis en France ou en Algérie, mais uniformément dans toute l'armée. Chaque année, les manœuvres d'automne accusent ces résultats. L'opinion publique les exalte, et les chefs de tous grades suivent ce courant louangeur, entraînés par le désir bien naturel de récompenser les patients efforts que les troupes leur prodiguent généreusement.

Sans méconnaître le bien fondé de ces sentiments gros d'espérances, on peut remarquer, cependant, que ces soldats, tandis qu'ils affirment ainsi leur excellente préparation à la guerre, évoluent en pays riche, ont une alimentation régulière, et trouvent, chaque soir, un gîte toujours assuré. Leurs nuits, calmes, sont entièrement adonnées au sommeil que favorise la douceur de septembre. Enfin, l'excès de fatigues pouvant résulter de quelques bourrasques passagères est atténué par des repos soigneusement ménagés, des suppressions de bivouac, des réductions dans le développement des thèmes de manœuvres.

Nous voilà bien loin de la guerre, des longues marches faites à jeun ou à peu près, des souffrances de la soif, des bivouacs grelottants et silencieux, des alertes répétées, des départs inopinés de nuit, des maladies guettant les malingres, les démoralisés, les imprudents surtout. Certes, nous supporterons tout cela aussi gaillardement que l'ont fait nos pères. Mais j'aimerais à savoir nos jeunes troupes, parfois un peu grisées de leurs prouesses de manœuvres, convaincues que leurs succès futurs se paieront beaucoup plus cher. Et si la masse d'entre elles connaît — ce que savait l'armée d'avant 1870 — les *détails* de la vie en campagne de nos glorieux devanciers, elle sera, au jour venu, beaucoup moins surprise, d'un moral plus trempé et, partant, plus apte à tous les sacrifices parmi lesquels celui de la vie semble souvent le moins cruel.

Tel est le but de ce livre.

II

On sait ce que fut la campagne d'Egypte, cette campagne qui « exigeait du courage de plus d'un genre (1) »

Le 12 avril 1798, le Directoire exécutif donne au général Bonaparte l'ordre secret de s'emparer de l'Egypte, de chasser les Anglais de toutes les possessions d'Orient où il pourra arriver, de faire couper l'isthme de Suez et de prendre toutes les mesures nécessaires pour assurer la libre et exclusive possession de la mer Rouge à la République française (2).

(1) *Correspondance de Napoléon I*er, 3018.
(2) *Correspondance de Napoléon I*er, 2495.

Cette expédition, dont le véritable but demeure inconnu bien après le départ de Toulon, satisfait tout le monde.

Le Directoire y voit surtout la certitude de se débarrasser de Bonaparte, « de sa renommée importune ». Le jeune général en chef, lui, a hâte de s'éloigner. « Si je reste longtemps sans » rien faire, dit-il, je suis perdu… il faut aller » en Orient. Toutes les grandes gloires viennent » de là. » L'idée de combattre l'Angleterre suffit pour exciter l'enthousiasme de l'armée, réjouie de retrouver son glorieux chef de 1796, et « séduite par le besoin de gloire et de changement ». Trente-cinq mille hommes d'élite, appartenant la plupart à ces régiments que Bonaparte a rendus célèbres dans ses bulletins d'Italie, s'embarquent à Toulon, Gènes, Ajaccio et Civita-Vecchia. Tout un monde en abrégé, soldats, marins, savants, artistes, industriels, ouvriers, fait voile pour l'Egypte sous les auspices d'un guide de vingt-neuf ans.

En moins de quinze mois, Bonaparte part de Toulon, prend Malte au passage, débarque à Alexandrie, franchit le désert, triomphe aux Pyramides, occupe le Caire, s'y repose cinq mois, envahit la Syrie, se heurte à Saint-Jean-d'Acre après ses succès de Jaffa et du Mont-Thabor, rentre au Caire, court à Aboukir, y jette les Turcs à la mer aux lieux mêmes du désastre de notre flotte, puis revient en France. Entre temps, il organise le pays conquis, s'efforce d'en séduire les habitants, refait ses troupes, visite Suez; et Desaix, son lieutenant préféré, porte nos couleurs aux confins de la Nubie en pacifiant la haute Eygpte.

D'elle-même, cette campagne se fractionne en six périodes :

Traversée — Prise de Malte.

Conquête de la basse Egypte.

Son occupation, Suez.

Expédition de Desaix en haute Egypte.

Expédition de Syrie et de Palestine.

Retraite, Aboukir, retour de Bonaparte en France.

Chacune de ces périodes a sa caractéristique morale : l'enthousiasme à l'embarquement, la désillusion durant la conquête, la bonne humeur pendant l'occupation, la curiosité teintée de respect en Palestine, la satisfaction du retour en Egypte après l'expédition de Syrie, le mécontentement au départ de Bonaparte. Tour à tour, ces sentiments agitent l'armée, qui, disait plus tard Napoléon(1), « avait rempli sa carrière ; tous ces » individus étaient gorgés de richesses, de » grades, de jouissances et de considération ; ils » n'étaient plus propres aux déserts ni aux

---

(1) *Mémorial de Sainte-Hélène.*

» fatigues de l'Egypte ». Cependant, durant toute l'expédition, sauf en quelques jours du début de la conquête, cette armée conserve sa gaieté, victorieuse parfois des plus cruelles souffrances. Quant à sa conduite vis-à-vis de l'ennemi, elle ne cessa jamais, disait l'Empereur, d'être l'armée d'Italie et fut toujours admirable. Dans toutes les rencontres de la campagne, » l'attaque, le combat et la déroute de l'ennemi » sont l'affaire d'un instant et le résultat d'un » seul mouvement de nos troupes ».

Certes, de notables différences nous séparent de nos glorieux ancêtres d'Egypte.

Leurs généraux et officiers d'état-major étaient très jeunes. Menou, le doyen de tous, avait quarante-huit ans ; Berthier, quarante-cinq ; Kléber, quarante-quatre ; Friant, quarante. Les autres généraux s'écartaient peu de la trentaine. Savary, aide de camp de Desaix, avait vingt-quatre ans ; Merlin, de l'état-major de Bonaparte, vingt. « Tous mes jeunes gens embrassent vos » aides de camp », écrivait Dugua à Damas en parlant des officiers de son état-major.

Officiers supérieurs et subalternes étaient contemporains de leurs généraux ou plus âgés qu'eux.

Les soldats ont l'âge moyen de nos réservistes. Enfin tous, généraux, officiers, soldats, sont des habitués de la guerre, et, mieux encore, de la victoire.

Tout cela, à priori, ne nous ressemble guère et, pourtant, nous sommes bien près de nos pères.

En lisant leurs correspondances officielle et privée, leurs récits écrits au jour le jour, on se retrouve chez soi, dans son milieu. Le tour des idées est le même. La bonne humeur ou les plaintes des soldats ont ces mêmes accents originaux et naïfs, souvent spirituels, familiers à nos oreilles, qui éclatent encore au milieu des groupes, dans les marches, au bivouac, secouant le rire de tous ou traduisant le malaise général.

Le langage des officiers est le nôtre, avec ses nuances individuelles de culture première d'esprit. Il dépeint les faits quotidiens, les espérances, la lassitude de la même manière. Le grade lui-même, dans tous les temps, marque ces récits de son empreinte. Grande est la différence d'âge entre les officiers généraux et supérieurs de cette armée et les nôtres ; cependant, à un siècle de distance, les uns et les autres pensent, écrivent de la même façon. Tant la communauté de vie, de but, de responsabilités, façonne dans un même moule des hommes souvent de nationalités différentes, à plus forte raison du même sang. Rien n'est changé. Manière d'être des soldats, physionomie des états-majors, fâcheuses rivalités d'armes, tout semble d'hier, d'aujourd'hui.

Les soldats ! Faits à la vie facile d'Italie, aux distributions régulières du bord, ils oublient leurs vivres en débarquant ou s'en débarrassent en touchant terre ! La faim les tenaille dès la première marche.

Imprudents, ils se gardent mal pendant la nuit ! Des alertes sans motifs les déroutent et les surmènent. Ils se fusillent les uns les autres, sans grand mal heureusement ; cela leur « apprend à vivre ».

Après de longues marches à rangs serrés sous un soleil de feu, ils se pressent autour de puits desséchés, ou peu remplis ! Qu'un mauvais plaisant ou un apeuré s'écrie : « L'eau est empoisonnée », et tous aussitôt s'effraient, s'écartent, murmurent.

Ils souffrent de la soif ! Mais leurs rires accueillent Monge arrêté tout à coup devant d'anciennes fondations que, très gravement, d'après Hérodote, il déclare être les restes d'une auberge donnant du vin à boire il y a trois mille deux cents ans.

Le Nil apparaît ! Ils s'y précipitent tout habillés et la gaieté renaît. Ils sont joyeux, bruyants, à la vue des champs de pastèques dont ils vont se rassasier et abuser au détriment de leur santé. Grands enfants dont il faut sans cesse surveiller l'hygiène et défendre les forces contre eux-mêmes !

Ils raillent les *savants*, les accusent d'être les auteurs de leur « déportation » en Egypte ! Mais ils sont toujours déférents à leur égard. « Si, disait » Denon, l'amour de l'antiquité a fait souvent de » moi un soldat, la complaisance des soldats pour » mes recherches en a fait souvent des anti- « quaires. » Cette complaisance, il est vrai, ne procède pas seulement de l'aimable serviabilité de notre race, elle dérive aussi d'un sentiment plus élevé : le saisissement éprouvé, loin de la patrie, en présence des Pyramides, des ruines de Thèbes, de tous les majestueux vestiges du passé parlant à leur imagination. Ce sera, plus tard, la même émotion remuant la Grande Armée à la vue de Moscou la Sainte !

A peine en station, ces soldats prennent leurs habitudes. Ils semblent, toute leur vie, avoir occupé le Caire, Alexandrie, Damiette. Assurément, les êtres aimés laissés au pays natal, les gais souvenirs d'Italie, tiennent la grande place dans leurs conversations quotidiennes ; leurs regrets d'en être si loin se changent parfois en murmures. Mais, ingénieux, faciles à distraire, relativement riches, ces hommes, dont la petite taille et la mine chétive surprenaient tant Mourad-Bey, remuent, animent leurs garnisons. Montés sur des ânes, ils emplissent les rues de leurs folles et joyeuses cavalcades. Attablés en des cabarets improvisés, ils chantent gaiement les refrains de France. Parfois même, ils parviennent à endormir la défiance des indigènes, à entrer en relations avec eux. Aussi, à leur retour de Syrie, considèrent-ils leurs résidences d'Égypte comme une seconde patrie dans laquelle ils se réjouissent de retrouver « leurs connaissances »!

La perspective de l'expédition de Syrie les avait pourtant séduits. Ils étaient partis, contents comme toujours de changer de place, curieux de voir la Palestine, de visiter Jérusalem, la Terre Sainte, d'y épeler leurs vagues souvenirs de catéchisme du village, bien que, disait plus tard Napoléon, « il m'eût suffi d'un simple ordre » du jour pour les rendre mahométans. Ils » n'eussent fait qu'en rire... ». L'expédition est manquée. Saint-Jean-d'Acre résiste à des assauts répétés; sa défense use l'armée, tandis que les soldats ont à compter avec la peste. Le danger de l'épidémie est des plus menaçants. Là encore le moral les sauve. Frappés du mépris de la contagion qu'affichent Bonaparte et son médecin en chef, réconfortés par leurs officiers, heureux de marcher, de revenir en Égypte, les pestiférés transportables au moment de la levée du siège guérissent peu à peu, « d'eux-mêmes », disait Desgenettes.

Parfois, dans l'intérêt supérieur de l'armée, il a fallu recourir aux mesures sévères pour empêcher les soldats valides de se rapprocher de leurs camarades pestiférés ; car, chez la plupart, s'entr'aider devient une seconde nature dans la communauté de dangers ou de souffrances. A la division Desaix, opérant en haute Égypte, le nombre des aveugles, à un moment donné, dépasse celui des bien portants. Chaque soldat voyant clair ou n'ayant qu'un œil attaqué conduit plusieurs camarades aveugles ; ceux-ci portent leurs armes et leurs bagages. Après sa pointe en Palestine, la division Kléber est rappelée devant Saint-Jean-d'Acre pour renouveler l'assaut infructueusement tenté à plusieurs reprises. Les grenadiers des autres divisions, portant des bouteilles d'eau-de-vie, viennent au-devant des grenadiers de Kléber, félicitent ces derniers de leur victoire à Mont-Thabor et leur souhaitent d'être plus heureux à l'attaque d'Acre qu'ils ne l'ont été eux-mêmes. A leurs souhaits ils joignent des conseils !

L'esprit de corps ne se manifeste pas toujours sous cette forme avenante. Les régiments d'Italie appelaient la 2ᵉ brigade d'infanterie légère *le contingent*, faisant ainsi allusion aux troupes des princes allemands et à ce que cette demi-brigade était venue du Rhin peu de temps avant le départ pour l'Égypte. La 2ᵉ légère, blessée de ce surnom, défie les vieux soldats d'Italie d'aller aussi vite et aussi loin qu'elle et fait des prodiges de valeur, notamment à Nazareth.

Enfin, au-dessus de tous ces sentiments plane la foi aveugle des soldats dans leur général en chef. C'est presque de la dévotion accrue par un semblant de familiarité qu'il tolère d'eux à lui. Ils sont électrisés de le voir courir nuit et jour, l'habit toujours boutonné, bravant la chaleur, soumis à leurs privations, faisant, chaque soir des marches de retour de Syrie, dresser sa tente auprès du bivouac des pestiférés. Son culte pour Mahomet les fait sourire. Ils n'en sont point la dupe, mais prennent volontiers l'unisson. Ils sont prêts à tout pour lui plaire ; aussi l'annonce de son départ pour la France cause-t-elle une stupeur générale, un vif mécontentement.

D'ensemble, toutes ces impressions si diverses sont celles des états-majors, mais moins intenses. L'enthousiasme du début de l'expédition a peu duré. Les officiers sont préoccupés de l'avenir, qu'ils peuvent plus sainement envisager que leurs troupes. Les anciens, d'une instruction première modeste, d'un avenir borné, moins faciles à distraire que leurs soldats, n'ayant pas beaucoup plus de bien-être, se reposeraient volontiers hors d'Égypte. Les jeunes ambitieux de valeur, ayant déjà percé sur le Rhin et en Italie, espèrent peu d'une campagne dont Aboukir et Saint-Jean-d'Acre ont jeté bas les projets grandioses. Ils ne l'apprécient plus si elle se borne à la garde d'un pays plutôt austère. Tous ces brillants officiers ont l'oreille aux trop rares échos de France, aux bruits d'insuccès de nos armées. Quelques-uns, de vues plus larges, sentent l'intérêt d'avenir pour nous à garder l'Égypte; ils prônent l'occupation. Les autres, plus personnels, regrettent de ne pas être en Europe, où la fortune pourrait sourire; ils veulent abandonner leur conquête. Des généraux, non les moindres, se mêlent à ces discussions et tiennent d'autant moins à l'Égypte qu'ils sont plus éloignés du Caire, moins soumis à l'influence de Bonaparte.

Mais que le canon tonne, et lassitude, mécontentement, tout disparaît. Plus de rivalités entre les armées du Rhin et d'Italie ; tous se sentent les coudes. Officiers de tous grades donnent l'exemple du sang-froid, de la ténacité et d'une valeur incomparable. L'infanterie demeure immobile dans ses carrés, et, *au commandement*, fusille l'ennemi *à bout portant*. La cavalerie semble « avoir juré de tout faire » à Aboukir. L'artillerie légère, bien précairement attelée pourtant, s'illustre aussi bien à Aboukir qu'à Sédiman. Tous ces chefs brûlent de se distinguer et exagèrent parfois leurs efforts. Tels Dommartin et Caffarelli, commandants l'artillerie et le génie, faisant le coup de sabre à Salhéyéh, auxquels, sévèrement, Bonaparte témoigne son mécontentement et rappelle « que leur poste n'était pas d'être avec « la cavalerie légère » (1). Tels encore les subordonnés de ces deux généraux rivalisant d'influence devant Saint-Jean-d'Acre, au mécontentement général de l'armée.

Les officiers, les généraux surtout, furent, comme les soldats, très vivement affectés par la brusque nouvelle du départ de Bonaparte pour la France. Leurs correspondances en témoignent. « C'est une fuite », dit l'un d'eux. « L'oiseau est déniché », écrit le plus élevé de tous. Mais, bientôt, on se ressaisit. L'esprit du devoir, un moment troublé, reprend cette vaillante armée, et son nouveau chef, Kléber, exprime bien l'opinion générale en disant : « Le vuide laissé par Bona- » parte est considérable, redoublons de zèle et » d'activité... Nous serons sans cesse l'objet de » sa sollicitude... »

(1) *Correspondance de Napoléon I*ᵉʳ, 3006.

III

Tout semble être d'hier, d'aujourd'hui, ai-je dit, en comparant l'armée d'Egypte à la nôtre. Ce n'est pas vrai seulement pour les troupes. Par plus d'un point, le présent rappelle le passé.

La question d'Egypte est toujours ouverte. Les compétitions qu'elle suscite sont celles d'il y a cent ans. Il s'agit, toujours, de maintenir, permanentes et rapides, les communications entre l'Europe, l'Asie et l'Afrique; de ne pas laisser l'Angleterre seule maîtresse de ces communications.

« Les temps ne sont pas éloignés, écrivait » Bonaparte en août 1797, où nous sentirons » que, pour détruire véritablement l'Angleterre, » il faut nous emparer de l'Égypte (1). » Un mois après, revenant sur la même idée, il ajoutait : « S'il arrivait qu'à notre paix avec l'Angleterre » nous fussions obligés de céder le Cap de Bonne- » Espérance, il faudrait nous emparer de » l'Egypte. »

Actuellement, nul ne songe à détruire la puissance britannique, pas plus qu'à faire de la Méditerranée « un lac français ». De nouveau,

---

(1) *Correspondance de Napoléon Ier*, 2103.

cependant, nous pouvons être appelés à reprendre la lutte en Égypte.

Le 20 février 1801, dans une proclamation datée de Paris, Bonaparte disait à l'armée d'Orient : « Vous défendrez contre tous cette
» terre, objet de tant d'espérances et fruit de
» tant de travaux. »

Sept jours après, le 27 février, le premier consul écrivait à l'empereur de Russie :

« ..... Les Anglais tentent un débarquement
» dans l'Egypte. L'intérêt de toutes les puissances
» de la Méditerranée, comme de celle de la mer
» Noire, est que l'*Égypte reste à la France*. Le
» canal de Suez, qui joindrait les mers de l'Inde
» à la Méditerranée, est déjà tracé ; c'est un tra-
» vail facile et de peu de temps qui peut produire
» des avantages incalculables au commerce
» russe. Si Votre Majesté est toujours dans
» l'opinion, qu'elle a manifestée souvent, de faire
» faire une partie du commerce du Nord par le
» Midi, elle peut attacher son nom à une aussi
» grande entreprise, qui aura tant d'influence
» sur la situation future du continent, en inter-
» venant auprès de la Porte dans les affaires
» d'Egypte (1). »

Ces désirs de Napoléon — l'initiateur, pour

---

(1) *Correspondance de Napoléon Ier*, 5417, communiquée par S. M. l'empereur de Russie.

notre siècle, de l'union de l'ancien monde civilisé et du nouveau — sont, en partie, réalisés.

Nous avons percé le canal de Suez.

L'intervention de la Russie nous est acquise partout où l'exigerait la communauté de ses intérêts et des nôtres.

Il dépend de notre sagesse et de notre fermeté que l'Egypte recouvre son indépendance, nécessaire aussi bien aux intérêts français qu'à ceux de l'Europe entière.

Paris, octobre 1897.

LIVRE PREMIER

PRÉPARATIFS. — EN MER. — MALTE

CHAPITRE PREMIER

TOULON

Considérations générales. — Préparatifs. Organisation.

I. — Considérations générales

L'Égypte, où il ne pleut jamais, n'est qu'une magnifique vallée arrosée par le Nil l'espace de deux cents lieues et environnée de déserts de sables.

Le Nil, dont le cours est de huit cents lieues, entre en Égypte à la hauteur de l'île d'Éléphantine, et, par l'effet de ses inondations régulières, fertilise les terres arides qu'il traverse. De l'île d'Éléphantine au Caire, la vallée qu'il arrose a cent cinquante lieues, sur une largeur moyenne de cinq lieues. Passé le Caire, le fleuve se divise en deux branches et forme une espèce de triangle qu'il couvre de ses débordements. Ce triangle, appelé le Delta, présente soixante lieues de base sur la côte de la Méditerranée, depuis Péluse jusqu'à la tour des Arabes, près d'Alexandrie. L'un des bras du Nil se jette dans la mer auprès de Damiette, l'autre près de Rosette.

L'Égypte se divise actuellement en haute, moyenne et basse : la haute, appelée Saïd, forme deux provinces; la moyenne, appelée Vostanieh, en forme quatre, et la basse, appelée Baheiréh, en forme neuf.

On comprend en outre, dans la division de l'Égypte, la grande Oasis, située parallèlement au Nil, sur la rive gauche, et qui a cent cinquante lieues de long ; en outre, la vallée du Fleuve sans eau, près de laquelle sont les lacs de Natroun, à quinze lieues de la branche de Rosette, et enfin l'oasis de Jupiter-Ammon.

De Niello-Sargy, officier de correspondance, attaché à l'état-major général, *Mémoires sur l'Expédition d'Égypte.* (Paris, Vernarel et Tenon, 1825.)

..... Mais que serait ce beau pays, après cinquante ans de prospérité et de bon gouvernement ? L'imagination se complaît dans un tableau aussi enchanteur ! Mille écluses maîtriseraient et distribueraient l'inondation sur toutes les parties du territoire ; les huit ou dix milliards de toises cubes d'eau qui se perdent chaque année dans la mer seraient réparties dans toutes les parties basses du désert, dans le lac Mœris, le lac Maréotis et le Fleuve sans eau, jusqu'aux Oasis et beaucoup plus loin du côté de l'Ouest ; du côté de l'Est, dans les lacs Amers et toutes les parties basses de l'isthme de Suez et des déserts entre la mer Rouge et le Nil ; un grand nombre de pompes à feu, de moulins à vent élèveraient les eaux dans des châteaux d'eau, d'où elles seraient tirées pour l'arrosage ; de nombreuses émigrations, arrivées du fond de l'Afrique, de l'Arabie, de la Syrie, de la Grèce, de la France, de l'Italie, de la Pologne, de l'Allemagne, quadrupleraient sa population ; le commerce des Indes aurait repris son ancienne route par la force irrésistible du niveau ; la France, maîtresse de l'Egypte, le serait d'ailleurs de l'Indoustan.

Mémoires dictés par Napoléon.

De Civita-Vecchia, le 25 mai 98 (6 prairial an VI).

..... Le but de notre expédition est encore couvert du voile du mystère, mais l'amour du changement et des entreprises extraordinaires inspire à tous une gaieté bruyante. L'idée que nous allons combattre l'Angleterre n'importe dans quelle contrée suffit pour exciter l'enthousiasme. L'étonnement des nouvelles que nous recevons de Gênes et de Toulon inspire celui pour nos troupes, qui la plupart n'ont jamais vu la mer, de se voir entassées sur des vaisseaux sans défense et abandonnées au caprice des vents, à la fureur des flots, au hasard d'un combat inégal, le regret de quitter la joyeuse Italie, de s'éloigner de la France, de cette terre heureuse où chacun croit voir couler les larmes d'une mère, d'une amante ou d'un ami effrayés du danger qui nous menace. Ces regrets, cet étonnement, dis-je, cèdent à l'amour de la gloire, à la haine contre l'Angleterre, au besoin de se venger des maux que cette nation rivale nous a faits, et à l'enchantement de courir des aventures romantiques.

..... Ce sont les généraux du plus grand nom, Bonaparte, Desaix, Kléber, Reynier, Baraguay-d'Hilliers ; ce sont les troupes qui ont le plus de gloire qui doivent diriger et composer cette expédition étonnante. Aussi les conjectures sont-elles sans limites.

Celle que j'ai adoptée et qui l'a été le plus généralement à mesure que quelque coin du rideau a été levé par la nature des préparatifs, par le soin avec lequel le général Desaix a fait rechercher dans les bibliothèques tous les livres et cartes relatifs à l'Égypte, à la Syrie et à la Perse, par les engagements pris avec des Syriens et des Egyptiens, élèves de la Propagande, qui doivent suivre l'expédition ; la conjecture, dis-je, qui me paraît la mieux fondée et la plus raisonnable est que le Directoire, n'ayant pas cru possible dans ce moment une descente en Angleterre, a conçu le projet de porter une armée dans l'Inde par l'Asie ou la mer Rouge, si l'on peut se procurer dans les ports voisins de la Syrie et de l'Égypte un assez grand nombre de bâtiments de transport.

Ce projet paraîtra chimérique à tous ceux qui savent que, pour arriver par terre dans l'Inde, il faut traverser des contrées brûlantes, stériles, immenses, habitées par des peuples féroces si elles ne sont pas désertes....., mais Bonaparte a dû l'accueillir, si lui-même ne l'a pas suggéré au Directoire, parce que, au degré de puissance, de renommée et de gloire où il est parvenu, il ne peut guère vivre en France sous l'œil d'un gouvernement ombrageux et faible, au milieu des rivalités, des jalousies, des craintes que sa gloire et ses services élèvent autour de lui.

Pressé par ses amis et ses ennemis et plus encore par les circonstances impérieuses où notre patrie se trouve, il faut que Bonaparte s'éloigne ou détruise le Directoire, ou soit écrasé par lui. Plein du sentiment de sa situation, il ira à la tête d'une armée de braves conquérir l'Inde ou se former un empire en Asie, et le Directoire sacrifiera 30,000 Français à ses craintes et à sa jalousie.

Général MORAND, *Lettres intimes*. (*Archives de la Guerre.*)

Le général Morand, né à Pontarlier en 1780, successivement divisionnaire du maréchal Davout en 1806, défenseur de Mayence, commandant du 4ᵉ corps en 1813, de l'infanterie de la garde impériale à Waterloo, a fait la campagne d'Egypte avec la 88ᵉ demi-brigade en qualité de chef de bataillon, puis de chef de brigade commandant. Mort pair de France en 1835.

......Je ne rechercherai pas si l'expédition d'Egypte fut résolue parce que le général Bonaparte voulait s'éloigner des agitations intérieures, éviter les chances fâcheuses qu'il prévoyait sous le gouvernement du Directoire, dont tous les membres n'étaient pas ses amis, ou si le Directoire, n'épiant que l'occasion d'éloigner un général dont l'ambition l'offusquait, en fit naître lui-même l'occasion. Ce que j'ai appris dans le temps, soit à l'armée, soit à l'état-major, de la bouche d'officiers qui me paraissaient bien instruits, m'a persuadé que le général Bonaparte a eu réellement le dessein de révolutionner l'Orient, mais que, ébloui par le succès de la paix de Campo-Formio, qui était son ouvrage, il eût préféré alors se rendre maître du pouvoir en France : l'expédition d'Egypte ne fut que son pis-aller. Il y avait songé en Italie une année auparavant et avait fait rassembler à cet effet plusieurs écrits tirés des bibliothèques de Milan, de Bologne et de Florence ; on lui avait aussi présenté des plans pour révolutionner Malte, et, de Paris, on lui envoya sur l'Egypte des mémoires manuscrits plus ou moins intéressants. Etant un peu tranquille au Caire, j'en ai vu différents extraits qui étaient renfermés dans les cartons de l'état-major, et j'ai pris quelques notes sur l'un de ces mémoires qui m'a paru contenir les vues les plus déterminantes ; je crois qu'il était de M. Magallon, notre consul général en Egypte, qui, par ses écrits confidentiels, a le plus influé sur la détermination du gouvernement directorial et de Bonaparte lui-même.

Dès 1790, l'auteur avait invité le gouvernement français à effectuer la conquête d'Egypte, comme n'étant plus qu'idéalement sous la domination de la Porte ottomane. Plus tard, il présenta cette conquête comme pouvant remplacer, par une brillante et prompte colonisation, la reine des Antilles, qui venait de nous échapper. Voici quelles étaient les considérations sur lesquelles l'auteur s'appuyait le plus volontiers :

« La récolte se fait en Egypte en mai et avril ;
» tout est récolté et fermé en mai.

» Les vents étésiens soufflant constamment du nord
» au sud, depuis mai jusqu'au solstice d'été, pro-
» duisent deux effets : le premier, c'est de rafraichir
» et de purifier l'atmosphère du Delta et de la haute
» Egypte ; le second, c'est de porter et d'accumuler
» toutes les vapeurs vers le midi de cette région et
» de les réunir au cœur de l'Ethiopie, aux sources
» mêmes du Nil.

» Les pluies abondantes qui en sont le résultat
» grossissent le Nil et portent ensuite l'inondation
» dans toute l'Egypte. Cette région est submergée
» pendant les mois de juillet, août et septembre.

» Il résulte de ces faits que l'on pourra donc, en
» entrant en Egypte dans le courant de mai, être
» assuré d'y trouver la récolte faite, et conséquem-
» ment tous les approvisionnements nécessaires pour
» une année entière : donc, nulle inquiétude pour les
» subsistances et pour la conservation de l'armée.

» Les mois de mai et juin sont plus que suffisans
» pour soumettre le Delta et la moyenne Egypte

» avant l'époque du débordement ; il est essentiel de
» brusquer cette opération et, après le débarquement,
» de marcher droit au Caire, en prenant toutes les
» précautions possibles pour la conservation des
» récoltes de riz et de grains que l'on trouvera faites
» et serrées.

» On remettra la conquête de la haute Egypte à
» l'hiver, après la retraite des eaux. On laboure et
» l'on ensemence en novembre ; les terres sont suffi-
» samment ressuyées à cette époque ; par conséquent,
» en décembre et janvier, le sol étant parfaitement
» raffermi, on peut entreprendre et achever la con-
» quête de la haute Egypte.

» Ainsi, en débarquant dans le courant de mai, la
» conquête de l'Egypte entière peut et doit être
» achevée en neuf mois, et l'on sera assuré de deux
» récoltes, l'une faite et fermée au moment du
» débarquement, et l'autre sur terre au moment où
» l'on marchera sur la haute Egypte.

» Les trois mois d'inondation donneront le temps
» de fortifier Alexandrie, Damiette et Rosette, ainsi
» que l'isthme de Suez ; l'isthme de Suez doit être
» fortifié par une ligne serrée de redoutes bien gar-
» nies d'artillerie, seul moyen de le rendre inabor-
» dable aux Arabes.

» On ne doit pas perdre de vue que l'Egypte ne
» peut être insultée par terre que par deux points,
» l'isthme de Suez, qui confine à l'Arabie, et Syène
» ou Éléphantine, qui confine à l'Ethiopie. Aussi les
» Romains ont-ils défendu et conservé l'Egypte pen-
» dant des siècles avec une seule légion.

» La conquête de l'Egypte effectuée, qu'en résul-

» tera-t-il pour la France? De deux choses l'une :
» Ou l'on voudra sur-le-champ chasser de l'Inde
» les Anglais de vive force, ou l'on se contentera
» d'anéantir leur commerce avec l'Inde et de le
» remplacer par l'avantage seul de notre position en
» Egypte. Dans le premier cas, rien de plus facile
» que de faire passer en très peu de temps, au moyen
« d'une escadre stationnée à Suez, tel nombre de
» troupes que l'on voudra, soit aux Marattes, soit à
» Tippo-Saïb, qui, bien sûrs d'être puissamment sou-
» tenus par nous, du moment que nous serons maîtres
» de l'Egypte, et étant mortels ennemis des Anglais,
» s'empresseront de les attaquer et leur feront une
» guerre d'extermination jusqu'à ce qu'ils les aient
» expulsés du Bengale et de leurs autres possessions :
» ce qu'ils feront immanquablement et promptement
» avec notre secours.

» Pour nous, il nous suffira de prendre comme
» indemnité et de conserver dans l'Inde les ports de
» Trinquemale et de Bombay, où nous ferons station-
» ner deux divisions de notre escadre de Suez, qui ser-
» viront à protéger et à faire respecter notre commerce
» sur les côtes de Malabar et de Coromandel, et depuis
» le golfe Persique jusqu'au fond du golfe du Bengale.
» On n'aura rien à craindre des Indiens, qui n'ont
» jamais eu et n'auront jamais de marine militaire :
» leur système religieux s'y oppose.

» Dans le second cas, celui d'anéantir le commerce
» anglais de l'Inde, il suffira d'établir des entrepôts
» au Caire, à Alexandrie et à Marseille. Alors, d'après
» les ordres envoyés à Marseille, les marchandises
» des Indes descendront à Paris et dans tous nos

» ports de l'océan, en un mois ou six semaines; par la
» voie du roulage et par le canal du Languedoc,
» indépendamment de celles qui y arriveront par
» mer.

» Or, les Anglais sont dix-huit à vingt mois à
» attendre les retours; donc, sous peu d'années, le
» commerce anglais avec l'Inde, ne pouvant en aucune
» manière soutenir une pareille concurrence, sera
» indubitablement anéanti. Donc la France sera seule,
» sous peu d'années, en possession du commerce de
» l'Inde et des bénéfices de ce même commerce. »

L'auteur n'oubliait qu'une chose, et qui devait être précisément la base de son projet : c'était de se rendre les maîtres de la mer et de n'avoir point à redouter les escadres anglaises, car il n'était guère présumable que les Anglais restâssent spectateurs tranquilles d'une pareille expédition.

De Niello-Sargy, officier de correspondance, attaché à l'état-major général.

II. — Préparatifs

..... Je devais partir, comme vous le savez, le 29 germinal (18 avril) pour Boulogne-sur-Mer, mais j'ai reçu hier, en même temps, contre-ordre puis ordre de me rendre à Toulon. Je ne sais qu'en penser et préférerais faire partie de l'expédition la plus importante. Quel est le but de celle de Toulon?

Des savants en tous genres, géomètres, physiciens, chimistes, ingénieurs des ponts et des mines, tous hommes du premier mérite, des élèves de toutes les branches, des peintres, des sculpteurs, etc., doivent s'y rendre dans le plus bref délai. J'ai vu emballer des instruments de tous genres : quarts de cercle, lunettes astronomiques, miroirs solaires, etc. Est-ce pour dérouter les suppositions sur le vrai but de l'expédition ? Avec tout cela, 40,000 hommes. On parle de l'Egypte, mais peu de monde ici y ajoute foi. Néanmoins il peut se faire qu'on aille occuper l'isthme de Suez pour s'ouvrir une route aux Indes et contrarier les possessions anglaises sans doubler le Cap. Si telles sont les vues du gouvernement, nous aurons besoin de soldats, de poudre et de plomb. Quoi qu'il en soit, je ferai comme les autres, mettant plus de confiance à nos baïonnettes qu'en nos télescopes. Si l'expédition est destinée aux Indes, comme on le suppose, Dieu sait quand je reviendrai. Je me confie à la Providence et suis prêt à tous les dévouements. J'aurai, cher père, toujours présents à la mémoire vos conseils d'honneur et vos exemples de vertu.

(Paris, 16 avril 98 (27 germinal an VI).

Capitaine du génie Thurman, Fragments de la relation de son séjour en Egypte. (Porrentruy, Victor Michel, 1851.) (Extrait des *Archives de la Société jurassienne d'Émulation*.)

Thurmann, né à Colmar en 1776, élève de l'École polytechnique en 1795, sous-lieutenant élève du génie en 1796, nommé lieutenant en premier par Bonaparte sur le champ de bataille d'Aboukir. Mort en 1806 des suites des fatigues de la campagne d'Égypte.

Désignation de savants et d'artistes.

Le séjour de Bonaparte à Paris devait fatiguer le

gouvernement ; aussi le gouvernement ne reculait-il devant aucun sacrifice pour s'en débarrasser. La descente en Angleterre ayant été reconnue impossible dans les circonstances, on en revint à l'expédition d'Egypte, dont Bonaparte avait eu l'idée avant son retour d'Italie et à laquelle les préparatifs déjà faits pouvaient s'appliquer.

Un bruit se répandit alors qu'indépendamment de la descente en Angleterre on ferait une expédition dans le Levant, expédition tout à la fois scientifique et militaire dont la Grèce serait le théâtre et Corfou le centre.

On engageait sous ce prétexte les savants et les artistes que le général désignait comme propres à concourir au succès de ses projets de colonisation.

J'entendais parler depuis quelque temps de cette expédition que Bonaparte devait conduire et dont il ne me parlait pas et je regardais ce bruit comme dénué de fondement, quand Lenglé, l'orientaliste, me demanda un rendez-vous pour affaire pressée. « Tirez-moi d'embarras, me dit-il, je m'adresse à
» vous en toute confiance quoique je n'aie pas l'hon-
» neur d'être connu de vous. J'ai reçu du gouverne-
» ment une lettre par laquelle on m'annonce que,
» comme versé dans la connaissance des langues
» orientales, je suis mis à la disposition du général
» Bonaparte, qui me donnera des instructions ulté-
» rieures. J'ignore ce qu'il veut faire de moi. Je lui suis
» dévoué, mais je ne puis quitter Paris ; j'ai des de-
» voirs à remplir ici, et comme conservateur de la
» Bibliothèque nationale, et comme professeur
» d'arabe, de turc, de persan, de syriaque, de chi-

» nois, de sanscrit et de mantchou. (Lenglé savait
» toutes les langues qu'on parlait à la tour de Babel);
» cela m'impose des devoirs, ainsi que je l'ai repré-
» senté au général. Veuillez faire en sorte qu'il me
» permette de les remplir. »

Je me chargeai de la négociation et ce ne fut pas sans peine que je réussis à soustraire le professeur de turc, d'arabe, de persan, de chinois, de sanscrit et de mantchou à la réquisition dont le général le prétendait passible. « C'est justement parce qu'il est sala-
» rié de l'Etat, disait-il, qu'il est à la disposition de
» l'Etat. » Il ne voulut pas se départir de ce principe; Lenglé, de son côté, ne voulut pas quitter Paris. Il y resta, mais jamais Bonaparte ne le lui a pardonné. C'est au refus de Lenglé que Jaubert, présenté par Bonaparte pour remplacer celui-ci comme interprète de l'armée d'Orient, a dû sa fortune.

..... Cette médiation amena tout naturellement le général à s'expliquer sur la mission dont il voulait charger Lenglé. « Au printemps, me dit-il, nous ferons par-
» ler de nous; vous serez des nôtres. Mais je désirerais
» emmener, indépendamment de vous, un poète, un
» compositeur de musique et un chanteur : trouvez-
» moi cela. Proposez la chose à Ducis, à Méhul et à
» Lays. Voilà les gens qui me conviendraient; ils
» seront en rapport intime avec moi, ils recevront
» 6,000 francs de traitement pendant tout le temps de
» l'expédition, et cela indépendamment des traite-
» ments attachés aux places qu'ils pourraient avoir et
» reprendraient à leur retour.

» — Mais où les mènerez-vous, général?

» — Où j'irai. Je m'expliquerai là-dessus quand le
» temps sera venu; en attendant, qu'ils se fient à mon
» étoile. »

Me voilà donc recruteur en pied pour une expédition dont j'ignorais le but. Mes négociations n'eurent pas d'abord un grand succès.

Ducis s'excusa sur son âge; Méhul, sur les devoirs qu'il avait à remplir; Lays, sur ce qu'il pouvait gagner un rhume.

Quand je rendis compte de cela au général :

« Au fait, me dit-il, Ducis est un peu vieux, il
» nous faut quelqu'un de jeune. Méhul tient à son
» Conservatoire et plus encore à son théâtre sans
» doute; c'est tout simple : là sont ses moyens de
» gloire. Qu'il nous compose quelques marches mili-
» taires! Son génie sera avec nous, cela nous suffira.
» Toutes réflexions faites, un musicien fort sur l'exécu-
» tion me conviendrait mieux qu'un compositeur.
» Quant à Lays, je suis fâché qu'il ne veuille pas nous
» suivre, c'eût été notre Ossian; il nous en faut un, il
» nous faut un barde qui, dans le besoin, chante à la
» tête des colonnes. Sa voix eût été d'un si bon effet
» sur le soldat! Personne, sous ce rapport, ne me
» convenait mieux que lui. Tâchez de me trouver un
» chanteur de son genre, si ce n'est de son talent. »

Cette fois, je fus moins malheureux. Lemercier, à qui je m'adressai, accueillit ma proposition de la manière la plus gracieuse; Rijel, habile professeur de piano à qui Méhul m'avait envoyé, accepta mes offres avec le même empressement, et Villoteau, qui doublait Lays à l'Opéra, ne se fit pas prier pour le remplacer.

« .....A propos, me dit le général, il faut que vous me

» fassiez encore une commission. J'emporte avec moi
» une bibliothèque de campagne. Le choix des livres de
» sciences qui doivent y entrer est fait; j'ai même
» désigné déjà les livres d'histoire qui en feront par-
» tie. Choisissez des livres de littérature pour la com-
» pléter, mais ne les prenez que dans le format in-12
» et au-dessous, nous avons si peu de place. »

Cette commission me fut d'autant plus agréable qu'en la remplissant je travaillais pour moi. Je composai cette bibliothèque littéraire comme j'aurais composé la mienne, et, malgré mes instructions, y faisant entrer des in-octavo, j'y plaçai, indépendamment de nos classiques, le théâtre des Grecs, *l'Iliade*, *l'Odyssée*, Shakespeare, Rabelais, Montaigne, Rousseau et l'élite de nos moralistes et de nos romanciers.

Au bout de quelques jours : « Il nous faut un autre
» poète, me dit le général. Lemercier ne vient pas
» avec nous, sa famille s'oppose à son départ; trouvez-
» moi quelqu'un. »

.... Parceval de Grandmaison n'avait encore rien publié; mais je lui avais entendu réciter plusieurs morceaux pleins de ce talent que le public a reconnu et si vivement applaudi depuis. Le général avait surtout besoin d'un homme en état de mettre en œuvre la riche matière qu'offriraient à la pensée les projets qu'il allait exécuter. La tête épique de Parceval me paraissait plus propre à cela qu'aucune autre. Je le proposai donc en m'appuyant sur ces considérations à Bonaparte, qui l'agréa : il fit bien. Il a trouvé en lui l'homme que Vasco de Gama trouva dans le Camoëns, l'homme qui possédait aussi cette bouche faite pour enfler la trompette épique : *os magna sonaturum.*

Parceval, à qui je fis faire connaissance avec Regnauld, qui faisait aussi partie de l'expédition et avec qui je devais faire le voyage, fut admis dès lors dans notre société intime comme un compagnon de fortune. Mais cela lui coûta un sacrifice, celui de sa coiffure poudrée à frimas, à laquelle il ne renonça pas sans peine. Tôt ou tard il lui aurait fallu prendre cette détermination que hâtèrent les instances de nos dames et que prévint même leur activité. Ainsi que je l'ai dit, le général, à la sollicitation de sa femme, avait permis que ses oreilles de chien et sa queue écourtée tombassent sous les ciseaux de la mode ou du perruquier de Talma, et soudain la coiffure à la Titus était devenue celle de son état-major; elle devint bientôt celle de toute l'armée.

Le désir de partir pour l'Egypte devint bientôt une fureur générale. C'était une folie épidémique semblable à celle qui s'était saisie de nos aïeux à l'époque des Croisades. Quantité de personnes s'adressèrent à moi pour obtenir la faveur de s'expatrier.

De ce nombre est Denon. Intimement lié avec une dame liée intimement elle-même avec Mme Bonaparte, il l'accompagnait souvent dans ses visites à la rue de la Victoire. Mais, être bien venu auprès de la femme n'était pas toujours un motif pour l'être auprès du mari. Le général semblait étendre sur le cavalier la répugnance qu'il éprouvait pour la dame; ni la conversation aimable et piquante de ce courtisan qui savait toutes les anecdotes de cour depuis le règne de Louis XI jusqu'à celui de Barras inclusivement, ni les récits aussi attachants que variés de ce voyageur qui avait parcouru l'Europe depuis les

2

extrémités de la Russie jusqu'à celles de l'Italie, ni la conversation de cet amateur qui avait étudié et pratiqué toute sa vie les arts de l'Italie antique et de l'Italie moderne, rien de tout cela n'avait triomphé de la froideur du général. Denon, qui désirait aussi faire le voyage d'Egypte, n'osait donc pas se proposer. Je fus fort surpris quand un jour, me prenant à part, Joséphine m'en fit la confidence :

— Ce pauvre Denon, me dit-elle, meurt d'envie de partir avec vous autres. Vous devriez bien arranger cela avec le général.

— Moi, madame ! Et pourquoi pas vous ?

— Si je m'en mêlais, cela ne réussirait pas. Proposez la chose comme de vous même ; vous-êtes en mesure de le faire. Le général a confiance en vous ; il acceptera Denon présenté par vous. Faites cela, vous m'obligerez.

Le général, qui ne connaissait pas le caractère aventureux de Denon, parut fort étonné qu'à son âge il songeât à s'engager dans une expédition lointaine et fatigante. Mais quand je lui eus fait connaître tout le prix de l'acquisition qu'il ferait en lui :

— Qu'il aille trouver le général Dufalga, me répondit-il.

Quiconque avait une aptitude reconnue était accueilli ainsi, quelles qu'eussent été ses opinions politiques.

Parmi les hommes qui s'adressèrent à moi se trouvait un émigré. Las surtout de son oisiveté, ce vrai Français voulait profiter de l'occasion pour rentrer dans la carrière militaire et servir sous un nom roturier pour cette France contre laquelle il avait servi comme gentilhomme. Je n'osais, je l'avoue, lui répondre du succès de sa demande. Usant avec le général de la franchise dont mon client avait usé envers moi, je ne lui laissai pas ignorer, en lui faisant part des désirs de celui-ci et en me portant caution pour lui, le cas où il se trouvait.

— Je ne répugne nullement à l'employer, me dit le général. L'aveu qu'il vous a fait est d'un galant homme ainsi que le sentiment qui le porte à reprendre les armes et me donne toute confiance en lui. Sur qui compterais-je si ce n'est sur un homme qui serait en pareille situation? J'accepte ses offres de service, mais je ne puis le faire porter ici sur les états. Ce serait provoquer des enquêtes qui pourraient le mettre en danger. Si quelque imbécile découvrait la vérité, nous serions compromis et votre protégé serait perdu. Qu'il se rende à Toulon ; là, vous me le présenterez et nous trouverons bien le moyen de tout arranger.

Cet émigré qui, depuis, s'est acquis, comme patriote, la plus honorable réputation sous son nom de gentilhomme, se nommait alors le citoyen Rousseau. C'est le comte Henri de Saint-Aignan.

A. V. Arnault, de l'Académie française, *Souvenirs d'un Sexagénaire*. (Paris, Dufey, 1834.)

Monge. — Monge est venu avec le général Desaix de Rome à Civita-Vecchia pour s'y embarquer et rejoindre de là le général Bonaparte, qu'il s'est engagé à suivre dans son expédition.

..... Vous connaissez Monge. Il conserve dans un âge avancé l'enthousiasme de la première jeunesse, ce qui paraît contraster avec ses goûts pour les mathématiques et ses succès dans la science. Sa vie a été consacrée aux études les plus abstraites, aux calculs les plus profonds et cependant, lorsque l'habitude de la méditation et l'âge devraient avoir affaibli son imagination, il se laisse entraîner par elle; il cède à l'enthousiasme comme un jeune homme sans expérience qui n'éprouve que le besoin de nouvelles sensations et de l'expansion de la vie.

Il y a quelques jours qu'il reçut de sa femme une lettre qu'il montre en pleurant à ses amis : « Vieux fou,
» lui écrit-elle, n'es-tu pas las de courir le monde;
» n'es-tu pas heureux dans ta patrie; n'as-tu pas une
» bonne femme, des filles qui t'aiment tendrement,
» une fortune suffisante, une réputation qui doit suffire
» à ton bonheur; ne devrais-tu pas être content et, au
» lieu d'aller courir on ne sait où, songer à finir pai-
» blement ta vie, à jouir des biens que tu possèdes,
» etc...? » Ses amis lui disent que sa femme a raison ; il en convient, mais, en repliant sa lettre, il ajoute : « J'ai
» promis à Bonaparte de le suivre, je suis trop forte-
» ment engagé pour me retirer. »

Ainsi la raison cède presque toujours au naturel, à l'imagination et au tempérament.

Général Morand, *Lettres intimes*. (*Archives de la Guerre.*)

III. — A Toulon.

Lettre de Kléber à Bonaparte.

« Toulon, le 4 mai 98 (15 floréal an VI).

« Je fermai la lettre ci-jointe, citoyen général, lorsqu'on vint m'apporter votre ordre du 9 floréal. Plus je vois d'événements extraordinaires se succéder, plus je vois d'occasions au développement du génie vaste de mon général, et plus mon dévouement à le seconder s'accroit. Je me conformerai ponctuellement à tout ce que vous me prescrivez. Salut et respect. »

(*Archives de la Guerre.*)

Arrivée de Bonaparte à Toulon. — Le général en chef arriva inopinément du 9 au 10 mai à Toulon. On avait fait répandre le bruit que c'était le ministre de la marine qui y viendrait, et on lui avait préparé en conséquence un logement destiné au fond pour le général Bonaparte, dont on avait eu soin de masquer ainsi l'arrivée. Il adressa aussitôt aux soldats de terre et de mer une proclamation qui faisait pressentir l'importance de l'expédition, sans en rien révéler. Tous les esprits étaient agités et exaltés. On était impatient de connaître les lieux où l'armée allait porter ses armes; chacun se demandait quelle était sa destination; les uns citaient le Portugal, le Brésil, l'Angleterre; d'autres, l'Irlande, la Sardaigne ou la Crimée; l'Egypte n'était pas oubliée, et les marins surtout la désignaient plus particulièrement.

.... Bientôt dans l'état-major on ne douta plus que l'Egypte ne fût le but réel de l'expédition.

Le général en chef avait écrit de Paris à l'amiral Brueys qu'il s'embarquerait à bord de *l'Orient,* qu'on eût à y faire de bonnes provisions et à lui préparer un bon lit, comme un homme qui serait malade pendant toute la traversée. Le 18, il s'embarqua avec le général Berthier, son chef d'état-major; Dufalga, commandant du génie; Dommartin, commandant de l'artillerie; le commissaire ordonnateur Sucy, l'ordonnateur de la marine Leroy, le payeur général Estève, les médecin et chirurgien en chef Desgenettes et Larrey. Le général avait aussi avec lui ses aides de camp Duroc, Louis Bonaparte, Croisier, Sulkowsky, Julien, Eugène Beauharnais, La Vallette et Merlin, fils du directeur. Le chef d'état-major emmenait en outre deux ou trois adjudants-généraux, plusieurs secrétaires, quelques officiers à la suite dont je faisais partie. Les guides n'étaient point encore arrivés. A peine embarqués, nous sûmes que Malte était le point de réunion des différents convois.

De Miello-Sargy, officier de correspondance attaché à l'état-major général.

Séjour à Toulon. — .... Ce n'est pas sans peine que nous parvînmes à nous loger dans Toulon. Les hôtelleries regorgeaient de monde; pour ne pas coucher dans la rue, il nous fallut accepter, dans le plus vilain des quartiers, la plus vilaine des chambres et la plus vilaine des auberges. Regnauld et moi, nous occupâmes un de ces galetas; Parceval et Denon s'accommodèrent dans un autre un peu plus grand, où l'on trouva moyen aussi de colloquer notre cinquième camarade.

Notre première sortie nous conduisit, comme de raison, chez le général, qui était descendu à l'Intendance de la marine. Là, comme à Milan, comme à Passeriano, il donnait audience publique aux officiers et aux chefs de service. Nous nous y présentâmes. Il salua tout le monde, mais il ne parla qu'aux personnes qu'il connaissait particulièrement ou bien à celles à qui il avait des renseignements à demander ou des ordres à donner. Après avoir invité ceux de nous qui suivaient l'expédition en qualité de littérateurs, de savants ou d'artistes à s'adresser au général Dufalga pour ce qui concernait leur embarquement, et nous avoir dit, à Regnauld et à moi, que nous serions avec lui sur le vaisseau amiral, il nous congédia.

Denon, à qui il n'avait pas parlé, eut, à cette occasion, le seul accès d'humeur que je lui ai connu.

— Ton général, me dit-il, a de singulières manières. N'a-t-il donc rien à dire aux personnes qui viennent le saluer? Il ne m'a pas dit un seul mot. Il ne tient à rien que je ne retourne à Paris. Comment nous traitera-t-il hors de France s'il nous traite ainsi en France? Mes malles ne sont pas défaites; dès aujourd'hui, je repars.

— Que n'attends-tu à demain? Ta résolution me semble un peu précipitée. Si le général t'avait montré de la répugnance, tu ferais bien de prendre ce parti. Mais, en agréant ta demande à Paris, ne t'a-t-il pas prouvé que tu lui convenais? N'attribue son indifférence apparente qu'à sa préoccupation; surchargé d'affaires comme il l'est, peut-il penser à tout? Demain, nous reviendrons à l'audience. Si tu n'es pas plus satisfait demain qu'aujourd'hui, je ne te retiendrai pas. Tu n'auras pas alors le tort de faire ce qu'on pourrait appeler aujourd'hui un coup de tête.

Denon suivit mon avis et fit bien. Le jour même je dînais chez le général. En sortant de table, comme il se promenait avec moi :

— Auriez-vous, lui dis-je, quelque chose contre Denon?

— Contre Denon? Point du tout. Pourquoi me demandez-vous cela?

— Parce qu'il vous croit mal disposé pour lui.

— Et sur quoi se fonde-t-il?

— Sur ce que vous ne lui avez pas dit un mot; cela le chagrine profondément.

— N'a-t-il d'autre chagrin que celui-là?

— Je ne lui en connais pas d'autre.

— Ramenez-le-moi demain.

Le lendemain, j'entraînai en conséquence au quartier général Denon, qui n'y venait qu'en rechignant.

— Ah! c'est vous, citoyen Denon, lui dit Bonaparte quand vint son tour. Vous avez bien soutenu le voyage. Vous vouliez le faire à franc étrier, à ce qu'on m'a dit. Vous aimez donc à courir? Nous vous servirons suivant votre goût; nous vous ferons faire du chemin. Le beau sabre que vous avez là! Il est tout pareil au mien, je crois. Il est juste de la même grandeur. Voyons donc.

Et voilà le général qui, rapprochant du sabre de Denon le sabre d'Arcole et de Lodi, se met à les comparer.

— Et puis, vous aimez les antiquités, reprend-il, vous aimez à les dessiner. Vous en verrez. Vous ne reviendrez pas à Paris sans avoir grossi votre portefeuille. Au revoir, ici ou ailleurs.

— Eh bien, dis-je à Denon en regagnant notre taudis, pars-tu toujours demain?

— Je pars dès aujourd'hui, mais c'est pour me rendre à bord de *la Junon*, où Dufalga m'a dit que ma place était marquée.

A.-V. ARNAULT.

...Les troupes désignées pour une expédition secrète, préparée en France, en Italie, les noms des généraux qui les commandaient, donnaient la plus grande idée de l'importance de cette expédition. Bonaparte, conquérant et pacificateur, Kléber et Desaix, célèbres par des combats, par des victoires, répandaient partout une confiance aveugle. On avait choisi l'élite de nos troupes, et la plupart des corps portaient ces numéros que Bonaparte a rendus célèbres en les consignant à la postérité. Il serait trop long de nommer ici tous les officiers distingués rassemblés à Toulon, Gênes et Civita-Vecchia.

L'armée ignorait encore les lieux où elle devait porter ses armes, c'est-à-dire qu'elle n'en était point instruite officiellement, mais tout lui faisait croire qu'elle allait en Egypte.

Comme les esprits étaient agités ! Que de projets ! Des spéculateurs dévoraient l'avenir pour grossir leur fortune. Quelques-uns d'entre eux sont morts de douleur et de chagrin ; d'autres, dont le moral a résisté aux dégoûts, aux privations, se sont estimés heureux de revenir sains et saufs. Chacun concevait les plus beaux projets sur cette expédition fameuse ; c'était de la gloire à acquérir pour les uns, pour les autres de la richesse, et le général en chef laissait échapper souvent des paroles qui flattaient l'ambition et l'espérance ; rien alors n'effrayait : enthousiasmés, étourdis par le tumulte qui accompagne ordinairement le départ d'une armée, à table, en riant, nous parlions des dangers, des privations qui nous attendaient. Les dangers présentaient un moyen d'acquérir de la gloire et de l'avancement. Les privations ! Nous n'aurions point de vin, mais nous en buvions alors ; peut-être n'aurions-nous point de femmes, mais nous n'en manquions pas encore; tout le monde ne reverrait point son pays, mais chacun espérait qu'il serait assez heureux pour embrasser sa famille. Nous étions entraînés, séduits par le besoin de la gloire ou du changement, qui fait toujours chercher le mieux pour attraper quelquefois le pire. Ainsi l'homme passe sa vie à désirer !

Cette flotte, superbement équipée, les vaisseaux de transport qui couvraient la rade, exaltaient l'imagination ; quelques Français cependant, moins susceptibles d'émotion, se réjouissaient de ne point faire partie de l'expédition.

J. Miot, commissaire des guerres, *Mémoires*. (Paris, Demonville, 1804.)

Les savants et l'armée. — Une après-dînée, le général était rentré dans son cabinet et Mme Bonaparte ayant témoigné le désir de connaître le bâtiment sur lequel son mari devait s'embarquer, Najac, l'intendant de la marine, fit mettre en mer la chaloupe de l'administration pour la conduire à bord de *l'Orient*, qui était en rade.

Le général Berthier, l'amiral Brueys, le général Lannes, Murat, Junot, La Valette, Eugène Beauharnais, Sulkowski et Regnauld l'accompagnaient dans cette promenade, dont j'étais aussi, brillante élite à laquelle je survis seul aujourd'hui !

C'est à cette occasion que je fis connaissance et liai même amitié avec le général Lannes, que je n'avais pas rencontré en Italie. Ses tendresses préliminaires sont trop singulières pour que je n'en tienne pas note.

Comme la majeure partie des militaires, il était loin de voir d'un œil favorable les savants attachés à l'expédition, et son humeur contre eux augmentait en raison de la bienveillance que le général en chef leur témoignait.

— Quel est ce citoyen ? dit-il à Berthier en me désignant.

— C'est, répondit Berthier en me nommant, un homme de lettres que le général emmène avec lui.

— J'entends, répliqua-t-il avec son accent gascon, c'est *un savant*. Bien mal en prendrait à un savant de coucher sous le même toit que moi si j'étais le maître, car je le ferais jeter à la mer par cinquante grenadiers.

— Cinquante ! lui dis-je, c'est beaucoup de monde contre un seul homme, ne fût-il même pas un savant. Il serait plus digne de vous, général, d'entreprendre seul un pareil exploit. Mais, remportassiez-vous la victoire, ce ne serait pas votre plus beau fait d'armes. Vous avez fait encore mieux à Arcole.

— A quoi penses-tu, dit Junot, prendre Arnault pour un *savant !* Arnault, un savant ! un savant comme toi, un savant comme moi. Ne sais-tu donc pas qu'Arnault est de l'armée d'Italie !

— Il est de l'armée d'Italie ?

— Certainement, il est de l'armée d'Italie, répète Berthier.

— Oui, Arnault est de l'armée d'Italie, répète aussi Joséphine, à qui cette conversation causait quelque déplaisance.

— Il est de l'armée d'Italie, répètent Murat, La Valette et Eugène, et aussi ce bon amiral Brueys.

— C'est différent, reprend Lannes. S'il n'est pas un savant, il est des nôtres. Ce n'est pas pour lui que je parle, pas plus que pour Monge et Berthollet, qui sont aussi de l'armée d'Italie, et j'espère que le citoyen sera de mes amis comme eux, ajouta-t-il en me prenant la main. Enchanté d'avoir fait votre connaissance.

En effet, je n'ai jamais eu qu'à me louer depuis de ce brave.

..... Ces dispositions malveillantes étaient, au reste, celles de presque tous les militaires. Je n'eus que trop d'occasions de le reconnaître par la suite. A quoi les attribuer ? Au mépris ou à l'estime ? Si portés qu'ils soient à mépriser toute autre profession que la leur, je pense que les militaires ne refusaient pas leur estime à des hommes plus instruits qu'eux, mais je crois qu'ils voyaient avec jalousie les prévenances du général en chef pour ces hommes dont l'utilité présente ne leur était pas démontrée. Ils ne lui voyaient pas sans quelque humeur prendre, dans ses proclamations, la qualité de membre de l'Institut et l'y placer avant ses titres militaires.

A.-V. Arnault.

IV. — Organisation

Organisation de l'escadre. — Lettre de Bonaparte au vice-amiral Brueys.

Paris, 22 avril 98 (3 floréal an VI).

Il est indispensable, citoyen général, que vous organisiez sur-le-champ l'escadre.

Le citoyen Gantheaume, chef de division, remplira les fonctions de chef d'état-major de l'escadre.

Le citoyen Casabianca sera votre commandant de pavillon. Vous répartirez les autres chefs de division et officiers sur les différents vaisseaux de l'escadre.

Nos treize vaisseaux seront divisés en trois escadres. Celles de droite et de gauche seront composées chacune de quatre vaisseaux, et celle du centre de cinq. Chaque escadre aura une frégate et une corvette.

Les contre-amiraux Blanquet du Chayla et Villeneuve commanderont chacun une escadre.

Le général Decrès commandera le convoi et, dès lors, aura sous ses ordres les deux vaisseaux armés en flûte et les sept frégates également armées en flûte. Il y aura sous lui un chef de division ou un capitaine de vaisseau d'expérience qui se tiendra sur le vaisseau *le Dubois*.

Le général Decrès aura aussi sous ses ordres immédiats trois frégates armées en guerre et un nombre de bricks bons marcheurs que vous désignerez. Avec ces bâtiments il éclairera la marche de l'escadre, et sera tout prêt à commander l'escadre légère que vous pourriez vous décider à former en détachant des vaisseaux de l'armée.

Mais, du moment que l'ennemi serait reconnu, que la ligne de combat serait formée, toutes les sollicitudes du contre-amiral Decrès, avec ses frégates, se tourneraient du côté du convoi, pour veiller à sa conservation et exécuter les ordres que vous lui auriez donnés.

Ainsi, il me semble que la mission confiée à cet officier général est extrêmement brillante. Dans l'ordre de marche, il est en avant, vérifie par lui-même les rapports que peuvent faire ses avisos et vous transmet des rapports exacts. Cette seule fonction est si importante, qu'il faudrait que ce fût le général lui-même, comme sur terre, qui pût observer l'ennemi ; mais, sur mer, l'amiral ne peut jamais quitter son armée, parce qu'il n'est jamais sûr de pouvoir la rejoindre, une fois qu'il l'a quittée.

Dès l'instant que l'ennemi est reconnu, jugez-vous à propos de faire soutenir les frégates par deux ou trois vaisseaux de guerre, alors l'escadre légère se trouve organisée conformément aux usages établis, et cet officier général la commande. Enfin, si l'on se bat en ligne, les sollicitudes de ce général sont non moins essentielles : il veille à mettre à l'abri de tout accident, quelle que soit l'issue du combat, un convoi aussi précieux à la République, et, cela fait, il peut encore, avec ses frégates, être utile à l'escadre.

Ce que j'établis est peut-être contraire à l'usage établi dans plusieurs circonstances, mais les avantages que j'y entrevois sont si grands, que je suis persuadé que nous nous en trouverons bien, et nous perdrons, dans la marine, l'usage de ne mettre sur les frégates de l'avant-garde que quelque capitaine de frégate lorsque effectivement tous les événements subséquents dépendent de ce premier coup d'œil et des premiers rapports.

Je pars demain dans la nuit, et j'espère, à mon arrivée, trouver l'escadre organisée.

Bonaparte.

Correspondance de Napoléon Ier., 2540.

Effectif général de l'armée. — Etat par aperçu des fonds nécessaires pour un mois de solde à l'armée de terre (Trésorerie nationale, n° 14550) dressé par le payeur général de l'armée Estève, le 6 juin 98 (18 prairial an VI), à bord du vaisseau *l'Orient*.

ÉTAT-MAJOR GÉNÉRAL

		FONDS NÉCESSAIRES		
		l.	d.	s.
1	général en chef	3.333	6	8
11	généraux de division	16.500	»	»
20	généraux de brigade	20.000	»	»
13	adjudants-généraux	7.583	6	8
2	aides de camp chefs de brigade	916	13	4
16	chefs de bataillon	5.336	6	8
68	aides de camp et adjoints-capitaines	13.033	6	8
12	lieutenants	1.450	»	»
143		68.153	»	»

ÉTAT-MAJOR D'ARTILLERIE

		FONDS NÉCESSAIRES		
		l.	s.	d.
3	chefs de brigade	1.562	10	»
3	chefs de bataillon	1.125	»	»
8	capitaines de 1re classe	1.666	13	4
8	capitaines de 2e classe	1.330	13	4
6	lieutenants de 1re classe	750	»	»
10	lieutenants de 2e classe	1.083	6	8
2	gardes principaux	300	»	»
2	gardes ordinaires	266	13	4
4	conducteurs principaux	600	»	»
21	conducteurs ordinaires	3.000	»	»
67		11.684	16	8

TOULON

CORPS DU GÉNIE

		FONDS NÉCESSAIRES		
		l.	s.	d.
3	chefs de brigade................	1.562	10	»
8	chefs de bataillon...............	3.000	»	»
3	capitaines de 1re classe..........	625	»	»
11	capitaines de 2e classe..........	1.833	5	»
3	lieutenants de 1re classe.........	375	»	»
2	lieutenants de 2e classe.........	216	5	6
1	sous-lieutenant.................	93	6	8
4	adjoints de 1re classe............	600	»	»
3	adjoints de 2e classe	349	19	6
14	secrétaires ou écrivains dessinateurs......................	2.100	»	»
1	gérant........................	200	»	»
2	gardes-magasin................	300	»	»
3	conducteurs en chef............	450	»	»
8	piqueurs......................	600	»	»
66		**12.305**	**6**	**8**

COMMISSAIRES DES GUERRES

		FONDS NÉCESSAIRES		
		l.	s.	d.
1	commissaire ordonnateur en chef..	1.000	»	»
8	commissaires des guerres de 1re classe......................	2.666	13	4
17	commissaires des guerres de 2e classe......................	4.697	13	4
26		**8.364**	**6**	**8**

OFFICIERS DE SANTÉ

		FONDS NÉCESSAIRES		
		l.	s.	d.
3	officiers de santé en chef.........	1.500	»	»
30	officiers de santé de 1re classe....	7.500	»	»
25	officiers de santé de 2e classe.....	4.687	10	»
110	officiers de santé de 3e classe.....	11.000	»	»
168		**24.687**	**10**	**»**

TRÉSORERIE DE L'ARMÉE

		FONDS NÉCESSAIRES		
		l.	s.	d.
35	payeurs généraux	8.500	»	»
6	contrôleurs	3.135	»	»
41		11.635	»	»

ADMINISTRATION

		FONDS NÉCESSAIRES		
		l.	s.	d.
105	premiers secrétaires des subsistances	26.220	»	»
100	deuxièmes secrétaires des subsistances	25.710	»	»
142	hôpitaux	35.440	»	»
35	habillement	8.825	»	»
20	équipages d'artillerie	5.150	»	»
21	transports	5.400	»	»
22	postes	5.836	»	»
445		112.581	»	»

SAVANTS, ARTISTES, ETC.

		FONDS NÉCESSAIRES		
		l.	s.	d.
21	mathématiciens	4.587	»	»
3	astronomes	958	»	»
15	naturalistes et ingénieurs des mines	4.131	»	»
17	ingénieurs civils	4.262	»	»
15	géographes	2.800	»	»
4	architectes	1.500	»	»
3	élèves ingénieurs constructeurs	500	»	»
8	dessinateurs	2.583	»	»
1	sculpteur	332	»	»
10	artistes mécaniciens	2.583	»	»
3	poudres et salpêtres	770	»	»
100	*A reporter.*	25.006	»	»

		Report.	25.006	»	»
100					
10	hommes de lettres et secrétaires..		3.352	»	»
15	consuls et interprètes............		3.324	»	»
9	officiers de santé................		1.812	»	»
9	lazareths.........................		2.416	»	»
22	imprimerie........................		3.850	»	»
2	artistes musiciens................		1.041	»	»
167			40.801	»	»

INFANTERIE LÉGÈRE

		FONDS NÉCESSAIRES AUX	
		officiers au complet	sous-officiers et soldats au complet
		l.	l.
1.368	2ᵉ demi-brigade................	11.500	14.994
1.016	4ᵉ — —	11.500	11.826
2.000	21ᵉ — —	11.500	20.682
1.019	22ᵉ — —	11.500	11.853
5.403		46.000	59.355

INFANTERIE DE BATAILLE

		FONDS NÉCESSAIRES	
		l.	l.
1.509	9ᵉ demi-brigade................	11.500	16.263
2.430	13ᵉ — —	11.500	24.552
1.550	18ᵉ — —	11.500	16.632
1.500	19ᵉ — —	11.500	16.182
1.530	25ᵉ — —	11.500	16.452
1.850	32ᵉ — —	11.500	19.332
1.800	61ᵉ — —	11.500	18.882
1.500	69ᵉ — —	11.500	16.182
1.700	75ᵉ — —	11.500	17.982
1.720	85ᵉ — —	11.500	18.162
1.500	88ᵉ — —	11.500	16.182
18.589	*A reporter.*	126.500	196.803

		Report.	126.500	196.803
18.589				
520	1ᵉʳ bataillon de la 6ᵉ demi-brigade		3.800	5.360
560	1ᵉʳ bataillon de la 80ᵉ demi-brigade et trois compagnies de grenadiers		5.000	6.000
19.669			135.300	208.163

GUIDES

		FONDS NÉCESSAIRES	
		l.	l.
300	à pied	} 6.000	23.860
180	à cheval		
480		6.000	23.860

TROUPES A CHEVAL

		FONDS NÉCESSAIRES	
		l.	l.
600	7ᵉ régiment de hussards	6.000	7.000
250	22ᵉ — de chasseurs	6.000	3.500
360	3ᵉ — de dragons	6.000	3.600
600	14ᵉ — —	6.000	7.000
200	15ᵉ — —	6.000	3.000
300	18ᵉ — —	6.000	3.500
500	20ᵉ — —	6.000	6.000
2.810		42.000	33.600

ARTILLERIE ET GÉNIE

		FONDS NÉCESSAIRES	
		l.	l.
776	sapeurs	3.200	12.125
192	mineurs	1.215	2.609
25	aérostiers	607	512
164	ouvriers du génie	1.450	6.761
485	artillerie à cheval	3.800	8.400
888	artillerie à pied	7.100	14.000
388	canonniers des demi-brigades	3.300	6.000
237	ouvriers d'artillerie	1.700	8.000
3.155		22.372	58.407

RÉCAPITULATION

				FONDS NÉCESSAIRES		
				l.	d.	s.
143	état-major général........	....	....	68.153	»	»
67	état-major d'artillerie.......	....	....	11.684	16	8
66	corps du génie.	....	....	12.305	6	8
26	commissaires des guerres......	....	....	8.364	6	8
168	officiers de santé	....	....	24.687	10	»
41	trésorerie......	....	....	11.635	»	»
445	administrations.	....	....	112.581	»	»
167	savants, artistes, etc..........	....	....	40.801	»	»
5.403	infanterie légère	46.000	59.355	105.355	»	»
19.669	infanterie de bataille........	135.300	208.163	343.463	»	»
480	guides........	6.000	23.860	29.860	»	»
2.810	troupes à cheval	42.000	33.600	75.600	»	»
3.245	artillerie et génie	22.372	58.407	80.779	»	»
32.730						
2.270	offic. des corps de troupes...	....	....	»	»	»
35.000	total général			925.269	»	»

(*Archives de la Guerre.*)

..... *Toulon, 16 floréal (5 mai).*— Tout commence à être prêt pour le départ. Aujourd'hui, trois demi-brigades se sont embarquées. Notre distribution en divisions est faite. Je suis avec le chef de brigade du génie Poitevin, le capitaine Bachelu et un adjoint sur *le Tonnant*, vaisseau de 80 canons, un des principaux de l'escadre, capitaine Du Petit-Thouars. Il porte 1,200 hommes, non compris l'équipage. Le général Caffarelli est à bord de *l'Orient*, vaisseau de 120 canons, vice-amiral Brueys, et portant le général Bonaparte. Nous sommes partagés par quatre, trois ou deux sur les différents vaisseaux de ligne ou frégates ; il en est de même des savants. On n'a pas voulu confier la science au sort d'un seul bâtiment...

...*Toulon, 21 floréal (10 mai).* — Je m'embarque aujourd'hui à 4 heures. J'ignore où nous allons. Notre absence sera au moins de trois ou quatre ans. Je saurai remplir mes devoirs... Adieu, cher père ; donnez-moi votre bénédiction paternelle.

Capitaine du génie THURMAN. Relation de son séjour en Egypte.

CHAPITRE II

EN MER

Départ de Toulon. — Marche de l'Escadre.
La vie à bord. — Convoi de Civita-Vecchia.
Réunion de la flotte.

I. — Départ de Toulon

Le 19 mai, à la pointe du jour, nous nous rendîmes, Regnauld et moi, chez le général Bonaparte, où les personnes qui devaient s'embarquer sur le même bâtiment que lui se réunissaient. Une heure après, *l'Orient* mettait à la voile.

Ce n'est pas sans difficultés que l'escadre sortit de la rade. Plusieurs vaisseaux laboururent le fond sans pourtant s'arrêter. Mais le nôtre, qui portait 120 canons et tirait plus d'eau, toucha. Il penchait assez sensiblement pour donner de l'inquiétude aux nombreux spectateurs qui couvraient le rivage et, surtout, à Madame Bonaparte, qui, du balcon de l'Intendance, suivait nos mouvements. Mais elle fut bientôt rassurée en voyant le vaisseau, dégagé, entrer majestueusement en pleine mer aux acclamations générales qui se mêlaient aux fanfares de la musique des régiments embarqués et au bruit de l'artillerie des forts et de l'escadre.

On éprouvait des émotions de plus d'un genre à l'aspect de cette flotte chargée de tant de milliers d'hommes qui, s'attachant à la fortune d'un seul, et s'engageant dans une expédition, dont la plupart ignoraient le but et dont tous ignoraient la durée, s'exilaient avec joie et s'abandonnaient, avec une confiance que donne la certitude du succès, à un avenir dont on ne pouvait calculer les chances.

..... Jamais expédition, cependant, n'avait affronté de périls plus évidents; jamais expédition n'eut autant besoin d'être favorisée par la fortune. C'en était fait si la flotte eût rencontré l'ennemi dans la traversée : non que cette élite de l'armée d'Italie ne fût assez nombreuse, mais précisément par le motif opposé. Distribuée sur des navires dont l'équipage était complet, l'armée de terre triplait, sur chaque bord, le nombre des hommes nécessaires à la défense. Or, en pareil cas, tout ce qui est superflu est nuisible.

Le combat engagé, il y aurait eu confusion dans les mouvements, gêne dans les manœuvres, et le canon de l'ennemi aurait nécessairement rencontré trois hommes là où, d'après des données ordinaires, il devait n'en rencontrer qu'un, ou même aucun. La chance, cependant, n'était pas réciproque : les équipages ennemis se bornant au strict nécessaire, les Français n'auraient pas pu rendre le mal qu'ils auraient reçu et la différence, à leur désavantage, aurait été au moins dans les rapports de trois à un. Ajoutez à l'embarras produit par le trop grand nombre d'hommes l'embarras produit par le matériel de l'artillerie de terre; les haubans en étaient encombrés, les ponts en étaient obstrués. En cas d'attaque, il eût fallu jeter tout cela à la mer et commencer par sacrifier à la défense les moyens de conquête. Une victoire même eût ruiné l'expédition; plût à Dieu que le généralissime ne se trouvât pas dans la nécessité d'en remporter une!

A.-V. Arnault.

29 floréal (18 mai). — La 2ᵉ division (la flotte comprenait l'escadre de combat formée de trois divisions, plus le convoi) met à la voile et sort de la rade de Toulon à cinq heures du soir.

30 floréal (19 mai). — Les deux autres divisions de l'escadre et le convoi, celui-ci transportant les troupes de terre, de l'artillerie, des chevaux, des machines à construction et propres au service du génie, des munitions, etc..., reçoivent à six heures du matin l'ordre d'appareiller.

Tous ces vaisseaux avaient, à des heures différentes de la journée, mis à la voile et étaient successivement sortis de la rade de Toulon à deux heures de l'aprèsmidi, à l'exception de *l'Orient*, qui était resté pour voir défiler toute la flotte et le convoi.

Le reste de la journée et la nuit furent employés à louvoyer dans les travers d'Hyères pour attendre l'amiral qu'on supposait encore en rade et qui devait donner l'ordre de marche. Cette nuit, la mer fut très houleuse et éprouva fortement les hommes non marins qui furent généralement très fatigués du mal de mer.

1ᵉʳ prairial (20 mai). — A six heures du matin, *le Franklin*, commandant en l'absence de *l'Orient*, fit signal de diriger la marche sur le cap Corse. Vers midi, on aperçut *l'Orient*, qui était en avant de l'armée et qui, pendant la nuit, avait dépassé la flotte sans être vu.....

Général Dugua, Journal et Notes. (*Archives de la Guerre.*)

II. — Marche de l'escadre

L'escadre naviguait dans le plus bel ordre, sur trois colonnes, deux de quatre vaisseaux, celle du centre de cinq vaisseaux. Le capitaine de vaisseau Decrès éclairait la marche avec une escadre légère composée de frégates et de corvettes bonnes marcheuses. Le convoi, escorté par les deux vaisseaux vénitiens de 64, par les quatre frégates et un grand nombre de petits bâtiments, s'éclairait de son côté dans tous les sens. Il avait ordre, si l'escadre était attaquée par une flotte ennemie, de gagner un port ami. Des troupes d'élite étaient distribuées sur tous les vaisseaux de guerre. Elles étaient exercées trois fois par jour aux manœuvres du canon. Napoléon avait le commandement de l'armée de terre et de mer. Il ne se faisait rien que par son ordre. Il dirigeait la marche. Il se plaignait souvent que les vaisseaux de guerre se tinssent trop éloignés les uns des autres, mais il ne se mêla jamais d'aucun détail qui eût supposé des connaissances et l'expérience de la mer. A hauteur du cap Carbonara, l'amiral Brueys soumit, le 3 juin, à son approbation un ordre pour détacher quatre vaisseaux et trois frégates à la rencontre du convoi de Civita-Vecchia; il écrivit en marge :

« Si, vingt-quatre heures après cette séparation, on
» signalait dix vaisseaux anglais, je n'en aurais que neuf
» au lieu de treize. » L'amiral n'eut rien à répliquer. Le
9 juin, à la pointe du jour, on signala Gozzo et le convoi de Civita-Vecchia. L'armée se trouva ainsi toute
réunie.

(*Mémoires dictés par Napoléon.*)

.....L'escadre avançait majestueusement, mais lentement; plus d'un motif l'empêchait de presser sa course. D'abord il lui fallait attendre divers convois qui, soit des ports d'Italie, soit de ceux des îles, devaient la rejoindre à des points indiqués; puis, entourée de cette multitude de vaisseaux de transport sur lesquels le personnel et le matériel de l'armée étaient répartis, il lui fallait régler sa marche sur celle des plus mauvais marcheurs.

C'était un admirable spectacle que celui de cette innombrable réunion de bâtiments de toute grandeur, ville flottante au-dessus de laquelle les vaisseaux de haut bord s'élevaient comme les églises de la capitale au-dessus de ses plus hautes maisons et que *l'Orient*, comme une cathédrale, dominait de toute la hauteur de son colosse.

Le jour, cette flotte, éparpillée, occupait une surface de deux lieues de diamètre à peu près. Mais, quand le soir approchait, se resserrant à un signal donné, elle venait se grouper autour des vaisseaux de guerre comme des écoliers autour de leurs surveillants, comme des moutons autour du berger, comme des poussins autour de leur mère. Ramassés par voie de réquisition, ces bâtiments de transport marchaient pour la plupart contre leur gré; les patrons, dans l'espoir de se sauver la nuit, restaient quelquefois en arrière. Alors commençait une véritable chasse. De même que le berger détache un chien contre la brebis qui s'écarte du troupeau, l'amiral détachait une frégate contre le bâtiment déserteur, qui, bientôt, était ramené à l'ordre. On ne lui épargnait pas, à cet effet, les coups de canon, qu'on dirigeait à la vérité de manière que le boulet ne portât pas dans le bord, mais de manière qu'on pût les compter et pour cause, car l'administration de la marine, qui n'aime pas à tirer sa poudre aux moineaux, se faisait très bien payer celle qui brûlait à cette occasion. Chaque coup de canon était une lettre de change de 24 francs tirée au profit du bord d'où il partait sur le bord auquel il était adressé. En cas de désobéissance obstinée, on eût coulé bas le bâtiment réfractaire, le salut de la flotte l'exigeait ainsi. L'escadre de Nelson était dans la Méditerranée; un bâtiment, si on n'y mettait ordre, aurait pu l'éclairer sur notre marche.

Par suite du même intérêt, on arrêtait tous les bâtiments que l'on rencontrait, de quelque nation qu'ils fussent. On avait droit de les contraindre à rester avec la flotte. Le général n'usa qu'avec modération de ce droit du plus fort. Après avoir questionné les capitaines et pris d'eux les renseignements qu'il en voulait obtenir, il les faisait relâcher en leur disant qu'il s'en fiait à leur parole d'honneur.

C'est ainsi qu'il en usa particulièrement avec des Suédois, aux intérêts desquels sa rigueur eût porté un dommage considérable et qui, deux mois après, remplirent les gazettes de Stockholm de leur reconnaissance et de leur admiration pour Bonaparte.

A.-V. Arnault.

3 prairial (22 mai). — Le convoi était fort derrière nous, la bourrasque de la nuit l'avait forcé de chercher un abri dans le golfe Saint-Florent. D'ailleurs, les bâtiments du convoi étaient tellement dispersés que, pendant presque toute la journée, il y avait de sa tête à la queue une distance de plus de quatre lieues. Nous étions fort contrariés d'être ainsi privés de faire du chemin tandis que le vent était favorable et bon frais. L'amiral fit divers signaux. En exécution de l'un d'eux, toute l'escadre, par une contre-marche, défila devant nous. Ce spectacle, véritablement beau et nouveau pour plusieurs d'entre nous, aida à supporter l'ennui du retard.....

8 prairial (27 mai). — Frappé de l'inconvénient d'avoir dans les convois de trop petits bâtiments qui ne peuvent se prêter à aucunes manœuvres et qui retardent la marche de la totalité chaque fois qu'il faut pincer le vent ou surmonter un courant, l'ordre vient d'être donné de transporter dans les vaisseaux de guerre une demi-brigade embarquée en Corse à bord de très petits bâtiments qui, par ce moyen, ne feront plus partie du convoi.

Chaque jour, on fait la manœuvre du canon. Les soldats de terre y montrent leur intelligence et surtout leur bonne volonté ordinaires. On s'occupe de régler les postes que doivent occuper les troupes embarquées dans le cas d'une rencontre avec l'ennemi et d'un combat.....

12-15 prairial (31 mai-3 juin). — Devant la Sardaigne ; par intervalles, le vent très frais procurait du roulis ou du tangage dont plusieurs de nous étaient fatigués. L'incertitude augmentait l'ennui. Cependant, pour les charmer, lorsque le temps le permettait, on faisait danser les matelots et le spectacle de leur joie et de l'adresse de plusieurs dans cet exercice nous divertissait.....

16 prairial (4 juin). — L'amiral avait fait signal à la corvette *la Badine* de passer à sa poupe. Cette corvette était fort loin de lui et n'avait pas aperçu le signal. Nous vîmes un aviso courir sur elle et, arrivé à portée de canon, il lui lâcha un coup de 12 à boulet. Le boulet passe à peu de distance de la poupe de la corvette ; alors celle-ci fit un signal d'aperçu et, lorsque l'aviso l'eut approchée à portée de voix, elle se dirigea vers l'amiral, qu'elle ne rejoignit que pendant la nuit. Cette manière de notifier un ordre nous parut à tous fort extraordinaire et les marins nous assurèrent qu'il était impossible que l'amiral en eût donné l'ordre à l'aviso.....

Général Dugua, Journal et Notes. *(Archives de la Guerre.)*

III. — La vie a bord

A. Militaires et civils. — La flotte une fois en pleine mer et chacun casé dans le quartier qu'il devait occuper, on servit le premier repas. Militaires et civils, chacun prit à table la place que lui assignaient son grade et ses fonctions. Quoique je n'eusse ni fonctions ni rang, je fus placé, avec Regnauld, à la table de l'état-major, où dîna le général en chef, mais ce jour-là seulement. Le lendemain, il se fit servir dans son appartement une table particulière où l'amiral et le chef d'état-major, seuls, avaient leur couvert, mais à laquelle il invitait tous les jours quelqu'un de ses premiers commensaux ; honneur qu'il me fit quelquefois.

Cette mesure était sage. Indépendamment de ce qu'elle laissait aux convives de la grande table une liberté que la présence du généralissime aurait un peu gênée, elle lui donnait, à lui, le moyen de témoigner par des prévenances son estime pour les militaires qu'il distinguait, et aussi d'indemniser par une faveur ceux d'entre les civils que les prétentions de certains militaires avaient offensés.

Il eut dès le lendemain de l'embarquement plus d'une indemnité de ce genre à distribuer et, malheureusement pour moi, j'y eus droit plus que personne.

Tout s'était assez bien passé la veille quant au repas : les militaires s'étaient placés avec les militaires, les civils avec les civils. On pouvait croire que c'était par pur effet de convenances. Mais, le soir, il ne fut pas possible de prendre le change. La grande chambre, après le souper, avait été divisée par des toiles en autant de petits cabinets qu'il y avait de personnes à la première table, et, pour prévenir toute contestation, une liste arrêtée par le général indiquait à chacun la case qu'il devait occuper et que désignait un numéro. Chacun, en conséquence, y avait fait porter son hamac et ses effets. En sortant du salon du général, où j'avais passé la soirée, quand j'allai prendre possession de ma chambre à coucher, je ne fus pas peu surpris de voir qu'au mépris de l'ordre établi un officier s'y était installé et qu'il s'emparait, sans plus de façon, d'un hamac bien garni qui m'avait été donné par l'intendant de la marine. J'ouvrais la bouche pour réclamer ma chambre et mon lit quand j'entends ce colloque qui s'engageait à quelques pas de là entre des individus de conditions très différentes, entre un officier supérieur et un domestique :

— Fichez-moi cette valise hors d'ici et mettez-y la mienne.

— Mais, commandant, c'est la valise du citoyen Berthollet, à qui le cabinet appartient.

— Ce cabinet est à côté de celui du général Dufalga. Mon grade me donne rang immédiatement après le général Dufalga : ce cabinet m'appartient donc. Fichez-moi cette valise dehors.

— Où voulez-vous que je la porte ?

— Où vous voudrez. Au diable.

Et mon officier se loge dans la place qu'il vient d'emporter d'assaut. Le domestique porte la valise au cabinet d'à côté.

— Mon grade me place immédiatement après l'adjudant général, s'écrie un chef de brigade qui, montant d'un degré, s'empare du cabinet évacué. Un chef de bataillon se met, en vertu du même droit, à la place de celui-ci et fait la même réponse au pauvre diable qui la reçoit, successivement, de tous les officiers aussi empressés à serrer les rangs et à remplir le vide qui se fait à côté d'eux que s'ils manœuvraient sous le canon de l'ennemi. Bref, quoiqu'il fût membre de l'Institut aussi bien que le général en chef, le savant n'en fut pas moins relégué, de cascade en cascade, à la fin de la colonne, comme le dernier des sous-lieutenants.

A quoi ne devais-je pas m'attendre, moi qui n'étais ni sous-lieutenant, ni même membre de l'Institut? Indigné autant que surpris du peu d'égards qu'un jeune homme avait pour l'âge et le mérite de Berthollet, et jugeant bien qu'on ne me traiterait pa mieux, je me retirai et, sans plus d'explications, j'alla conter ma déconvenue à l'amiral, qui avait de l'amitié pour moi et n'oubliait pas que l'année précédente, je lui avais fait donner, à Corfou, 50,000 francs pour les besoins de son escadre. Je recueillis, ce soir-là, l'intérêt de ce service.

— Mon pauvre ami, me dit Brueys, je ne vous laisserai pas dans l'embarras, vous qui m'en avez tiré. Je n'ai pas de hamac à vous offrir, mais je vais vous donner un bon matelas et des draps. Quant au cabinet, il faut vous en passer, mais vous ne serez pas plus mal logé pour cela. On mettra votre matelas par terre dans le bureau de l'état-major, sous les hamacs du secrétaire du général en chef et de l'aide de camp de service, de Bourrienne et de Duroc, à côté du munitionnaire Collot, à qui l'on a joué le même tour qu'à vous.

Trop heureux d'avoir un matelas et des draps, je me couchai sous le lit du capitaine Duroc, à côté du munitionnaire Collot, qui couchait sous le lit du citoyen Bourrienne.

..... Le lendemain, après dîner, le général recevait tout le monde. J'allai, comme tout le monde, lui faire ma cour. Il jasait avec Brueys et Berthier.

— Eh bien, me dit-il, comment avez-vous passé la nuit?

— Aussi bien qu'on la peut passer sous un lit, général.

— Sous un lit !

— Oui, je n'aurais pas eu d'autre matelas que le plancher, sans la charité de l'amiral.

— N'aviez-vous donc pas de lit? N'aviez-vous pas une cabine?

— Tout cela m'a été pris aussi lestement que donné.

— Et par qui?

— Je ne sais pas.

— Je veux le savoir.

— Permettez, général, que je ne vous en dise pas davantage sur cet article. Me siérait-il de me plaindre lorsqu'un homme qui a bien d'autres droits que moi à des égards n'en a obtenu aucun, lorsque Berthollet s'est vu expulsé du gîte que vous lui aviez assigné, et qu'il ne se plaint pas.

— Qu'est-ce que cela, Berthier? On a manqué d'égards pour Berthollet! Sachez ce qui en est et rendez-m'en compte.

Il ne fut pas difficile à Berthier de vérifier le fait. Le soir même, Berthollet fut réintégré dans son rang et l'usurpateur eut l'ordre de garder les arrêts pendant plusieurs jours.

B. Etat-major général. — L'ennui était le plus grand mal dont la majeure partie des passagers eût à se défendre. Pendant les premiers jours, on avait eu recours au jeu. Mais, comme le jeu n'était rien moins que modéré et que les ressources des joueurs n'étaient pas inépuisables, l'argent de tous se trouva bientôt réuni dans quelques poches pour n'en plus sortir. Alors on se rejeta sur la lecture, et la bibliothèque fut d'une grande ressource. J'en avais la clef; je devins un homme important.

En me la donnant, dès le lendemain de notre embarquement, le général m'avait aussi donné mes instructions. Elles portaient que je prêterais des livres aux personnes à qui il permettait d'entrer dans la chambre du conseil qui lui tenait lieu de salon, mais qu'elles les liraient là sans autrement les déplacer. « Ne prêtez,
» avait-il ajouté, que des romans; gardons pour nous
» les livres d'histoire. »

Les premiers jours, j'eus peu de demandes à satisfaire; j'ai dit pourquoi. Mais, dès que les joueurs malheureux, à l'exemple de celui de Regnard, s'avisèrent de chercher des consolations dans la philosophie, j'eus un peu plus d'occupations. Notre collection de romans suffisait à peine. Le temps du déjeuner au dîner était celui qu'ils donnaient à la lecture, couchés sur le divan qui régnait autour de la pièce. De temps à autre, le général sortait de sa chambre et faisait le tour de la pièce, jouant pour l'ordinaire avec celui-ci et avec celui-là, c'est-à-dire tirant les oreilles à l'un, ébouriffant les cheveux de l'autre, ce qu'il pouvait se permettre sans inconvénient, chacun, à commencer par Berthier, ayant adopté la coiffure héroïque comme on sait.

Dans une de ses tournées, la fantaisie lui prit de savoir ce que chacun lisait :

— Que tenez-vous là, Bessière?
— Un roman!
— Et toi, Eugène?
— Un roman!
— Et vous, Bourrienne?
— Un roman!

M. de Bourienne tenait *Paul et Virginie*, ouvrage que, par parenthèse, il trouvait détestable. Duroc aussi lisait un roman, ainsi que Berthier, qui, sorti par hasard dans ce moment-là de la petite chambre qu'il avait auprès du général en chef, m'avait demandé quelque chose de bien sentimental et s'était endormi sur les passions du jeune Werther.

— Lectures de femmes de chambre, dit le général avec quelque humeur; il était tracassé pour le quart d'heure par le mal de mer.

— Ne leur donnez que des livres d'histoire: des hommes ne doivent pas lire autre chose.

— Pour qui garderons-nous les romans, général, car nous n'avons pas ici de femmes de chambre?

Il rentra chez lui sans me répondre et je ne me fis pas scrupule de déroger à cette injonction. Autrement la bibliothèque n'eût été qu'un meuble de luxe.

A. V.-Arnault.

C. Les soldats. — ..... Quand le calme s'établit, l'oisiveté développe toutes les passions des habitants d'un vaisseau, fait naître tous les besoins superflus et les querelles pour se les procurer. Les soldats voulaient manger le double et se plaignaient; les plus avides vendaient leurs effets ou en faisaient des loteries; d'autres, encore plus pressés de jouir, jouaient, et perdaient plus en un quart d'heure qu'ils ne pouvaient payer en toute leur vie : après l'argent, venaient les montres ; j'en ai vu six ou huit sur un coup de dés. Lorsque la nuit faisait trêve à ces jouissances violentes, un mauvais violon, un plus mauvais chanteur, charmaient sur le pont un nombreux auditoire ; un peu plus loin, un conteur énergique attachait l'attention d'un groupe de soldats toujours prêts à s'emporter contre celui qui aurait troublé le récit des prodiges de valeur et des aventures merveilleuses de Tranche-Montagne ; car le héros était toujours un soldat, ce qui rendait toutes les aventures aussi probables qu'intéressantes pour les auditeurs.

V. Denon, *Voyage dans la basse et la haute Egypte pendant les campagnes du général Bonaparte.* (Paris, Didot, 1802.)

Denon, né à Chalon-sur-Saône en 1747, attaché à l'armée d'Egypte en qualité d'artiste, suit Desaix en haute Egypte, plus tard, directeur général des Musées, jusqu'en 1815, mort en 1825.

D. L'Institut. — Tout à la société pour la soirée, sa promenade faite sur le pont, Bonaparte rassemblait autour de la table du conseil ce qu'il appelait son *Institut.* Alors commençaient, sous sa présidence, des discussions en règle dans lesquelles il n'intervenait guère que pour les ranimer quand elles tendaient à s'éteindre, prenant plus de plaisir alors au rôle de juge du camp qu'à celui de champion.

Formée des chefs de toutes les armes et de ceux de tous les services, et formée conséquemment de savants, cette réunion avait d'autant plus d'analogie avec celle dont elle empruntait le nom que toutes les sciences humaines y avaient des représentants. Rejeton de l'Institut de France, elle fut la souche de l'Institut d'Egypte.

Parmi ses membres, au nombre desquels le général avait daigné m'admettre, on remarquait le docteur Desgenettes, le docteur Larrey, l'interprète Venture, le général Dufalga et Regnauld de Saint-Jean-d'Angély. C'est entre ces deux derniers surtout qu'avaient lieu les discussions, discussions assez vives quelquefois pour avoir le caractère de disputes.

Les académiciens ayant pris place sur des chaises au tapis vert, et les auditeurs sur le divan qui régnait autour de la salle :

— Que lisons-nous ce soir? me disait le général, adressant cette question au bibliothécaire s'entend.

..... Quelques incidents bouffons avaient tempéré parfois le sérieux de ces séances, qui n'étaient pas du goût de tout le monde et auxquelles le général en chef avait presque exigé que tout le monde assistât. Ils provenaient presque tous de Junot, à qui le général passait beaucoup de choses et qui s'en permettait beaucoup.

— Général, dit-il au président le jour de l'ouverture, pourquoi Lannes (et dans ce nom il ne faisait pas de la première syllabe une brève), pourquoi Lannes n'est-il pas de l'Institut? N'y devrait-il pas être admis sur son nom?

Dans la même séance, il feint de s'endormir ou s'endort peut-être. Ses ronflements couvraient presque la voix de l'orateur.

— Qu'est-ce qui ronfle ici? dit le général.

— C'est Junot, répondit Lannes, qui ne ronflait pas et qui, tout en prenant sa revanche, partageait assez l'opinion que son camarade émettait d'une manière si bruyante sur les savants.

— Réveillez-le.

On réveille Junot, qui, le moment d'après, ronfle de plus fort.

— Réveillez-le donc, vous dis-je.

Puis, avec quelque impatience :

— Qu'as-tu donc à ronfler ainsi ?

— Général, c'est votre *sacré fichu Institut* qui endort tout le monde, excepté vous.

— Va dormir dans ton lit.

— C'est ce que je demande, dit en se levant l'aide de camp, qui, prenant cela pour un congé définitif, se crut autorisé dès lors à ne plus assister à nos séances.

Ces faits sont de la plus grande vérité. J'ai cru devoir les raconter, tout minutieux qu'ils soient, parce qu'ils peignent l'esprit et le caractère d'un homme qui n'a rien dit ni rien fait que de significatif et qu'ils montrent tel qu'il était dans la vie intérieure, c'est-à-dire aussi bon qu'un lion peut l'être.

A.-V. Arnault.

IV. — Le convoi de Civita-Vecchia

26 mai. — Le convoi, composé de cinquante-quatre bâtiments de transport, escorté par neuf bâtiments de guerre, se dirige sur les côtes de Corse, où nous devons nous joindre à l'escadre. Où irons-nous après ? Je l'ignore encore; mais il est à présumer que nous faisons voile pour l'Egypte; du moins les préparatifs le font croire. On a embarqué des interprètes et imprimeurs arabes avec des caractères et des presses. Le citoyen Monge, embarqué sur la frégate *la Courageuse* avec le général Desaix et son état-major, travaille déjà à apprendre la langue et, sûrement, ce n'est pas pour aller sur les côtes d'Angleterre.

Général BELLIARD, Journal. (*Archives de la Guerre.*)

Belliard, né à Fontenay-le-Comte en 1769, fait général à Arcole, commande en Egypte une brigade de la division Desaix. Plus tard, chef d'état-major de Murat de 1805 à 1807, puis en Russie. Pair de France. Ambassadeur en Belgique en 1831. Mort en 1832.

..... *26 mai (7 prairial).* — Départ de Civita-Vecchia à bord de *la Courageuse*.

..... *29 mai (10 prairial).* — Mon extrême admiration pour l'exactitude avec laquelle l'on se rencontre à la mer, pour les renseignements que l'on donne à un bâtiment afin qu'il puisse en trouver un autre dans la traversée.

J'observai que souvent, à la guerre, nous eûmes plus de peine à trouver une troupe dans un pays dans lequel nous étions que ces bâtiments pour se chercher au milieu des ondes. Cela me fit réitérer mes hommages aux navigateurs.

..... Aussitôt que la reconnaissance fut faite, l'on signala au convoi de se rallier au commandant. Il y avait peu de vent. Aucun bâtiment ne vint au lof. On tira un coup de canon en hissant le signal au convoi de venir passer à la poupe du commandant. Aucun n'obéit. On laissa le signal et l'on tira un coup de canon à boulet en avant du convoi; alors ils obéirent tous.

Chef d'escadrons SAVARY, Journal autographe. (*Archives de la Guerre.*)

Savary (duc de Rovigo), né près de Grand-Pré en 1774. Chef d'escadrons, aide de camp de Desaix en Egypte, le suit jusqu'à Marengo. Colonel commandant la gendarmerie d'élite en 1800. Commandant du 5ᵉ corps après Eylau. Ministre de la police en 1810. Mort en 1833.

V. — Réunion de la flotte

A mesure que la flotte avançait vers le midi, comme la boule de neige qui se grossit en marchant, elle s'augmentait des convois qu'elle rencontrait sur la route ; ils sortaient, ainsi que je l'ai dit, de différents ports d'Italie. Un seul excepté, tous s'étaient trouvés au rendez-vous. Celui-là, qui portait la division du général Desaix et aussi le bonhomme Monge, n'était pas celui auquel Bonaparte attachait le moins de valeur.

..... La Pantellerie était dépassée, nous gouvernions sur Gozzo..., quand les signaux de l'escadre légère nous annoncèrent que la flotte en vue était celle que nous attendions depuis si longtemps, ce convoi de Civita-Vecchia à la recherche duquel l'*Arthémise* avait été envoyée et par laquelle il était escorté.

..... Après avoir embrassé le général en chef, Desaix retourna à son bord; Monge resta sur le nôtre, où sa place lui était assignée par l'affection du général, place que personne ne s'avisa de lui disputer.

A.-V. Arnault.

CHAPITRE III

MALTE

Prise de Gozzo. — Attaque de Malte.
Négociations et Capitulation. — Une fête donnée
par Bonaparte.

I. — Prise de Gozzo

Le lendemain, 10 juin, je fus chargé par le major général de porter au général Reynier, qui était à bord de la frégate *l'Alceste*, l'ordre de s'emparer de l'île de Gozzo, située à environ une lieue au nord de Malte. Cette île était défendue par des corps de milice composés d'habitants et par un régiment de garde-côtes, en tout deux mille hommes qui étaient répartis sur les différents points garnis de forts et de batteries. Le général, pressé d'exécuter les ordres du général en chef, rallia le convoi, distribua les signaux et se rapprocha de la côte; mais la variation des vents et le calme l'empêchèrent de s'en approcher. Son intention était d'éviter les forts et les redoutes pour ne pas exposer ses bâtiments et ses troupes au feu des batteries des côtes; il choisit, en conséquence, comme but de débarquement, le point très escarpé du Redum-Kibir, que les habitants regardaient comme à l'abri de toute insulte.

A une heure après midi, le général Reynier fit embarquer des troupes dans tous les canots et chaloupes, et, partant lui-même de la frégate *l'Alceste*, à bord d'un canot, avec une compagnie de grenadiers, et suivi des bombardes *le Pluvier* et *l'Etoile*, il s'approcha de terre et ordonna le débarquement.

J'étais dans la chaloupe même de *l'Alceste*, avec les généraux Reynier et Fugère, l'aide de camp Louis Bonaparte, les capitaines du génie Sabatier et Geoffroy, et la compagnie de grenadiers de la 25e demi-brigade.

Nous aperçûmes distinctement les milices qui, nous voyant approcher, couraient de tous côtés pour gagner les hauteurs; nous fîmes force de rames, mais déjà les rochers étaient garnis de miliciens et de paysans qui, lorsque les chaloupes furent à portée, firent pleuvoir sur elles une grêle de balles. Le sergent-major des grenadiers Bertrand fut tué à mes côtés. Les batteries de l'île commencèrent à tirer sur nous. Deux cents hommes garnissaient la crête des rochers qui dominent le point où abordaient nos chaloupes. A chaque moment, le nombre des ennemis augmentait. Mais nous débarquâmes tellement vite et presque sans tirer, malgré la pente rapide formée par les éboulements de terre et de rochers, malgré les quartiers de pierre que nous jetaient les ennemis et leur feu qui plongeait le terrain; l'audace de nos grenadiers, qui s'avançaient toujours en dépit des obstacles, les déconcerta tellement qu'ils prirent la fuite dès qu'ils virent nos premiers assaillants sur la hauteur. Peu de minutes suffirent pour décider le combat, et il l'était déjà avant que les autres chaloupes eussent pris terre! Les bombardes tirèrent fort à propos sur les batteries. Celle de Ramla fut enlevée par une poignée de grenadiers.

A mesure que les troupes débarquaient, le général les faisait réunir et bientôt il marcha avec une partie de la demi-brigade sur la cité de Chambray, afin de s'emparer de ce fort et de couper la communication de Goze avec Malte. En même temps, une partie de le 9ᵉ demi-brigade marchait sur le château de Goze et un détachement sur la tour de Formio. Nous apprîmes pendant la marche que Chambray était rempli d'habitants qui s'y étaient réfugiés avec leurs bestiaux.

Le général leur envoya, par quelques paysans venus au-devant de nous, une proclamation pour les informer de ses intentions et les empêcher de faire une vaine défense qui leur deviendrait funeste ; il leur fit savoir en même temps qu'on respecterait leurs propriétés et leur culte s'ils n'opposaient pas une résistance inutile. Ces négociations firent le meilleur effet. Les habitants, qui voulaient laisser entrer nos troupes dans le fort, s'insurgèrent contre les chevaliers de Malte. Les ponts-levis étant brisés, ils jetèrent des planches et des cordes à nos soldats pour les aider à entrer.

Le général, qui avait laissé trois compagnies devant le fort Chambray, se mit en marche pour le château de Goze. Dès que les habitants de Rabato et du château nous virent arriver, ils envoyèrent au-devant de nous pour témoigner leur soumission et remettre les clefs du château. Dans le fort il y avait un gouverneur et plusieurs chevaliers de Malte, qui, n'ayant plus d'autorité, se cachèrent, mais les uns se présentèrent ensuite d'eux-mêmes et les autres furent arrêtés.

Le combat s'était engagé sur plusieurs points, nos troupes avaient poursuivi les fuyards, ce qui avait jeté l'alarme parmi les habitants, qui abandonnèrent d'abord leurs maisons; ceci occasionna de grands désordres dans les villages, mais le général s'empressa de rétablir la discipline. Il fit rembarquer toutes les troupes, à l'exception de huit compagnies. Les habitants retournèrent avec leurs bestiaux dans leurs habitations et reprirent leurs occupations habituelles. On les traita avec douceur; quelques-uns avaient été blessés; nos officiers de santé les soignèrent. Nous trouvâmes dans l'île plus de cent pièces de canon et quelques magasins de blé.

De Niello Sargy, officier de correspondance attaché à l'état-major général.

II. — Attaque de Malte

Je fus du nombre de ceux qui reconnurent le lieu de débarquement. Le lendemain, il s'exécuta dans quatre endroits. Le général Reynier devait attaquer Gozzo; le général Baraguay d'Hilliers la Calla Saint-Paul, et les généraux Desaix et Vaubois devaient cerner la cité Vallette. Le point de jonction de ces deux dernières divisions était l'aqueduc qui conduit dans la forteresse, le seul filet d'eau qui existe dans l'île. Ce poste important devait naturellement être le plus défendu et le hasard fit qu'il n'y eut que l'avant-garde de la brigade de Marmont qui surmonta les obstacles que l'on nous y opposa.

Le convoi que commandait Desaix, ayant beaucoup dérivé par les courants, se trouva si éloigné de terre que ce général ne put exécuter son débarquement à Marsa Siroco, deux lieues au-dessous de la ville, que vers les six heures du soir, pendant que Vaubois était déjà à terre deux heures avant.

Le général en chef avait partagé en deux la division Vaubois. Le général Lannes, avec sept bataillons, avait la tâche de longer le port de Marsa Muserl à la droite de Malte et de chercher à s'emparer d'un des forts qui commandaient l'entrée, pendant que cinq bataillons sous les ordres de l'aide de camp Marmont devaient marcher droit à l'aqueduc et barrer l'isthme qui joint la cité Vallette au reste de l'île. Il m'assigna pour mon poste l'avant-garde de cette brigade composée de plusieurs compagnies de carabiniers que je devais guider.

Nous partîmes le 22 prairial (10 juin) de *l'Orient* à la pointe du jour. Toutes les chaloupes avaient été rassemblées à l'abri de ce vaisseau. L'ennemi ne défendit que faiblement le débarquement, car il fut surpris; ce n'est qu'une heure plus tard, lorsque nous avions gravi plusieurs coteaux, qu'il vint engager une fusillade insignifiante. Lorsque Marmont eut réuni toutes ses forces, il marcha en avant. On nous avait averti que l'ennemi nous attendait, mais il fut impossible de le reconnaître dans un pays barré par un dédale de murailles sèches qui contournent chaque champ.

Je m'avançais vers les tirailleurs, lorsque je trouvai déjà ceux-ci engagés. Les Maltais s'étaient placés derrière l'aqueduc même, car il domine les alentours ; ils occupaient aussi plusieurs maisons et une muraille leur servait de parapet. Les tirailleurs furent repoussés et je voyais l'instant où l'ennemi enhardi aurait prolongé sa défense. Sans attendre le reste de la demi-brigade, je perçai avec les grenadiers par un chemin à demi couvert. On les joignit. Une décharge à brûle-pourpoint les déconcerte et ils fuient en déroute ; l'habitude de sauter des murailles les préserva du trépas. Nous en tuâmes une quinzaine, et un drapeau rouge que j'atteignis, moi troisième, fut pris.

Le choc fut court, mais vif ; nous ne tardâmes pas à en avoir un autre. Marmont, qui pendant ce temps avait enfoncé la droite des ennemis, ploya ses troupes militairement et m'envoya reconnaître la ville en me soutenant d'un bataillon. Je m'approche des portes et mes tirailleurs s'engagent malgré moi. Alors cinq cents hommes qui se trouvaient sur le glacis les serrent et les poussent à leur tour. Ceci enhardit la garnison et elle tenta une sortie. Mon dessein était de feindre une retraite pour les attirer sur le bataillon, mais l'ardeur des grenadiers ne me permit pas d'exécuter cette manœuvre. Ils ne virent pas plutôt les ennemis à leur portée que, fondant dessus au pas de course, ils les forcèrent de se renfermer dans leurs murailles.

Le soir, les Maltais tâtèrent encore inutilement nos avant-postes, et la nuit, une forte fusillade du côté de

Desaix nous mit à même de nous convaincre que ce général avait rempli son but. Effectivement, il venait de s'emparer des forts qui commandent la rade de Marsa Siroco et venait pour cerner la ville de l'autre côté.

Ceci se passait en dehors de la ville, lorsqu'un événement inattendu vint nous livrer cette place formidable...... L'esprit révolutionnaire a été encore ici le principe de nos succès.

Sous ce gouvernement oppressif de Malte, la haine contre les chevaliers était à son comble. Cent mille individus ne pouvaient voir sans horreur une caste armée et peu nombreuse se jouer de l'honneur des familles et de la bonne foi des habitants pendant qu'ils insultaient à leur faiblesse en les forçant d'étouffer même leurs plaintes............ Les postes n'étaient réellement gardés que par les paysans et les habitants des faubourgs, tous ennemis jurés de l'ordre de Malte. L'insurrection commença dans ces endroits. Un quiproquo, qui fit prendre des individus chargés de couper un pont pour un détachement français, ayant engagé une fusillade, plusieurs chevaliers quittèrent leur poste. A cette vue, le peuple se met en fureur, il croit qu'on le trahit et demande à être conduit par d'autres contre les ennemis et à sortir des retranchements. Sur le refus qu'en fit le bailli qui les commandait, il fut massacré; plusieurs autres de ses compagnons eurent le même sort et la fuite seule préserva les autres chevaliers du trépas. Cet acte de vengeance fut suivi d'une décharge générale. Après quoi, le peuple, laissant les portes de l'enceinte à l'abandon, retourne sur ses pas et s'empare des faubourgs.

Cette nouvelle désastreuse parvient au grand maître Hompech à l'instant même où la sortie de la garnison de la cité venait d'être si vigoureusement repoussée. Ce vieillard sexagénaire, digne de combattre pour une meilleure cause, veut redoubler d'énergie......... A l'issue d'une procession solennelle par laquelle les chefs avaient espéré de pouvoir électriser les esprits, les citoyens qui gardaient le donjon des chevaliers s'insurgent, blessent divers membres de la religion qui s'y trouvent, incarcèrent les autres et font cesser le feu que ce donjon n'avait cessé de faire sur la brigade de Lannes. En même temps, tous les propriétaires s'assemblent, dressent une requête, choisissent des députés et se présentent, le soir, devant la congrégation de défense où présidait le grand maître. Le contenu de la requête était la demande de la paix, le refus d'exposer leurs vies et leurs propriétés pour la défense de l'Ordre et la menace de livrer la ville aux Français si on s'obstinait à ne pas traiter avec eux. Cette requête soutenue par les cris d'un peuple armé et furieux convainquit le grand maître qu'il n'avait d'espoir que dans la loyauté de la République française et il capitula dès le lendemain. Ce fut le dernier acte de souveraineté de l'Ordre.

Sulkowski, aide de camp de Bonaparte, Notes sur l'expédition d'Egypte. (*Archives de la Guerre.*)

Sulkowski passe en France en 92 après avoir servi pendant neuf ans en Pologne, capitaine en 96, chef de brigade, aide de camp de Bonaparte en 98, tué la même année au Caire.

III. — Négociations et capitulation

..... Le gouvernement de Malte était dans la plus parfaite sécurité quand nous arrivâmes devant l'île et ne prépara aucuns moyens de défense quand il nous vît paraître. Il laissa entrer et sortir du port des bricks et des demi-galères françaises, tant était entière sa confiance. Le général Bonaparte fit d'abord demander d'entrer dans le port avec toute son escadre. Le grand maître lui répondit que sa neutralité ne lui permettait pas de recevoir plus de quatre vaisseaux de ligne et que ses engagements à cet égard étaient reconnus par toutes les nations.

Lorsque la descente fut faite, le grand maître m'écrivit pour me prier de demander au général Bonaparte ce qu'il voulait, quelles étaient donc les conditions qu'il exigeait de l'*Ordre*, et pour réclamer mes bons offices auprès de lui. Le général ouvrit la lettre et me fit ensuite venir à son bord :

« Voilà, me dit-il, une lettre qui prouve que vous
» avez de l'influence à Malte... Je suis venu ici pour
» prendre Malte, mais je n'ai pas de temps à perdre.
» J'ai avis que l'escadre anglaise est en Sardaigne et
» je veux prévenir son apparition. Malte n'a point
» de moyens de se défendre. Les Maltais ne veulent
» point obéir aux chevaliers dont ils se méfient et en
» ont déjà assassiné plusieurs. Aussi toute résistance
» ne pourrait être longue. Mais, vous dis-je, je ne
» veux point perdre de temps. Dites aux chevaliers
» que je leur ferai les conditions les plus avantageu-
» ses; que je veux *acheter* d'eux l'île; que je la leur

» paierai ce qu'ils voudront, soit en argent, soit par
» le traitement que je leur ferai; que tous les Fran-
» çais rentreront en France et y jouiront de tous les
» droits politiques; que ceux qui voudront rester à
» Malte y seront protégés; que le grand maître aura
» une souveraineté en Allemagne et tout ce qu'il de-
» mandera. Si même il était nécessaire, vous pour-
» riez aller jusqu'à offrir la conservation de l'ordre
» à Malte pourvu qu'on nous livre le port et qu'on
» nous laisse mettre garnison dans la ville, mais
» cela nous gênerait beaucoup. Vous direz au gou-
» vernement de Malte que nous sommes forcés de
» prendre ces mesures parce que nous avons su les
» engagements qu'il a pris avec la Russie, ce que
» nous ne pouvons souffrir. »

Je partis pour Malte avec l'aide de camp Junot et Poussielgue. Nous y arrivâmes à une heure après-midi. Je persuadai au grand maître qu'il fallait faire le sacrifice de l'île et, pour les conditions, s'en remettre à la générosité de Bonaparte; que, plus il se hâterait de nous livrer Malte, plus il se rendrait agréable au général.

Le Conseil s'assembla, nomma des plénipotentiaires pour traiter et, à six heures, nous partîmes de Malte pour retourner à bord de *l'Orient*, où nous n'arrivâmes qu'à onze heures du soir à cause du mauvais temps et des retards de notre marche par une singulière circonstance.

Aussitôt que la descente fut faite et que le grand maître voulut tenter des moyens de défense, les méfiances semées précédemment produisirent leur effet. Les Maltais dirent qu'ils n'obéiraient point aux chevaliers français qui voulaient les livrer à leurs compatriotes, qu'ils étaient des traîtres, et ils en tuèrent ou blessèrent treize. Tout moyen de défense fut dès lors impossible et on dut craindre que le Maltais ne massacrât tous les chevaliers français, et cette crainte contribua à hâter la négociation. Mais le Maltais qui ne voulait pas se rendre, devint furieux quand il sut qu'il y avait une capitulation, et, chassant les chevaliers des forts où ils commandaient, prétendit les défendre lui-même et dit qu'il coulerait bas le parlementaire lorsqu'il sortirait du port, circonstance qui nous obligea de sortir de la ville par la porte de terre et d'aller nous embarquer au port Saint-Julien, distant d'une lieue. D'un autre côté, les chevaliers et Maltais qui nous étaient dévoués, envoyèrent proposer de livrer Malte aux Français sans traiter avec l'Ordre.

Le traité fut fait et signé dans une demi-heure, parce qu'on devait, disait-on, suppléer par des articles additionnels à ce qu'on ne pouvait insérer dans un acte fait si à la hâte. Ces articles n'ont jamais pu être rédigés. Aucunes des conditions convenues n'ont été exécutées. Les chevaliers ont eu l'ordre de quitter Malte dans trois jours. On n'a point donné de passeport pour France à ceux qui n'étaient pas à Malte depuis sept ans, et tous les secours qu'on leur a accordés se sont réduits à la somme de 250 livres pour chacun, ce qui fait en total celle de 60,000 livres, indépendamment de la somme dont on a payé le mobilier du grand maître.

Après avoir demandé qu'on lui *vendît* Malte, Bonaparte ne pouvait pas la payer meilleur marché.

DOLOMIEU, ancien chevalier de Malte, Note trouvée dans les papiers du général Kléber. (*Archives de la Guerre.*)

..... Dans la discussion de l'armistice, Junot, qui semblait avoir été choisi pour donner aux Maltais l'idée de la force et du courage de l'armée française, pressait et menaçait. Le trouble, l'irrésolution, l'incertitude, accablaient le grand maître et le Conseil; l'effroi que leur inspirait le parti français, l'esprit des habitants de Malte, le manque de ressources et l'armée de Bonaparte n'étaient pas assez puissants pour les décider à rompre les engagements qu'ils avaient pris avec la Russie. Ils voulaient des conditions que personne ne leur proposait. C'est dans ce moment que Poussielgue demanda un entretien particulier au grand maître, dont il avait obtenu plusieurs audiences pendant son séjour à Malte sans avoir pu ni pénétrer ses vues ni lui insinuer celles du Directoire.

« Le général Bonaparte, lui dit-il, sent tout le prix
» du sacrifice qu'il vous demande et que l'intérêt de la
» France exige; il vous offre, ou une principauté en
» Allemagne équivalente à la perte que vous faites, ou
» cent mille écus de pension et six cent mille francs
» payés sur-le-champ. »

A ces mots, la figure du vieux baron devient rayonnante; il répond avec affection : « Je remercie le
» général en chef, je ferai tout ce qui lui sera agréa-
» ble. » Rentré dans la salle du Conseil, il ne s'oppose plus à la reddition de l'île, qui est décidée.

Le commandant Dolomieu avait aussi été chargé par Bonaparte de faire de grandes promesses à tous ceux qui fourniraient et aideraient ses projets. Le savant Monge fut engagé malgré lui dans cette négociation. A Toulon, il demanda au général Caffarelli si l'expédition était dirigée contre Malte, parce que, dans ce cas, sa délicatesse ne lui permettait pas de la suivre. Il reçut une réponse évasive et s'embarqua. Arrivé devant Malte, ses amis le sachant à bord de l'escadre lui écrivirent pour lui demander des conseils. Une de ces lettres tomba dans les mains du général en chef, qui la décacheta et, après l'avoir lue, lui ordonna de suivre Junot et l'autorisa à promettre beaucoup à ceux qui seraient disposés à seconder ses vues.

Général MORAND. (*Archives de la Guerre*).

IV. — UNE FÊTE DONNÉE PAR BONAPARTE

La capitulation signée, nous mîmes pied à terre. J'allai loger avec Regnauld dans la cité Vallette chez un vieil avocat dont je n'ai jamais su le nom. Le soir, toute la ville fut illuminée en réjouissance du mal que nous lui avions fait. Cette illumination, au reste, n'était pas ruineuse. Des bouts de chandelles fixés dans des sacs de papier de couleur, à demi remplis de sable, en firent les frais. Ce genre d'illumination, contre lequel le vent n'a pas de pouvoir, est d'un effet assez gai.

Le général avait pris possession du palais du grand maître. Dès qu'il y fut établi, il donna un grand dîner où les officiers supérieurs de l'armée et de la flotte et les hommes les plus recommandables qui suivaient l'expédition furent invités : c'était une fête triomphale. En vertu des pouvoirs illimités qui lui étaient attribués, il avait accordé de l'avancement à presque tous les convives. Brillante et noble réunion que celle qui environnait cette table !

La musique des guides, pendant le banquet, ne cessa d'exécuter des symphonies guerrières. L'intention du général était qu'on chantât ces hymnes patriotiques, ces strophes héroïques dont nos armées avaient fait retentir l'Allemagne et l'Italie. Belle occasion pour le vicaire de Laÿs de faire connaître son talent ! Je ne doutai pas qu'il la saisît. Point du tout. Quand je l'en pressai de la part du général, il me dit qu'il n'était pas venu à Malte pour chanter, mais pour faire des recherches sur la musique des différents âges et des différents pays.

A.-V. Arnault.

..... Le quatrième jour, le général nous donna un souper où furent admis les membres des autorités nouvellement constituées. Ils virent avec autant de surprise que d'admiration l'élégance martiale de nos généraux, cette assemblée d'officiers rayonnants de santé, de vie, de gloire et d'espérance ; ils furent frappés de la physionomie imposante du général en chef, dont l'expression agrandissait la stature.

Le mouvement qui avait régné dans la ville à notre arrivée avait fait fermer les cafés et autres lieux publics ; les bourgeois, encore étonnés des événements, se tenaient clos dans leurs maisons ; nos soldats, la tête échauffée par le soleil et par le vin, avaient épouvanté les habitants, qui avaient fermé leurs boutiques et caché leurs femmes. Cette belle ville, où nous ne voyions que nous, nous parut triste ; ces forts, ces châteaux, ces bastions, ces formidables fortifications qui semblaient dire à l'armée que rien ne pouvait plus l'arrêter et qu'elle n'avait plus qu'à marcher à la victoire, la firent retourner avec plaisir à bord.

V. Denon, *Voyage en Egypte*.

LIVRE II

CONQUÊTE DE LA BASSE ÉGYPTE

CHAPITRE IV

ALEXANDRIE

De Malte à Alexandrie. — Débarquement
de l'armée et marche sur Alexandrie. — Attaque et
prise de la ville. — Après la prise.

I. — De Malte a Alexandrie

7 messidor (25 juin). — La route que nous faisons nous conduit à Candie, que nous verrons demain matin, j'espère, si le vent continue. L'escadre est restée en arrière toute la soirée. Elle laissa filer ses petits poulets (bâtiments de transport) comme une mère prudente, afin que ceux qui s'amuseraient derrière ne soient pas pris par les renards.

Aujourd'hui, nous avons commencé à mordre dans le biscuit. Le pain nous a manqué. C'est un peu difficile à casser, surtout pour les mauvaises dents. Ceux qui sont à bord des vaisseaux de guerre ont largement du pain frais que les petits bâtiments marchands ne peuvent pas se procurer, n'ayant pas de fours.

8 messidor (26 juin). — A deux heures, le général Friant m'a envoyé, par son aide de camp, l'ordre général de l'armée et, en même temps, celui de fournir trois cents hommes pour les garnisons des vaisseaux *le Peuple-Souverain, le Spartiate* et *le Généreux*. On croit qu'il est fort aisé de faire parvenir en mer des ordres à nos troupes divisées sur tant de bâtiments qui sont aux quatre parties du monde. Je n'ai pas vu depuis notre départ de Malte les bâtiments affectés à la demi-brigade que je commande.

Général BELLIARD. (*Archives de la Guerre.*)

..... Le soir du 9 (27 juin), on nous signale de passer à poupe de *l'Orient*. Il serait aussi difficile de donner que de prendre une idée exacte du sentiment que nous éprouvâmes à l'approche de ce sanctuaire du pouvoir, dictant ses décrets, au milieu de trois cents voiles, dans le mystère et le silence de la nuit. La lune n'éclairait ce tableau qu'autant qu'il fallait pour en faire jouir Nous étions cinq cents sur le pont, on aurait entendu voler une mouche ; la respiration même était suspendue.

On ordonne à notre capitaine de se rendre à bord du commandant. Quelle fut ma joie, à son retour, lorsqu'il nous dit que nous étions dépêchés en avant pour aller chercher notre consul à Alexandrie et savoir si on était instruit de notre marche, et quelles étaient les dispositions de cette ville à notre égard ; qu'il nous était réservé d'aborder les premiers en Afrique pour y recueillir nos compatriotes et les mettre à l'abri du premier mouvement des habitants à l'approche de la flotte.....

..... Notre mission, après avoir prévenu les Francs de se tenir sur leurs gardes, était de venir retrouver l'armée qui devait croiser et nous attendre à six heures du cap Brulé. A midi, nous étions à trente lieues d'Alexandrie ; à quatre heures, les gabiers crièrent : *Terre*; à six, nous la vîmes du pont : nous eûmes toute la nuit la brise ; à la pointe du jour, je vis la côte à l'ouest, qui s'étendait comme un ruban blanc sur l'horizon bleuâtre de la mer. Pas un arbre, pas une habitation ; ce n'était pas seulement la nature attristée, mais la destruction de la nature, mais le silence et la mort. La gaieté de nos soldats n'en fut pas altérée ; un d'eux dit à son camarade en lui montrant le désert : « Tiens, regarde, voilà les six arpents de terre qu'on t'a décrétés. » Le rire général que fit éclater cette plaisanterie peut servir de preuve que le courage est désintéressé, ou du moins qu'il a sa source dans de plus nobles sentiments.

Denon, *Voyage en Egypte*.

Denon était embarqué sur la frégate *la Junon*, chargée, pendant la traversée, d'éclairer l'escadre.

II. — Débarquement de l'armée et marche sur Alexandrie

13 messidor (1er juillet). — Débarquement par une mer affreuse. On avait mis des voiles aux canots. Ils mettaient un quart d'heure pour venir du bord à terre et cinq quarts d'heure pour s'en retourner.

Difficultés de débarquer les chevaux. On les amène à la nage, les tenant du dedans des canots.

En partant des vaisseaux, chaque soldat avait dû prendre du biscuit pour quatre jours, des légumes, du riz et du vin. Le soldat, qui avait perdu l'habitude d'être mal, néglige de prendre sa portion. L'on s'enivre le jour du débarquement et, à peine avions-nous fait une lieue dans le désert, que l'on mourait de soif. On laisse sur le rivage du vin, du biscuit et des légumes ; l'on manquait de moyens pour les emporter.

15 messidor (3 juillet). — Nous nous mettons en marche sur Alexandrie de grand matin. Nous arrivons à Alexandrie. Aspect majestueux des murailles d'Alexandrie. Contraste que l'on éprouve en arrivant à Alexandrie venant de Paris, Florence, Rome et Malte, tout cela depuis trois mois.

L'on arrive dans un désert affreux. Des habitants avec des figures infâmes, de longues robes bleues toutes trouées, une peau olivâtre, une longue barbe, des yeux fort laids, la plupart borgnes, les yeux chassieux, la tête couverte d'un turban. Des femmes ressemblant à la mort telle qu'on la peint dans les tableaux, un voile les couvrant de la tête aux pieds. Combien cela fait penser à la distance qui nous séparait de la France !

La division fait halte sous les murailles d'Alexandrie. Elle y reste jusqu'à quatre heures et demie du soir attendant son artillerie. C'était trop long, elle part sans elle; on prend un guide.

Chef d'escadrons SAVARY. (*Archives de la Guerre.*)

Le 1ᵉʳ juillet, à la pointe du jour, treize jours après notre départ de Malte et le quarante-troisième de notre départ de Toulon, nous découvrîmes une côte singulièrement plate et sablonneuse, parfaitement semblable à celle qui borde l'Océan entre Gravelines et Calais. On signala bientôt la Tour des Arabes à la droite d'Alexandrie, et à huit heures et demie du matin nous aperçûmes les minarets de cette ville. M. Magallon jeune, consul de France, vint annoncer, à bord de la frégate *la Junon*, qu'une escadre anglaise de quatorze vaisseaux de ligne, dont deux à trois ponts, avait passé deux jours auparavant à la vue d'Alexandrie, et qu'elle semblait avoir pris la direction d'Alexandrette dans l'espoir de nous y rencontrer. Telle était la position critique où nous nous trouvions, qu'il était possible d'être surpris par les Anglais au milieu de l'opération du débarquement.

Le général en chef sentit la nécessité d'agir promptement, soit pour arracher Alexandrie aux Anglais, soit pour débarquer avant leur apparition. Mais la mer était grosse ; les vaisseaux mouillaient à deux lieues au large, et les marins regardaient le débarquement comme impossible à cause de la violence des vents et des récifs qui remplissaient la baie du Marabout. Rien ne put arrêter le général en chef, qui ordonna tous les préparatifs de la descente et les pressa d'autant plus qu'il sentait la nécessité de mettre l'escadre à couvert d'un combat qui eût été inégal dans le désordre d'un premier mouillage sur un fond inconnu.

A quatre heures du soir, le général monta sur une demi-galère de Malte avec son état-major, afin de pouvoir approcher plus près de la côte ; il était environné de canots et de chaloupes. Les préparatifs s'étaient prolongés jusqu'à onze heures du soir, la demi-galère qui portait Bonaparte s'avança le plus près possible à travers les récifs du fort appelé Marabout, à deux heures à l'ouest d'Alexandrie, et l'ordre fut donné aussitôt aux embarcations qui portaient une partie des divisions Bon, Kléber et Menou de débarquer sur la plage, en dépit d'une mer houleuse et d'un vent très orageux.

Entassés dans des canots, nos soldats étaient jetés sur une côte semée de rochers et d'écueils au milieu d'une nuit obscure. On entendait des cris partant de plusieurs barques chargées de troupes errant au gré des vents et des vagues et demandant en vain des secours. Plusieurs de nos soldats, débarquant sur des écueils, furent emportés par les vagues sans pouvoir être sauvés. La division Menou fut la première qui put mettre à terre une partie de ses troupes. Mais la demi-galère sur laquelle se trouvait l'état-major général éprouvait les plus grands obstacles pour suivre les canots qui gagnaient le rivage; elle mouillait à une demi-lieue de terre dans l'obscurité de la nuit. A une heure du matin, le général en chef, instruit qu'il n'y avait point de résistance et que les troupes débarquées s'acheminaient par pelotons vers Alexandrie, se jeta dans un canot, suivi des généraux Berthier, Caffarelli et Dommartin, et gagna la terre à quelque distance du Marabout. Il n'y avait encore ni artillerie ni chevaux débarqués.

Accablé de fatigue et de sommeil, le général, avec son état-major, ayant fait former autour de lui une grand'garde, se coucha sur le sable, et dormit deux heures, tandis qu'on achevait le débarquement.

L'avant-garde, composée de deux mille hommes, marcha toute la nuit. Vers les trois heures du matin, le

reste de l'armée, se formant en trois colonnes, prit la
même direction. Je marchais tantôt avec l'état-major,
tantôt avec la colonne du centre, traversant un désert
aride de deux ou trois lieues, qui n'offrait ni arbres
ni eaux, et seulement quelques monticules de sable.
Il y eut beaucoup de traîneurs que la cavalerie arabe
harcela; nous l'aperçûmes de loin, elle nous parut
montée par des sauvages horribles.

A la pointe du jour, nous fûmes à la vue de l'ancienne
enceinte d'Alexandrie. Quand les officiers et les soldats aperçurent les ruines et les déserts qui les environnaient, ils furent frappés de stupeur. Le général en
chef, mettant pied à terre, avec les tirailleurs de l'avant-
garde, suivi de ses aides de camp et de ses officiers
d'état-major, et passant devant les colonnes d'attaque
qui se formaient, ranima tout par sa présence; on
voyait dans ses yeux que le bonheur qui accompagnait
ses opérations devait suivre celle-ci.

De Niello Sargy, officier de correspondance.

...... Cette journée fut cruelle. Au milieu d'une mer
en fureur, un soleil ardent sur la tête, nos barques
se heurtaient en tous sens, se précipitaient violem-
ment les unes contre les autres. Nous ne pouvions
réserver les distances qu'à l'aide d'un travail continuel
au moyen de perches. Un mal de mer affreux s'empara
de tout le monde, jusqu'aux matelots et aux pilotes.
C'est ainsi, horriblement ballottés autour de la galère
de Bonaparte, que nous passâmes tout le jour. Le
soir seulement, les chaloupes purent se réunir. J'ou-
blie de vous dire que c'était les divisions Kléber et Bon,
venant des vaisseaux, et celles de Desaix, Reynier et

Menou, venant des convois, qui formaient l'armée de débarquement.

..... Le débarquement s'exécuta immédiatement sur la plage qui borde le désert. Personne ne parut. Du sable, quelques plantes épineuses et rabougries, voilà tout ce qu'offrait l'horizon. Au moment du débarquement, nous eûmes une assez vive alarme : on signala une voile de guerre dans le lointain. Ce pouvait être les Anglais et vous comprenez bien que nous n'étions guère prêts à un combat naval. Il y eut un instant de cruelle angoisse. Mais, bientôt, on sut que c'était un vaisseau français. Nous passâmes la première soirée assis sur le sable. Elle fut employée à un bon repas consistant en gigot, volailles, biscuits arrosés de vin et d'eau.

A minuit, la générale battit. Je reçus alors l'ordre de me porter en avant avec la colonne de Menou pour reconnaître les carrières d'Alexandrie. En même temps, les autres colonnes faisaient un mouvement dans le même sens en longeant la mer.

..... La matinée s'avançait et la chaleur était suffocante. Après la pénible journée de la veille et la nuit passée à marcher, la lassitude était extrême et la soif horrible ; c'est une souffrance que j'ignorais jusque-là. La soif par un soleil ardent et presque vertical, au milieu des sables brûlants, est un véritable supplice. J'aurais donné dix ans de ma vie pour un verre d'eau... Presque tout le monde buvait de l'eau-de-vie à grandes gorgées pour se rafraîchir, mais ce soulagement momentané augmentait le mal un instant après. La seule ressource était d'ouvrir la bouche au vent du Nord qui, néanmoins, paraîtrait brûlant dans nos climats.

Au reste, le général Bonaparte n'était pas mieux servi que nous, et il fut impossible de lui trouver un verre d'eau. On lui découvrit cependant des oranges qu'un officier avait apportées de Malte.

..... Certes, les Français sont braves, mais, entre nous, je puis vous assurer que la soif de nos soldats fut le premier mobile de la prise d'Alexandrie. Au point où l'armée en était, il fallait trouver de l'eau ou périr.

Capitaine Thurman, Relation du séjour en Égypte.

III. — Attaque et prise d'Alexandrie

Les trois colonnes de nos troupes ayant investi la ville après avoir chassé devant elle plusieurs pelotons de Bédouins à cheval, le général en chef détacha plusieurs officiers pour reconnaître la nouvelle enceinte dite des Arabes, qui renferme l'Alexandrie moderne.

On savait, par le vice-consul, que la ville était défendue par cinq cents janissaires, sans discipline et mal armés, qui la plupart garnissaient les murs d'enceinte hors d'état de résister à l'escalade. Quelques Francs, sortis d'une manière furtive, vinrent apprendre à l'état-major que les Mamelouks et les principaux Arabes s'étaient réfugiés dans le désert; qu'une partie de la population s'était jetée dans les forts, mais en tumulte, et que la plus grande confusion régnait dans la ville.

Le général en chef ayant ordonné l'attaque, quoique sans aucune pièce d'artillerie, nos soldats, marchant sur les ruines de l'ancienne ville, arrivèrent aux remparts et s'y précipitèrent avec fureur. Les Turcs tirèrent mal quelques coups de canon, mais nous étions déjà au pied des murs ruinés de l'enceinte. Là, nous reçumes la mousqueterie et les pierres que nous lançaient les Arabes et les Turcs ; nos soldats n'en montèrent pas moins à l'assaut par des éboulements de murs qui leur servirent de brèche. Les habitants armés, qui s'étaient postés sur leur toit et dans les maisons, firent un feu de mousqueterie qui renversa environ cent cinquante hommes faisant partie des trois colonnes d'attaque. Celles qui étaient conduites par les généraux Menou et Kléber furent les plus maltraitées ; ces deux généraux furent eux-mêmes blessés, ainsi que l'adjudant-général Escale ; ils le furent par les feux partis des murailles et des maisons. Nous aurions pu éviter cette perte en sommant la place, mais le général en chef voulut commencer par étonner l'ennemi et lui inspirer de la terreur.

A onze heures, nous étions maîtres d'Alexandrie.

Les tirailleurs turcs, qui, sachant à peine tirer un coup de fusil, s'étaient défendus par les fenêtres, étaient ou cachés ou tués. Repoussés de tous côtés, les Turcs se réfugièrent les uns dans les forts, les autres dans leurs mosquées. Là, hommes, femmes, vieillards, enfants, tout fut massacré ; ce ne fut qu'au bout de quatre heures que nos soldats mirent fin au pillage et au carnage.

Une tranquillité sombre régna dans la ville. Les forts capitulèrent. Ceux des habitants qui survivaient à cette prise d'assaut étaient tremblants ; ne voyant autour d'eux que l'image sanglante de la mort, ils semblaient étonnés qu'on leur laissât la vie. Le lendemain, ce qui en était resté, ainsi que les Arabes de la campagne, nous parurent un peu remis de leur frayeur et assez confians. Ils lisaient, avec une sorte d'extase, la proclamation que le général en chef avait fait imprimer en arabe et qui leur promettait protection et sûreté. Nous vîmes dans le bazar quelques provisions, des moutons, des pigeons, du tabac à fumer, et surtout un grand nombre de barbiers qui rasaient leurs pratiques en mettant leur tête entre leurs genoux.

De Niello Sargy, officier de correspondance.

Bonaparte pendant l'attaque. — A la pointe du jour, le canot nous conduisit à terre, mais déjà le général en chef était parti avec les troupes débarquées la veille. Dès qu'il y eut assez de soldats réunis pour former un bataillon, nous nous mîmes en marche......

.... Lorsque nous arrivâmes près d'Alexandrie, l'enceinte dite des Arabes avait été enlevée. La fusillade était engagée dans diverses directions. Aucun de nous ne sachant où combattait le corps dont il faisait partie, nous nous dirigeâmes vers un mamelon où nous aperçûmes un état-major qui était probablement celui du général en chef. C'est sur ce monticule qu'a été construit le fort dit de l'Observation, appelé depuis fort Caffarelli.

Mon impatience était extrême de voir sur un champ de bataille ce grand capitaine qui avait rempli l'Europe de son nom, et qui agissait si profondément sur les imaginations. Je gravis la hauteur, haletant, empressé que j'étais d'observer cet illustre général. Il était assis par terre, le dos tourné aux attaques, faisant sauter avec sa cravache de ces débris de poterie qui forment en partie les monticules dont sont environnés Alexandrie, le Caire et les villages d'Egypte.

L'état-major était rangé en cercle, gardant le silence.

Un officier arrive de la gauche : « Général, le fort triangulaire vient de capituler. » Pas de réponse. Bientôt un autre officier annonce que la droite s'est emparée des premières maisons et que l'ennemi les dispute pied à pied. Pas de réponse. Un troisième officier se présente : « Le général Murat m'a chargé de venir
» vous dire qu'il est arrivé sur la place et que l'en-
» nemi se retire sur le phare. — Qu'il m'envoie les
» cheykhs avec les clefs de la ville. »

Le général en chef se lève alors et descend le monticule. Je venais d'apprendre où combattait ma division. Je la rejoignis très désappointé : « Le voilà
» donc ce général qui prend des villes, gagne des
» batailles et détruit autant d'armées qu'il en com-
» bat ; mais, s'il ne fallait pour cela que faire sauter
» de petites pierres avec sa cravache, ne pas même
» regarder ce qui se passe, écouter les rapports de
» ses généraux, et n'y rien répondre, il me semble en
» vérité que j'en pourrais faire autant. »

(*Mémoires dictés par Napoléon.* — Avant-propos du général BERTRAND).

..... Quand les habitants voient qu'il n'y a plus d'espoir, ils demandent quartier. Les Français cessent le feu, laissent les habitants évacuer les forts, publient l'amnistie et arborent leur drapeau. On assemble les principaux de la ville, on exige que le peuple soit désarmé, qu'on remette les armes aux vainqueurs et que l'on porte leur cocarde sur la poitrine. Cette cocarde consiste en trois morceaux de drap ou de soie, ronds comme un écu de six franes, l'un bleu, l'autre rouge, et le troisième blanc. On les met les uns sur les autres, on les coud de manière que les trois couleurs paraissent distinctement.

Les Français avaient fait imprimer une proclamation et l'avaient fait répandre dans le pays qui était devant eux pour rassurer le peuple. Des musulmans qui avaient été prisonniers des Maltais et délivrés par les Français en apportèrent une copie à Boulac. Il y avait aussi parmi eux des Barbaresques et des espions, ayant tous le même costume et connaissant bien la langue arabe.

<small>Journal par un habitant du Caire, transmis au dépôt de la guerre en 1827 par le comte Guilleminot, lieutenant-général, ambassadeur de France à Constantinople. (*Archives de la Guerre*.)</small>

IV. — Après la prise

..... Le 4 juillet (16 messidor), nous sortîmes de nos vaisseaux pour nous rendre à Alexandrie ; nous y arrivâmes tumultueusement, après avoir traversé les ruines affreuses de l'enceinte des Arabes, un vaste champ de tombeaux, et quelques sables arides, couverts çà et là de quelques palmiers, de figuiers et de la plante de soude. Nous cherchâmes à Alexandrie quelques chambres dans les maisons des Européens pour nous reposer : comme les Turcs n'étaient obligés à rien envers nous, le petit nombre qu'il s'en trouvait pour tant d'hommes nous obligea de nous loger dix à douze par chambre.

La chaleur excessive qu'il faisait, les mauvais aliments que nous prenions — les marchés, dans les premiers jours, ne fournissant point assez de denrées, on nous distribuait des rations provenant des différents bords. Le biscuit était très moisi, et les viandes salées presque corrompues : quelque temps après, on eut abondamment du bon pain, du mouton, des poules, des pigeons, du poisson, etc... — l'eau des citernes dont la malpropreté et le goût âcre nous rebutaient, les moustiques qui nous dévoraient nuit et jour, tout enfin nous rendit le premier mois d'habitation horriblement incommode. Nous étions couchés sur quelques mauvais matelas, la plupart sur des planches ou des nattes, préparant nous-mêmes les rations qu'on nous distribuait, n'ayant d'ustensiles de ménage que quelques vases de terre. Mais on l'a dit depuis longtemps : l'homme s'accoutume à tout.

Ch. Norry, architecte attaché à l'Expédition d'Egypte, *Relation de l'expédition d'Egypte.* (Paris, Ch. Pougens, an VII.)

..... Le premier sentiment que les habitants du pays ont éprouvé à notre arrivée a été l'effroi; ils se cachaient et enfouissaient leurs comestibles, ce qui, d'abord, fit éprouver à notre armée une disette de vivres. Mais à cette première impression succéda la confiance que la bonne discipline de nos troupes et la sagesse de Bonaparte leur inspirèrent. Alors les marchés d'Alexandrie furent pourvus de tout. Les poules, les oies, les pigeons, les veaux, tous les animaux dont ce pays abonde, nous furent apportés avec profusion.

Pour rendre le commerce plus facile, une commission fixa la valeur des monnaies respectives. L'écu de 6 francs fut porté à 160 paras; le para est une monnaie de billon, moindre en grandeur qu'un denier de France. Les Alexandrins firent d'abord assez peu de cas de notre numéraire; ils craignaient de perdre au change. Mais ils sont bientôt revenus de cette erreur.

..... Le général en chef, qui pense à tout, a d'abord établi un lazareth, le premier qu'on ait vu dans les Echelles orientales. La commission des sciences et des arts, présidée par Monge, s'occupe des moyens de garantir les Français de la peste et d'éteindre, s'il est possible, ce fléau dévastateur. La garnison campe dans un vaste emplacement hors de la ville.

Alexandrie, ainsi que toutes les autres villes de l'Egypte autrement bâties que nos villes d'Europe, n'offre pas de grands édifices qui puissent servir de casernes. Les maisons sont petites et le soldat ne peut loger chez l'habitant. Le camp présente un coup d'œil agréable et nouveau. Nos troupes, pour se garantir des abondantes rosées qui, dans ces climats, suppléent au manque de pluies, ont construit, en guise de tentes, des petites cabanes couvertes de feuilles de palmiers ce qui rend la perspective du camp pittoresque. De là on découvre l'obélisque de Cléopâtre, en granit rouge, couvert d'hiéroglyphes. La commission des sciences et des arts en a fait dessocler la base qui était enfouie.

..... Malgré ces fatigues et ces marches pénibles à travers ces déserts brûlants, l'armée a montré un courage inébranlable. Bonaparte, toujours calme, lui inspire une confiance sans bornes.

Alex. LACORRE, Journal inédit d'un commis aux vivres pendant l'Expédition d'Égypte. (Bordeaux, E. Crugy, 1852.)

..... Nous allâmes de là jusqu'à la porte de Rosette, qui est fortifiée et où s'étaient défendus les Turcs lors de notre arrivée (à Alexandrie). Un groupe de maisons y forme une espèce de bourg, qui laisse un espace vide d'une demi-lieue entre cette partie de la ville et celle qui avoisine les ports. Toutes les horreurs de la guerre existaient encore dans ce quartier. J'y fis une rencontre qui m'offrit le plus frappant de tous les contrastes : une jeune femme, blanche et d'un coloris de roses, au milieu des morts et des débris, était assise sur un catalecte encore tout sanglant ; c'était l'image de l'ange de la résurrection ; lorsque, attiré par un sentiment de compassion, je lui témoignai ma surprise de la trouver si isolée, elle me répondit avec une douce ingénuité qu'elle attendait son mari pour aller coucher dans le désert ; ce n'était encore qu'un mot pour elle, elle y allait coucher comme à un autre gîte. On peut juger par là du sort qui attendait les femmes auxquelles l'amour avait donné le courage de suivre leurs maris dans cette expédition.

V. DENON, *Voyage en Égypte.*

CHAPITRE V

LES PYRAMIDES

D'Alexandrie au Caire. — Dans le désert. — **Fatigues de l'armée.** — **La flottille.** — **Combat de Chébreiss.** — **Bataille des Pyramides.** — **Après la bataille.** — **Entrée au Caire.**

I. — D'Alexandrie au Caire

Départ d'Alexandrie. — Bonaparte, qui s'était emparé d'Alexandrie avec la même rapidité que saint Louis avait pris Damiette, n'y commit point la même faute : sans donner le temps à l'ennemi de se reconnaître et à ses troupes celui de voir la pénurie d'Alexandrie et son âpre territoire, il fit mettre en marche les divisions à mesure qu'elles débarquaient et sans leur laisser le temps de prendre des renseignements sur les lieux qu'elles allaient occuper. Un officier, entre autres, disait à sa troupe au moment du départ : « Mes amis, vous allez coucher à Béda » ; cela n'est pas plus difficile que cela : « marchons, mes amis » ; et les soldats marchèrent. Il est sans doute difficile de citer un trait plus frappant de naïveté d'une part et de confiance de l'autre ; c'est avec ce courage insouciant qu'on entreprend ce que d'autres n'osent projeter, et qu'on exécute ce qui paraît inconcevable. Plus curieux qu'étonnés, ils arrivent à Béda, qu'ils devaient croire un village bâti, peuplé comme les nôtres ; ils n'y trouvent qu'un puits comblé de pierres, au travers desquelles distillait un peu d'eau saumâtre et bourbeuse ; puisée avec des gobelets, elle leur fut distribuée comme de l'eau à petite ration. Voilà la première étape de nos troupes dans une autre partie du monde, séparées de leur patrie par des mers couvertes d'ennemis, et par des déserts mille fois plus redoutables encore ; et cependant cette étrange position ne flétrit ni leur courage ni leur gaieté.

V. Denon, *Voyage en Égypte.*

II. — Dans le désert

16 messidor (4 juillet). — Nous marchons toute la nuit et nous arrivons à la pointe du jour, à Béda, à quatre lieues d'Alexandrie. Impatience d'arriver à Béda. L'on mourait de soif. Il y a à Béda deux citernes, une très grande, une petite. Les Arabes les avaient remplies de pierres et de terre. Consternation à la vue de ces citernes comblées. Le courage s'abat. Plaintes et jurements des soldats. L'on emploie des sapeurs à nettoyer ces citernes. L'on y parvient. Il y avait encore un peu d'eau dans la grande. L'on a beaucoup de peine à empêcher les soldats d'en boire ;

l'on en présente à un cheval qui la rebute ; on s'écrie : elle est empoisonnée !

Après une heure de travail des sapeurs, l'eau venait déjà un peu dedans les deux citernes. Elle était jaunâtre et noire comme de l'eau de bourbier, l'on se bat pour en avoir. On est obligé d'y placer des gardes et d'en faire la distribution. L'on fait une soupe avec des herbes en place de bois. L'on se bourre, l'on se presse pour boire un verre d'eau exécrable.

Knoreng nous casse une bouteille de vin au moment où l'on mourait de soif. L'on paie le verre d'eau une piastre. Le jour s'avance, le soleil se lève et se fait sentir. L'on a chaud et l'on ne tarde pas à avoir soif. Il n'y avait pour ainsi dire point d'eau ; la cavalerie n'avait point bu.

Les blessés causent un embarras extrême pour leur transport ; il se fit à dos de paysans que l'on était obligé de garder.

17 messidor (5 juillet) au soir. — Toute la division est rassemblée à El-Kafer ; elle y est jointe par l'artillerie escortée par le général Leclerc ayant un corps de cavalerie. L'on fait halte pour laisser rafraîchir les chevaux de l'artillerie qui venaient d'Alexandrie le même jour. L'on part le même soir. En arrivant à El-Burck, la nuit, citernes. L'on s'y presse. L'on dit l'eau empoisonnée. L'on fuit. L'on fait des efforts pour vomir. Il n'en était rien ; l'eau était bonne. L'on se place si mal que les troupes se faisaient face. La nuit, fausse alerte. Fusillade. Un grenadier de la 61e est tué. Tous les chevaux s'enfuient, ceux de l'artillerie, de la cavalerie et de l'état-major. On tire dessus. Ils s'enfuient plus fort. On passe la nuit à se plaindre et à s'inquiéter comment on fera le lendemain. L'on reprend quelques chevaux. Le lendemain, au jour, l'artillerie en avait perdu soixante, les dragons, une trentaine.

Nous avons su, depuis, que quelques-uns de ces chevaux avaient été à Alexandrie d'une seule traite, huit lieues, d'autres à Rosette, six lieues, où ils furent arrêtés. Nous en avons retrouvé plusieurs.

18 messidor (6 juillet). — Nous restons la journée du 18 à El-Burck pour remédier à cette perte. On prend des bœufs au village et on y achète quelques chevaux.

Abondance de volailles et d'œufs.

Pendant les vingt-quatre heures que nous avons passées à El-Burck, les paysans des villages nous ont vendu quantité de choses et ils préféraient en payement les boutons des soldats à toutes les monnaies d'or qu'on leur offrait.

La division Reynier arrive, nous sommes obligés de partir. Nous nous mettons en marche vers deux ou trois heures du soir. L'artillerie ayant dédoublé, mal attelée, nous traversons le désert.

Nous arrivons la nuit à Damanhour, quatre lieues aux confins du désert sur le canal. Citernes. Bonne eau en abondance. Fin des maux. L'on trouve à acheter beaucoup de choses à manger.

19 messidor (7 juillet). — Le général en chef arrive dans la matinée... Son cuisinier vint chez nous demander un interprète pour aller avec lui chercher une broche à la municipalité !... Nous rions à nous tenir les côtes.

20 messidor (8 juillet). — Séjour, après une petite

reconnaissance et escarmouche avec les Mamelucks.

21 messidor (9 juillet). — En marche sur Rahmaniéh en suivant le canal. Le général en chef part le premier avec les guides à cheval. A la sortie de la ville, nous sommes attaqués par les Mamelucks... Les deux pièces des guides les canonnent d'importance. Ils fuyent moins vite que les Autrichiens et tardent à s'y décider.

..... Nous avons eu beaucoup d'inquiétude sur le général en chef, que nous avions vu en avant avec à peu près quarante homme à cheval. Il avait heureusement rejoint la division Reynier qui marchait à notre gauche.

..... Canonnade en avant de nous. C'était la division Reynier qui arrivait à Rahmaniéh et qui en chassait les Mamelucks.

Nous arrivons à Rahmaniéh, sur un bras du Nil. Il y avait peu d'eau. Les soldats s'y précipitent pour boire comme les animaux. Dans un instant, toute la division est dans le fleuve. Un champ de melons d'eau sur le bord du fleuve est dépouillé à l'instant.

23 messidor (11 juillet). — Séjour à Rahmaniéh pour attendre la flottille qui venait de Rosette. Elle était commandée par le chef de division Pérée.

Nous couchons sur des tas d'orge, de blé et de fèves ; mais pas de pain !

Le général en chef pérore quelques demi-brigades sur des propos qu'elles avaient tenus.

28 messidor (16 juillet). — Avant le jour, nous mîmes en marche, partant de Terraneh. Chaleur excessive. Passage dans les sables au bord du désert. Haltes fréquentes pour faire boire les troupes.

..... L'artillerie fit des efforts épouvantables pour passer les sables et arriver en même temps que nous.

29 messidor (17 juillet). — Vers les huit heures du matin, le général en chef arrive avec son quartier général. Il entre dans une colère affreuse contre le pillage, ordonne de partir à l'instant et ordonne, en outre, de retirer aux soldats de la division tous les moutons qu'ils avaient sur leurs sacs, pour les donner à la division Bon.

Chef d'escadrons SAVARY. (*Archives de la Guerre.*)

Les Arabes étaient sans cesse sur les flancs, sur les derrières et à la vue de l'armée. Ils se cachaient avec la plus grande habileté derrière les moindres plis du terrain, d'où ils s'élançaient, comme l'éclair, sur tous les soldats qui s'écartaient des rangs. La cavalerie de l'armée était peu nombreuse, les chevaux harassés de fatigue et d'une qualité fort inférieure au cheval arabe. Les colonnes françaises, enveloppées par les Bédouins, semblaient des escadres suivies par des requins, ou, comme disait le soldat, « c'était la maréchaussée qui faisait la police. » Cette police était sévère, mais elle concourut à l'ordre. Le soldat s'y accoutuma. Il perdit l'habitude de traîner, de quitter ses rangs. Il n'avança plus sans être éclairé sur les flancs. Les bagages marchaient en ordre au milieu des colonnes. Les camps furent pris avec le plus grand soin, et sans oublier aucune règle de la castramétation.

Napoléon marcha toute la nuit. Il traversa les bivouacs de plusieurs divisions. A trois heures après minuit, la lune était couchée, il faisait extrêmement obscur, le feu des grand'gardes de la division Bon était éteint :

les chasseurs d'escorte donnèrent dans ces bivouacs ; la sentinelle tira... Un seul cri : Aux armes! mit toute la division sur pied. Le feu des deux rangs commença et dura assez longtemps ; enfin on se reconnut. L'armée était saisie d'une espèce de terreur, les imaginations étaient fort échauffées, tout était nouveau et tout lui déplaisait.

(*Mémoires dictés par Napoléon.*)

..... *17 messidor (5 juillet).* — Fausse alerte pendant la nuit..... Presque tous les chevaux courent les champs. Nous voilà en l'air criant après les soldats pour leur faire cesser le feu qui, malheureusement, a tué trois ou quatre hommes.

Je ne sais à quoi attribuer ces terreurs paniques. Il semble qu'il y ait quelqu'un intéressé à les susciter et à les propager. Et la troupe est tellement affectée que si, la nuit, il venait vingt-cinq ou trente cavaliers, je crois qu'ils mettraient la division en déroute, tant on paraît les craindre..... Nous avons bien besoin de nous battre pour remettre un peu l'esprit de la troupe.

22 messidor (10 juillet). — Après avoir laissé Damanhour, arrivé au village de....., le général Desaix fit faire halte à la division pour se reposer et prendre des vivres. Car nous sommes comme des capucins, quêtant partout où nous passons, et ramassant de quoi nourrir la troupe. Nous n'étions pas plutôt établis, qu'un corps de Mamelucks, formant de douze à quinze cents hommes, parut dans le lointain.

L'ennemi s'avança. Il se présente et voltige autour de nous en escarmouchant et tirant quelques coups de fusil pendant qu'on faisait la distribution de la viande à la troupe. Nous voyant rester longtemps dans la même position, il crut que c'était lui qui ralentissait notre marche; alors il nous serra de plus près et nous obligea à riposter. Lorsque la distribution fut finie, le général Desaix ordonna de marcher en avant.

..... Nous avons eu deux blessés. Cette petite affaire, qui n'est qu'une plaisanterie, a été très utile pour remettre l'esprit du soldat. Il a appris que l'ennemi auquel il avait affaire n'avait aucune tactique et qu'il ne pouvait être à craindre que pour des hommes qui n'ont jamais fait la guerre. En effet, je n'ai jamais vu de troupes aussi mal organisées. Ils courent les uns après les autres, sans ordre, et, je crois, sans trop écouter le commandement de leurs chefs. Ils ont des chevaux extraordinairement vifs qu'ils lancent avec la rapidité de l'éclair. On dirait qu'ils vont vous assaillir. Point du tout. A deux pas, ils arrêtent leurs chevaux, tirent un coup de carabine et font demi-tour à droite pour s'éloigner. Du moins c'est ainsi qu'agit le corps que nous avons eu aujourd'hui à combattre et qu'on dit être l'avant-garde. Nous verrons l'armée.

23 messidor (11 juillet). — Dans la nuit, on tire quelques coups de fusil. Cela n'occasionne pas d'alertes. Nos soldats sont revenus de leurs frayeurs.

26 messidor (14 juillet). — La journée est très forte et fatigante parce que le pays est coupé de canaux. Plusieurs soldats sont tombés malades. L'ennemi ne se présente plus.

L'armée est, en général, mécontente, et les officiers, insouciants, laissent courir leurs soldats, qui se répandent dans les villages près desquels on passe et enlèvent tout ce qu'ils peuvent.

30 messidor (18 juillet). — La troupe est en général mécontente et il est des brigades entières qui l'ont témoigné hautement. Le général en chef, en ayant été instruit, harangua avec force et personne ne dit mot.

En passant auprès d'une d'elles, des soldats lui demandèrent :

— Eh bien, général, nous mènerez-vous aux Indes ?

Il leur répondit :

— Ce n'est pas avec de pareils soldats que j'entreprendrai le voyage.

Quand on sort des délices de Capoue, on a peine à supporter des privations, encore moins à les soutenir ; c'est ce qui arrive à l'armée qui vient d'Italie..... Je conviens que la troupe fatigue beaucoup, qu'elle endure quelquefois la soif et est privée de pain. Mais combien de fois a-t-on été plus mal sans se plaindre ! Je crois qu'il en serait encore de même si les officiers, moins insouciants, tenaient mieux leur troupe et s'ils encourageaient le soldat au lieu de le dégoûter par leur exemple..... Il semble qu'il y ait quelqu'un qui agisse sourdement !

Général BELLIARD (*Archives de la Guerre.*)

Première nuit au bord du Nil. — Nous bivouaquons cette nuit-là sur les bords du Nil, dans une plaine de melons. Nous baptisons le camp le camp des Melons. C'était la seule substance qui alimentait notre corps. La même nuit nous eûmes une grande alerte par quelques Mamlouks fanatiques, jaloux de la victoire que nous avions remportée sur leurs frères d'armes et voulant venger leur sang. Ils furent culbutés et subirent le même sort que ceux dont ils venaient pour venger le trépas.

Au milieu de la nuit, quand cette rumeur inattendue survint, ne m'y attendant pas, je m'étais déshabillé, comptant de mieux reposer, mais ce fut bien le contraire. Je ne fus plus curieux de le faire en campagne, fussè-je le quatriple fatigué. Cette nuit m'apprit à vivre pour le reste des campagnes auxquelles j'étais destiné, principalement au bivouac. Lorsque je fus remis un peu de la stupéfaction que m'avait occasionnée cette alerte et que mon sang commença à sortir de sa stagnation, je ris de mon procédé et me rhabillai en me promettant de ne plus passer une nuit pareille, dussè-je être mangé des insectes.

Au point du jour, nous nous mîmes en marche pour Damanhour. On ne coucha pas dans la ville. Les divisions bivouaquèrent dans un bois de palmiers. Nous n'avions plus de biscuit; celui qu'on nous avait donné à Rosette était consommé. Le général en chef fit faire une réquisition de pain et le gouvernement le fit apporter au camp, où il fut distribué par égale portion, étant tous dans le même dénuement. Les rations furent très mesquines. Chaque soldat eut trois petits pains de la grosseur d'un écu de six francs.

François Durand, musicien dans la 75ᵉ demi-brigade de ligne, division Kléber, Mémoire manuscrit appartenant à M. G. Bertin et très obligeamment communiqué par lui.

III. — Fatigues de l'armée

25 messidor (13 juillet). — Rien n'est plus pénible que la marche des Français sur le Caire. Le ciel est brûlant, la terre, échauffée par le soleil, plus brûlante encore. On arrive tard, on part avant le jour. Les bivouacs sont souvent dans des sables mobiles et les nuits sont très humides. On distribue quelquefois du buffle, presque jamais de pain. Il n'y a ni vin, ni eau-de-vie, ni vinaigre. Les soldats se procurent par le pillage beaucoup de volailles, de pigeons, de pastèques, un peu de riz, des lentilles, des fèves, quelques pains du pays, c'est-à-dire des morceaux de pâte peu cuits et larges comme un écu de six francs. Ajoutez à cela la multiplicité des gardes et la surveillance exacte qu'exige la colonne dans un pays où tout est suspect, où tout est ennemi.

Les officiers sont plus à plaindre que les soldats, parce qu'ils n'ont pas, comme ceux-ci, la ressource de la maraude, parce qu'ils sont forcés de s'occuper d'une foule de détails qui les distraient du soin d'eux-mêmes. Depuis huit jours, je me couche sur le sable, enveloppé dans mon manteau. Je me lève à deux heures du matin. Je me traîne à pied par la grande chaleur, manquant souvent de pain et réduit alors à manger de la viande seule ou quelque fades pastèques. Les domestiques, harassés eux-mêmes, ne peuvent être d'aucun soulagement à leurs maîtres et attendent au contraire de ceux-ci leur nourriture.....

.....L'armée avait à sa suite un si grand nombre d'ânes

que la sérénade d'un millier au moins de leurs voix, se prolongeant dans la nuit, n'était pas bien agréable lorsqu'on était assez heureux de pouvoir obtenir du repos sous une pareille harmonie qui, tout incommode qu'elle fût, offrait cependant quelque chose de comique dans ce genre de concert mélodieux auquel prenaient souvent part toutes les autres espèces d'animaux, tant oiseaux que quadrupèdes.....

.....Assurément jamais des troupes ne montrèrent plus de résolution, plus de patience et plus de courage. Les devoirs des officiers et des soldats avaient été très pénibles, et, cependant, ils supportaient toutes les fatigues.

Sans murmurer quoiqu'on leur dût huit mois de paie arriérée, ils ne se rendirent jamais coupables du moindre excès. La peste, la dyssenterie, les maux d'yeux et la cécité avaient fait de grands ravages parmi eux et ils n'étaient pas à l'abri du soleil brûlant. Toujours ils étaient réduits à ne boire que de l'eau, et nu-pieds ils marchaient sur un sol enflammé et sur des bruyères piquantes qui en couvraient la surface. Ceci est une vérité qu'un historien militaire ne doit pas négliger de faire connaître.....

Lieutenant-colonel du génie Théviotte, Notes. (*Archives de la Guerre.*)

Théviotte, né à Jouarre en 1769. — Était en Égypte lieutenant-adjoint au corps du génie sous les ordres des généraux Caffarelli et Sanson ; a été aide de camp de ce dernier. Action d'éclat : « A contribué à la prise d'assaut du village retranché de Guemelich et a, dans cette occasion, tué deux ennemis de son sabre. » — Mort à Posen en 1813.

.....Le général Berthier a suffisamment fait connaître, dans son histoire de l'expédition, ce que l'armée eut à souffrir, soit de la fatigue des marches, soit de celles inséparables du combat naval de Chébreisse, de la bataille des Pyramides, et les actions de tous les jours et de tous les instants avec cette nuée d'Arabes qui voltigeait autour de l'armée comme des vautours, mais il y eut des faits particuliers relatifs à notre objet.

Quelques hommes se portèrent au dernier désespoir, et d'autres, s'étant abandonnés à des accès de fureur, se trouvèrent subitement saisis d'un affaissement qui les arrêta dans leur marche. L'exemple de tous les chefs bravant les mêmes fatigues et les mêmes privations, soutint la patience de l'armée.

L'excès avec lequel plusieurs hommes avaient bu les incommoda. Mais ils furent plus affectés par l'intempérance avec laquelle ils se gorgèrent de pastèques, qui ont au reste nourri et sauvé l'armée. Les hommes attaqués de ces indigestions étaient saisis de sueurs excessives à la suite desquelles ils semblaient presque asphyxiés ; leur pouls était faible, lent et presque imperceptible, leur bouche était écumeuse, et leur prodigieux affaissement n'était interrompu que par des tremblements tels que ceux qui se manifestent dans les accès d'épilepsie ; souvent il y avait un léger vomissement. Les cordiaux agirent avec succès.

R. Desgenettes, médecin en chef de l'armée d'Orient, *Histoire médicale de l'armée d'Orient*. (Paris, Firmin Didot, 1835.)

IV. — La flottille

23 messidor (11 juillet). — La flottille, composée de canonnières, d'une galère et d'un chébec, monté par le chef de division Pérée, part pour remonter le Nil, convoyant vingt ou vingt-cinq djermes, bâtiments du pays, portant une centaine d'hommes chacun, prêts à débarquer sur l'une ou l'autre rive au cas où l'ennemi s'y présenterait.

Lieutenant-colonel du génie Théviotte, Notes. (*Archives de la Guerre.*)

..... Le général en chef ayant ordonné à Alexandrie la formation d'une colonne composée des cavaliers non montés des sept régiments de cavalerie, des troupes de l'artillerie et du génie non employées aux divisions et de celles affectées au service des ponts, cette colonne partit d'Alexandrie le 19 messidor, sous les ordres du général d'artillerie Andréossy, séjourna le 22 à Rosette et s'embarqua le 23 sur vingt ou vingt-cinq bâtiments du pays pour remonter le Nil sous la protection d'une demi-galère, d'un chébec et de quelques canonnières.

..... Ne connaissant pas la langue du pays et n'ayant pas d'interprète, je n'ai pu prendre une connaissance détaillée des mœurs et des productions du Delta. Voici le coup d'œil que présente le terrain que j'en ai aperçu, c'est-à-dire la rive droite du Nil.

Qu'on se figure une plaine immense bornée à l'ouest par un fleuve qui promène des eaux bourbeuses entre des rives à pic et au delà duquel on aperçoit les sables de la Libie ; cette plaine généralement sèche et jaunâtre est parsemée de distance en distance de champs verts de pastèques, de plantations d'indigotiers, de cannes à sucre, de chardons, de glaïeuls et de quelques masses de sycomores et de cassiers. Les villages qui sont très rapprochés sur la rive du Nil sont bâtis sur des élévations factices et se composent de maisons ou plutôt de huttes de formes cubiques et de couleur brunâtre au-dessus desquelles s'élèvent quelques palmiers isolés et quelques minarets ; à côté des villages on trouve fréquemment de jolis enclos d'orangers et de citronniers ; on rencontre souvent des villages détruits et dans ceux existants il y a un tiers des maisons en ruines. Les rues sont très étroites, très tortueuses et se terminent presque toujours en cul-de-sac. Les maisons, bâties généralement en briques cuites au soleil, sont fort sales et fort puantes. La plupart des villages sont environnés d'une espèce d'enceinte dans laquelle sont pratiqués des portes, des créneaux et qui donnent à chaque endroit l'aspect d'une place de guerre.

Les hommes et les femmes sont très basanés. Les hommes sont grands et bien faits ; les femmes, petites, maigres et hideuses. Les enfants des deux sexes sont nus jusqu'à l'âge de sept ou huit ans. Tous se peignent en bleu quelques figures sur le visage ou sur les bras.

Ces habitants m'ont paru très hospitaliers. A l'approche des villages, les hommes venaient au-devant de la colonne avec de l'eau, des pastèques, quelques pains, et lors de notre passage dans les villages les femmes témoignaient leur contentement par une espèce de gazouillement très bizarre.

La nourriture ordinaire des villages que j'ai parcourus consiste dans les pastèques, les fèves, le riz, les lentilles et un pain très mal cuit. La boisson ordinaire est de l'eau du Nil ; elle est tellement saine qu'aucun soldat n'en a été incommodé, quoiqu'ils en aient tous bu avec excès.

Je n'ai vu chez les Arabes que trois instruments de musique, le tambourin, les cymbales et un flageolet composé de deux tuyaux accolés. Ils accompagnent les sons désagréables qu'ils tirent de ces instruments d'une danse plus désagréable encore.

Journal de la marche de la colonne de réserve, par le chef de bataillon du génie Détroye, chef de l'état-major de ce corps. (*Archives de la Guerre.*)

Détroye, né à Jussey (Haute-Saône) en 1771. Élève sous-lieutenant du génie en 1793. Promu extraordinairement au grade de chef de bataillon en 1794 par arrêté du Comité de Salut public « pour les services qu'il a rendus à la République aux sièges de Landrecies, du Quesnoy et de Maëstricht ». Tué à la tranchée devant Saint-Jean-d'Acre.

V. — Combat de Chébreiss

Les bataillons carrés. — Le grand avantage que nous retirâmes des escarmouches précédentes et de ce combat de Chébreiss a été d'acquérir des idées précises sur la manière de combattre de nos adversaires en corps d'armée, et d'après cette connaissance du genre d'efforts dont les Mamelouks étaient capables.

Le général en chef adopta l'ordre de bataille le plus propre à résister à une cavalerie courageuse. Il résolut de lui opposer des bataillons quarrés hérissés de feu et de bayonnettes qui, vu le nombre d'hommes qu'ils enclavaient, pouvaient passer pour des masses pleines. De pareils bataillons sont réellement inabordables, mais aussi à combien de contrariétés cet ordre n'est-il pas assujetti. Il faut voir sur un terrain raboteux avec quelle peine se remuent ces quarrés pesants ; que de soins il en coûte pour conserver leurs faces dans un rapport presque géométrique ; que de dangers l'on court devant un ennemi entreprenant s'ils se désunissent. Chaque sinuosité du terrain les allonge ou les resserre, l'artillerie les embarrasse, les équipages les encombrent. Pour peu que les soldats soient fatigués, ils s'abandonnent, se pressent, se heurtent et une poussière épouvantable, concentrée dans un espace étroit où l'air ne peut pas circuler, leur ôte la vue et leur gêne la respiration.

Plusieurs longues marches, entassés de cette manière, devenaient un supplice qui bientôt eût privé de leurs facultés physiques ceux qui auraient voulu s'y dévouer. Il fallait donc modifier notre élan, car toute célérité militaire devenait impraticable avec ces bataillons profonds, pendant que cette même célérité était le seul moyen d'assurer la victoire et d'éviter un échec considérable à force d'essuyer des pertes partielles.

Depuis les Romains, il y a fort peu d'exemples qu'on ait entrepris une guerre offensive en plaine avec la seule infanterie contre un ennemi supérieur en cavalerie, surtout dans notre système moderne où, sans la facilité des transports, le soldat est bientôt privé de ses armes.

Le manque de chevaux ne nous avait permis que de donner un caisson à chaque pièce ; deux combats pouvaient les épuiser, ainsi que les cent cartouches distribuées par homme, et nous livrer à la merci de l'ennemi que nous avions vaincu la veille. Aussi les gens de l'art, jusque dans les siècles les plus reculés, ne cesseront d'admirer ces hommes intrépides et éclairés qui mettaient en balance avec les plus affreux dangers la simple conviction de l'effet moral que devraient produire sur leur ennemi les effets de leur courage.

Aide de camp Sulkowsky. (*Archives de la Guerre.*)

État moral de l'armée vers le 15 juillet entre le combat de Chébreiss et la bataille des Pyramides.

..... L'armée était frappée d'une mélancolie vague que rien ne pouvait surmonter, elle était attaquée du spleen, plusieurs soldats se jetèrent dans le Nil pour y trouver une mort prompte. Tous les jours après que les bivouacs étaient pris, le premier besoin des hommes était de se baigner. En sortant du Nil, les soldats commençaient à faire de la politique, à s'exaspérer, à se lamenter sur la fâcheuse position des choses. « *Que sommes-nous venus faire ici? Le Directoire « nous a déportés!...* » Quelquefois ils s'apitoyaient sur leur chef qui bivouaquait constamment sur les bords du Nil, était privé de tout comme le dernier soldat; le dîner de l'état-major consistait souvent en un plat de lentilles. « *C'est de lui dont on voulait se*

» *défaire, disaient-ils, mais, au lieu de nous conduire*
» *ici, que ne nous faisait-il un signal, nous eussions*
» *chassé ses ennemis du palais, comme nous avons*
» *chassé les Clichiens.* » S'étant aperçus que partout
où il y avait quelques traces d'antiquités les savants
s'y arrêtaient et faisaient des fouilles, ils supposèrent
que c'étaient eux qui, pour chercher des antiquités,
avaient conseillé l'expédition. Cela les indisposa contre eux. Ils appelaient les ânes des savants. Caffarelli
était à la tête de la commission. Ce brave général
avait une jambe de bois. Il se donnait beaucoup de
mouvement. Il parcourait les rangs pour prêcher le
soldat. Il ne parlait que de la beauté du pays, des
grands résultats de cette conquête. Quelquefois, après
l'avoir entendu, les soldats murmuraient; mais la
gaieté française reprenait le dessus. « *Pardi, lui dit*
» *un jour un grenadier, vous vous moquez de cela,*
» *général, vous qui avez un pied en France!!!* »
Ce mot répété de bivouac en bivouac fit rire tous
les camps. Jamais cependant le soldat ne manqua aux
membres de la commission des arts, qu'au fond il respectait; et, ce premier mouvement passé, Caffarelli
et les savants furent l'objet de leur estime. L'industrie
française venait aussi à l'aide des circonstances. Les
uns broyaient le blé pour se procurer de la farine,
les autres faisaient d'abord rôtir le grain dans une
poêle et, ainsi rôti, le faisaient bouillir, et en obtenaient une nourriture saine et satisfaisante.

(*Mémoires dictés par Napoléon.*)

..... Le général en chef, pensant que pour suppléer
au pain il serait peut-être possible de donner au blé

sans le moudre une préparation qui le rendrait bon à manger, fait faire dans ce moment une expérience dirigée par les deux plus grands chimistes de l'époque. Depuis deux heures Monge et Berthollet attisent le feu sur lequel une marmite remplie d'eau et de blé est placée. Mais jusqu'à ce moment leurs efforts sont vains; le mélange bout avec force et le blé conserve son écorce et sa consistance.

Quel que soit le résultat de l'expérience, la patience et le désir d'être utile à l'armée de ces deux savants illustres n'en sont pas moins admirables et admirés. Je crois que, si ce résultat était heureux et s'ils parviennent à nous procurer une nourriture qui pût remplacer le pain, nos soldats feraient volontiers leur paix avec les savants; car nous autres Français, nous sommes bonnes gens; faciles à nous fâcher, nous le sommes davantage pour pardonner et aimer.

Bonaparte, qui fait dresser ses tentes au milieu de nous, a passé toute sa soirée près de cette marmite, causant familièrement avec les officiers et soldats qui l'entourent et suivant l'expérience avec une attention remarquable et qui n'est pas perdue pour le reste de l'armée.

Bonsoir, mon ami, puisse ma lettre vous parvenir bientôt.

Général Morand. *(Archives de la Guerre.)*

VI. — Bataille des Pyramides

3 thermidor (21 juillet). — De bon matin, l'armée est réunie. Nous partons aussitôt. A peine avons-nous fait une demi-heure de marche que nous rencontrons les Mamelucks. On fait halte, l'on se met en carrés et l'on marche ainsi.

Bataille d'Embabéh (des Pyramides). Nous arrivons à Gizéh à la nuit. Ce jour-là, les troupes ont marché en carrés au son du tambour pendant dix-huit heures.

Chef d'escadrons Savary. (*Archives de la Guerre.*)

3 thermidor (21 juillet). — Nous aperçûmes l'ennemi en avant du village d'Embabéh... Nous ne fûmes pas plutôt établis en position pour reposer un peu la troupe que les Mamelucks montent à cheval et viennent livrer la bataille. Ils partent comme l'éclair et arrivent comme la foudre. Ce fut nos divisions, à l'extrême droite, qui eurent la préférence. Ils nous chargent avec une impétuosité et une bravoure peu communes. Nos soldats, revenus de leurs terreurs paniques, les reçoivent avec un grand sang-froid, les arrêtent avec un feu bien nourri et, dans cinq minutes, l'affaire est décidée.

Je n'ai point vu, depuis que je fais la guerre, de charge poussée avec autant de vigueur et qui ait coûté à l'ennemi autant d'hommes. Le front des divisions était couvert de morts ; il en est même qui sont venus expirer dans les rangs.

..... On a pris beaucoup d'armes et il est des soldats dont la journée valut 200 et 300 louis. Les sequins sortaient de leurs poches tant elles étaient remplies.....

..... Cette journée a été la plus fatigante que nous ayons eue ; mais le soldat ne s'est pas plaint. La présence de l'ennemi lui donne de nouvelles forces et la bataille lui fait oublier la fatigue lorsqu'il est vainqueur. Elle a coûté aux Mamelucks environ mille hommes tués ou blessés, trente ou quarante pièces de canon prises tant au camp que sur les barques, plusieurs bateaux chargés de munitions et d'effets.....

..... De notre côté, nous n'avons eu que trente hommes tués ou blessés dans toute l'armée.

Nous avons été heureux de commander des troupes aguerries ; autrement, il n'existerait pas beaucoup de Français en Egypte. Si l'expédition avait été entreprise avec d'autres troupes, et sans cavalerie, comme nous l'avons fait, il n'y a pas de doutes qu'elle n'eût échoué. Mais les Français raisonnent. Il n'est pas un soldat qui ne sentît qu'il travaillait pour lui et que de la bravoure de chacun d'eux dépendait le salut de tous dont ils faisaient nombre.

Général BELLIARD. (*Archives de la Guerre.*)

..... Je n'ai point vu d'exemple d'une bravoure pareille à celle des Mamelucks, ni d'une plus grande agilité à manier leurs chevaux, leurs carabines et leurs sabres. Cette agilité est telle que le même Français qui était atteint d'un coup de carabine recevait, sur-le-champ, un coup de sabre de la même main. Les Mamelucks sont du plus beau sang, et la magnificence de leurs vêtements ajoutait encore à leur beauté naturelle.

Lieutenant-colonel THÉVIOTTE. (*Archives de la Guerre.*)

..... Nous arrivâmes devant les Pyramides après une route de douze jours bien pénible. On les aperçoit à quinze lieues dans le désert. Ce fut le rassemblement général des Mamlouks où ils se trouvèrent une quinzaine de mille hommes à cheval et les esclaves à pied formant leur infanterie. Ils crurent que leurs caracolades intimideraient nos braves. Ils se trompèrent gravement dans leurs calculs et ils furent obligés de nous céder la place. Il y en eut une dizaine qui forcèrent dans le carré de la division du général Bon, traversèrent ces remparts de baïonnettes, ces murailles de feu, mais ils n'en ressortirent pas, ils furent déchargés dans le carré et leur bravoure chevaleresque fut terminée en criant : Allah ! dernière phrase articulée par ces insensés cavaliers. Allah veut dire : Dieu, c'est-à-dire nous sommes perdus.

S'ils eussent été tous du même courage et du même sentiment, ils auraient donné un peu plus d'ouvrage à notre armée, mais nous aurions toujours été les vainqueurs par l'énergie de notre général en chef, secondé du ministre en chef de la guerre, de tout l'état-major rempli de gloire et de zèle, et le courage de tous nos braves qui ne demandaient pas mieux que de se mesurer avec ces cavaliers qui portaient la terreur à tous ceux qui avaient abordé leurs frontières ; mais, au mot de Français, ils froncent le sourcil et passent leur main sur leur barbe. Notre vaillante artillerie leur faisait perdre la tête et ne leur donnait aucun repos. On en fit un horrible carnage. Une bonne partie fut contraint d'entrer dans le Nil, où ils finirent leur carrière.

François Durand, musicien à la 75ᵉ demi-brigade.

VII. — Après la bataille

Le quartier général arriva à Gizéh, à neuf heures du soir. Il n'était resté aucun esclave à la belle maison de campagne de Mourad Bey. Rien de sa distribution intérieure ne ressemblait aux palais d'Europe. Cependant les officiers virent avec plaisir une maison bien meublée, des divans des plus belles soieries de Lyon ornées de franges d'or, des vestiges du luxe et des arts d'Europe. Le jardin était rempli des plus beaux arbres, mais il n'était percé d'aucune allée. Un grand berceau couvert de vignes et chargé des plus excellents raisins fut une ressource précieuse. Le bruit s'en répandit dans le camp, qui accourut en masse: la vendange fut bientôt faite. Les divisions qui avaient pris le camp d'Embabéh étaient dans l'abondance; elles y avaient trouvé les bagages des beys et des kachefs, des cantines pleines de confitures et de sucreries. Les tapis, les porcelaines, l'argenterie, étaient en grande abondance. Pendant toute la nuit, au travers des tourbillons de flammes de trois cents bâtiments égyptiens en feu se dessinaient les minarets du Caire. La lueur se réfléchissait jusque sur les parois des Pyramides. Pendant les jours qui suivirent la bataille, les soldats furent occupés à pêcher les cadavres ; beaucoup avaient deux cents ou trois cents pièces d'or sur eux. La perte de l'armée française fut de trois cents hommes tués ou blessés. Celle de l'ennemi, en tués, blessés, noyés ou prisonniers, se monta à dix mille Mameloucks, Arabes, janissaires, Azabs, etc.....

(*Mémoires dictés par Napoléon.*)

VIII. — Entrée au Caire

Lettre du général Damas à Kléber.

A Boulac, près le Caire, 9 thermidor an VI (27 juillet 98).

Nous sommes enfin arrivés au pays tant désiré. Qu'il est loin de ce que l'imagination même la plus raisonnable se l'était représenté ! Le seul quartier des Mamelucks est habitable, le général en chef y demeure dans une assez belle maison de Beck..... La division est à une espèce de ville appelée Boulac, près le Nil. Nous sommes tous logés dans des maisons abandonnées et fort vilaines. Dugua seulement est passablement. Le général Lannes vient de recevoir l'ordre d'aller prendre le commandement de la division Menou à la place de Vial, qui va à Damiette avec un bataillon; il m'assure qu'il refusera. La 2ᵉ légère et le général Verdier sont en position près des Pyramides, sur la rive gauche du Nil, jusqu'à ce que le point qu'il occupe soit fortifié pour y placer un poste de cent hommes. On doit établir un pont vis-à-vis de Gizéh. Cet endroit est en ce moment occupé par la réserve d'artillerie et du génie. La division Reynier est en avant du Caire à deux ou trois lieues. Celle de Desaix va venir au vieux Caire, celle de Bon est à la citadelle et celle de Menou en ville.

Tu n'as pas d'idée des marches fatigantes que nous avons faites pour arriver au Caire, arrivant toujours à trois ou quatre heures après midi, après avoir souffert toute la chaleur, la plupart du temps sans vivres, étant obligés de glaner ce que les divisions qui nous précédaient avaient laissé dans les horribles villages qu'elles avaient souvent pillés; harcelés toute la marche par cette horde de voleurs appelés Bédouins qui nous ont tué des hommes et des officiers à vingt-cinq pas de la colonne. L'aide de camp du général Dugua, appelé Guernet, a été assassiné avant-hier de cette manière en allant porter un ordre à un peloton de grenadiers à une portée de fusil du camp. C'est une guerre pire que celle de la Vendée.

Nous avons eu un combat le jour de notre arrivée sur le Nil à la hauteur du Caire. Les Mamelucks, qui avaient eu l'esprit de se placer sur la rive gauche du Nil, nous ont présenté le combat et ils ont été rossés. Cette bataille se nomme celle des Pyramides. Ils ont perdu sept ou huit cents hommes sans exagération aucune. Il y en a une grande partie de ce nombre qui se noyèrent en voulant passer le Nil à la nage.

Je désire bien savoir comment tu te portes.

DAMAS.

(*Archives de la Guerre.*)

..... Nous restâmes deux jours à Gizéh, ancien port de Memphis, avant de passer le Nil pour entrer au Grand Caire. Nous entrâmes dans cette ville considérable, capitale de l'Egypte, où nous trouvâmes beaucoup de négociants européens qui ne furent pas fâchés de notre arrivée. Ils ne nous en témoignèrent cependant pas leur reconnaissance par quelques restaurations, quoique nous en eûmes un certain besoin. Au contraire. Ils tâchèrent de nous tromper lorsque nous leur donnions des monnaies européennes à changer.

François Durand, musicien à la 75ᵉ demi-brigade.

Le 24 juillet 1798, les Français entrèrent au Caire. Bonaparte occupa la maison de Mohammed-Bey-el Elfir, au quartier dit Esbakié, dans la rue de Saketz, maison qui avait été construite l'année précédente. On aurait dit qu'il ne l'avait pas fait bâtir pour lui, mais pour le général français ; il en fut de même de la maison de Hassen Kiachef, Géorgien, au quartier de Kasné. Lorsque le Grand des Français entra et s'établit à Esbakié, la plus grande partie de son armée resta sur l'autre rive ; il n'entra avec lui au Caire que peu de soldats. Ils marchaient dans les rues sans armes et n'inquiétaient personne. Ils riaient avec le peuple et achetaient ce dont ils avaient besoin à un très haut prix, tellement qu'ils donnaient six francs pour une poule et pour un œuf dix sous, payant d'après le prix que ces choses coûtent dans leur pays. Le peuple eut de la confiance en eux, leur vendit des petits pains et toutes sortes de vivres ; on ouvrit les boutiques.

..... L'armée française entrait peu à peu dans la

ville et les soldats encombraient les rues. Ils s'établissaient dans les maisons. Ils n'inquiétaient personne et payaient bien ce qu'ils achetaient. Les boulangers firent des pains plus petits et mêlèrent la farine avec de la terre. La plupart des habitants ouvrirent des boutiques auprès de leurs maisons et vendirent des vivres. Quelques chrétiens grecs ouvrirent des tavernes et des cafés. Les Européens qui étaient auparavant au Caire établirent des restaurants. On mettait une enseigne à la porte qui indiquait ce qu'on trouvait dans la maison avec les prix fixés. Lorsque des soldats passaient et qu'ils voyaient que cela leur convenait, ils entraient et se plaçaient où ils voulaient ; chaque chambre avait un numéro, une table française et des chaises. Après leur repas, ils payaient le prix fixé.

Journal d'un habitant du Caire. (*Archives de la Guerre.*)

CHAPITRE VI

LA RADE D'ABOUKIR

Le Combat naval. — Avant, Pendant et Après.

I. — Avant le combat

L'amiral Brueys, commandant les forces navales de la République dans la Méditerranée, au général Menou.

A bord de *l'Orient,* le 6 thermidor an VI (24 juillet 98).

Votre lettre du 2, mon cher général, vient seulement de m'être remise, et quant à moi j'applaudis fort aux mesures que vous avés prises pour procurer des vivres à l'escadre, qui véritablement est à la veille de se trouver dans la plus affreuse position. Permettés-moi donc d'entrer pour moitié dans les risques que vous courés de perdre la tête ; et comme ce meuble ne peut pas se partager, il y a apparence qu'elle nous restera en entier..... Je suis ici jusqu'à présent comme en pleine mer, consommant tout et ne remplaçant rien. Je ne trouve pas à faire la moitié de l'eau qu'il me faut pour mon journalier, et encore faut-il aller la chercher au risque de perdre la vie.....

..... Je n'ai point de nouvelles de l'armée anglaise.

Avant-hier un vaisseau et une frégate de cette nation ont paru devant la baye à six heures du soir. Je me disposais à leur appuyer une chasse, mais ils se sont tenus à une grande distance et n'ont pas tardé à prendre le large toutes voiles dehors. Ce sont peut-être les découvertes de l'armée ; et si elle paraît et qu'il me fût avantageux de combattre sous voile, *je me vois dans le cas de ne pouvoir pas bouger faute de vivres.*

Adieu, mon cher Menou, recevés les nouvelles assurances de l'amitié que je vous ai vouée pour toute la suite de mes jours.

Brueys

(Archives de la Guerre.)

II. — Combat naval.

Le Vice-amiral Nelson à l'Amiral comte de Saint-Vincent, commandant les forces navales de Sa Majesté britannique dans la Méditerranée.

A bord du vaisseau *Vanguard*, en rade d'Aboukir.

Monsieur,

Le Dieu tout-puissant a béni les armes de Sa Majesté dans la dernière bataille par une grande victoire remportée sur la flotte ennemie que j'ai attaquée le 1er août, au coucher du soleil, près l'embouchure du Nil.

L'ennemi s'était rangé en ligne de bataille très forte pour défendre l'entrée de la baye. Elle était flanquée par quatre grosses frégates et plusieurs chaloupes canonnières, ainsi que par une batterie de canons et de mortiers placée sur une île qui était à la tête de la ligne. Mais rien n'a pu résister à l'escadre dont vous avez daigné me donner le commandement. Sa discipline vous est bien connue. La valeur des capitaines, des officiers et en général de tous les hommes qui la composent est insurmontable.

Si ma plume était suffisante pour rendre un plus grand hommage aux capitaines, je le ferais avec plaisir, mais cela est impossible.

Je regrette la perte du capitaine Westcott, du vaisseau *le Majestic*, qui a été tué dans le commencement de l'action. Ce vaisseau s'est si vaillamment battu sous le commandement du premier lieutenant M. Cuthbert que je lui ai donné l'ordre de le commander jusqu'à ce que vous en ayez autrement ordonné.

Les vaisseaux de l'ennemi, excepté deux de l'arrière-garde, sont presque entièrement démâtés. Ces deux derniers, ainsi que deux frégates, ont pris la fuite malgré mes efforts pour les en empêcher. Le capitaine Hood leur donna la chasse, mais, n'ayant aucun autre navire en état de mettre à la voile pour seconder *le Zealous*, je me trouvai contraint de le rappeler.

Je ne puis vous exprimer suffisamment l'aide et l'assistance que j'ai reçus du capitaine Berry. J'étais blessé à la tête et on m'a porté hors du gaillard. Le service n'en a point souffert par cet accident. Le capitaine Berry était entièrement égal à moi dans cette importante circonstance. Je vous prie de prendre de lui tous les renseignements relatifs à cette grande victoire.

Il y a eu 16 officiers tués, ainsi que 156 marins et 46 soldats. Le nombre des blessés est de 37 officiers, 562 marins et 78 soldats.

Ligne de bataille française :

Pris. — *Le Guerrier, le Conquérant, le Spartiate, l'Aquilon, le Souverain, le Franklin, le Tonnant, l'Heureux, le Mercure.*
Brulés. — *L'Orient, le Thimoléon, l'Artémise.*
Coulés bas. — *La Sérieuse.*
Ont pris la fuite. — *Le Guillaume-Tell, le Généreux, la Diane, la Justice.*

Nelson.

(*Archives de la Guerre.*)

Procès-verbal du combat du 14 thermidor soutenu par le vaisseau le Franklin, *faisant partie de l'armée aux ordres de l'amiral Brueys mouillée dans la rade d'Aboukir.*

À trois heures de l'après-midi, l'amiral signala l'armée ennemie composée de quatorze vaisseaux ; quelque temps après il fit le signal que son intention était que l'armée combattît à l'ancre.

L'armée française, composée des treize vaisseaux ci-après :

1. *Le Guerrier,*
2. *Le Conquérant,*
3. *Le Spartiate,*
4. *L'Aquilon,*
5. *Le Peuple-Souverain,*
6. *Le Franklin,*
7. *L'Orient,*
8. *Le Tonnant,*
9. *L'Heureux,*
10. *Le Mercure,*
11. *Le Guillaume-Tell,*
12. *Le Généreux,*
13. *Le Timoléon,*

était mouillée en ligne de bataille dans l'ordre indiqué par les numéros au S.-E. de l'isle des Béquiers dite l'Ecueil, et affourchée N.-N.-O. et S.-S.-E.

D'après le signal de l'amiral que l'armée combattrait à l'ancre, elle s'embossa et forma une ligne N.-O. et S.-E., les vents étaient alors à la partie du N.-N.-O. L'amiral fit alors le signal de mouiller une seconde grosse ancre.

A cinq heures, l'armée anglaise manœuvra pour couper la tête de notre ligne ; aussitôt la batterie qui avait été établie sur l'Ecueil pour défendre la tête de l'armée française lança quelques bombes infructueuses.

Cinq vaisseaux anglais passèrent à la gauche de la tête de notre escadre, tandis que le reste attaquait la droite ; ils avaient une ancre à jet à la traîne qui leur donnait la facilité de se tenir cinq ou six vaisseaux sur un des nôtres.

A six heures, un feu très vif s'engagea. A six heures et demie le *Franklin* commença le feu. A sept heures, il fut attaqué par la joue de bâbord par trois des cinq vaisseaux qui avaient doublé la tête de la ligne, et par la joue de tribord par deux des vaisseaux qui la prolongeaient.

A la même heure, le vaisseau amiral commença son feu par tribord.

A huit heures, le général Blanquet fut blessé dangereusement et porté au poste.

Vers les huit heures et demie, notre matelot d'avant fut démâté de tous mâts et dériva sous le vent ayant eu ses câbles coupés ; alors les trois vaisseaux qui nous attaquaient par la joue de bâbord s'approchèrent de nous à portée de pistolet, tandis que les deux autres de tribord faisaient la même manœuvre. Un sixième vaisseau prit la place de notre matelot d'avant et s'étant embossé nous envoyait sa bordée de l'avant à l'arrière.

A neuf heures, le feu prit à bord de notre matelot d'arrière, *l'Orient;* alors le vaisseau qui était embossé passa par bâbord pour s'embosser sur notre arrière, où il fit un feu très vif.

A neuf heures et demie, le capitaine Gillet, capitaine du vaisseau, fut dangereusement blessé et porté au poste; alors le capitaine de frégate Martinet prit le commandement.

A dix heures, nous fûmes démâtés du grand mât et du mât d'artimon et la seconde batterie fut démontée. Tout le monde descendit alors à la batterie de 36.

A dix heures et demie, les grenades et les boulets inflammables de l'ennemi mirent le feu dans le coffre d'armes, qui était plein de cartouches, dans la chambre du capitaine de frégate et sur la dunette. Nous eûmes le bonheur de l'éteindre et cet accident ne ralentit pas l'ardeur des canonniers.

A onze heures, le vaisseau amiral sauta et mit le feu sur notre gaillard d'arrière ; nous l'éteignîmes encore avec le même bonheur.

A onze heures et demie, n'ayant plus dans tout le vaisseau que trois canons susceptibles de faire feu, les deux tiers de l'équipage tués ou hors de combat, et les six vaisseaux anglais mouillés à portée de pistolet continuant le feu très vif qu'ils avaient toujours fait sur nous, nous amenâmes le pavillon.

Fait à bord du *Franklin*, le 15 thermidor an VI républicain ; signé à l'original : MARTINET, capitaine de frégate ; CHARRIER, lieutenant de vaisseau, adjudant de la 2ᵉ escadre ; CASTILLON, enseigne de vaisseau ; CUZENT, sous-commissaire ; LAGNEL, capitaine d'armes ; BERNARD, maître voilier ; VIDAL, premier commis aux vivres.

(*Archives de la Guerre.*)

.....J'étais encore avant-hier 14 thermidor (1ᵉʳ août) à Alexandrie, occupé de mes levers, inondé de sueur sous un soleil ardent, quand, vers le midi, on vit pointer en mer, à l'ouest, une escadre nombreuse. Nous attendions le second convoi qui devait être escorté par l'escadre espagnole. La vue de ces bâtiments nous mit la joie au cœur. Je quitte sur-le-champ ma planchette, je donne congé à mes piqueurs et, montant avec Vinache sur la hauteur de l'Observation, je contemple à l'œil nu l'escadre qui s'avançait, toutes voiles dehors, par un vent favorable et par un temps superbe.....

Bientôt, cependant, trois vaisseaux de l'escadre se distancèrent et, longeant les côtes à demi-portée de canon, vinrent raser le phare et le port *sans sortir de pavillon.* Alors nous pûmes compter distinctement quinze vaisseaux et constater qu'ils faisaient voile vers Aboukir. Notre joie avait été de courte durée et bientôt, à la forme, nous reconnûmes que les bâtiments étaient anglais.....

Cependant le général Dumay fait rassembler la colonne mobile ; on y joint tous les matelots canonniers et marins qui se trouvaient à Alexandrie et l'on se dirige, à marches forcées par le désert, vers Aboukir.....

Il était cinq heures et quart du soir. Nous étions en route, harcelés par les Bédouins, quand une vive canonnade nous annonça que l'engagement commençait. Le soleil était près de se coucher quand nous arrivâmes....

.....Notre escadre était embossée sur une ligne droite à hauteur d'un îlot situé à quelques milles de la pointe d'Aboukir. Entre l'îlot et le premier bâtiment français régnait un espace assez considérable, occupé par des bas-fonds et jugé impassable pour des vaisseaux par l'amiral Brueys.

Au moment de notre arrivée au château, sur le haut du donjon duquel nous montâmes, un vaisseau anglais nommé..... ayant voulu franchir cet espace s'y était échoué; il faisait néanmoins feu sur notre vaisseau de tête, qui lui répondait.

L'escadre anglaise défilait sur deux lignes. L'une, malgré l'accident arrivé au....., passa sous l'îlot et rangea notre ligne au sud, tandis que l'autre lui faisait face au nord. Nos vaisseaux de guerre se trouvèrent ainsi bientôt entre deux feux. Nos autres bâtiments du reste de la ligne étant ancrés ne purent bouger pour les secourir, de sorte que la tête des nôtres, où se trouvait *l'Orient*, fut attaquée à la fois par toute la flotte anglaise, c'est-à-dire avec un feu très supérieur, tandis que nos bâtiments de queue devenaient inutiles.....

.....On faisait de part et d'autre une canonnade désespérée.....

.....Le soleil se couche..., point d'ordres..., point de signaux..., des tourbillons de flammes et de fumée enveloppent *l'Orient*... C'était un spectacle affreux... Notre angoisse était inexprimable.

Cependant la nuit nous laissait encore quelque incertitude. Le bâtiment enflammé était-il anglais ou français? Malgré la flamme, il continuait son feu... Nous voyons un bâtiment anglais amener son pavillon... La flamme augmente... Une explosion effroyable illumine la mer et fait jaillir en tous sens des gerbes ardentes sur une vaste circonférence... Une sombre horreur et un silence affreux lui succèdent... Le combat est un instant suspendu... Nos cœurs battent avec violence; nous sommes haletants, frémissants et, sur notre donjon, pas un mot n'est prononcé.....

.....Inutile de vous dire, cher père, que je n'ai jamais assisté à pareil spectacle et senti se presser en moi des sentiments aussi violents d'espoir, de stupeur et d'énergique vengeance... Cependant le combat a recommencé avec plus de force... Toute la nuit, les bordées continuent..., puis elles vont en diminuant... A la pointe du jour, *le Tonnant*, rasé comme un ponton, se défend encore.....

L'aurore vient lever nos derniers doutes. Le champ d'horreur s'étend sous nos yeux. La mer est couverte de débris et de morts. Nous distinguons nos vaisseaux démâtés, rasés, en lambeaux, entourés par les bâtiments anglais presque en aussi mauvais état. Un vide dans la ligne indiquait la place de *l'Orient*. A sept heures, le second de nos bâtiments saute en l'air..., à huit heures et demie, *le Tonnant*, seul, continuait son feu...

Je n'essaierai pas de vous peindre notre consternation et notre rage... Tout le monde se coucha, harassé, pour essayer un instant de repos impossible... La France n'a plus de flotte... Il faut maintenant que la terre égyptienne devienne notre tombeau ou notre patrie... Heureusement, les affaires au Caire sont aussi glorieuses que celles d'Aboukir sont désespérantes.

Aboukir, 17 thermidor (4 août). — Notre position ici est fort triste. Non seulement nous ne pouvons chasser de notre esprit le souvenir de la nuit fatale, mais le théâtre du désastre est sous nos yeux. Nous voyons les Anglais, fiers de leur victoire, réparant et remâtant les tristes restes de notre escadre. Tous les soirs, le rivage, de l'autre côté de la rade, se borde de feux sur une étendue de plus de sept lieues : ce sont les Bédouins qui brûlent nos épaves pour en retirer le fer.

Aboukir, 22 thermidor (9 août). — Le général Dumay, un aide de camp et moi, accompagnés d'environ trois cents hommes, dont les deux tiers Maltais, plus d'une trentaine de cavaliers, de deux pièces de campagne, enfin de quelques chameaux chargés de vivres et d'eau, nous quittâmes Aboukir à la pointe du jour, en côtoyant le bord de la mer.....

Toute cette plage était couverte des débris de nos bâtiments : vergues, mâts, tonneaux, chaloupes, voiles, cordages, hamacs, carcasses entières, etc... Tout était jonché de cadavres, noyés, blessés, à demi putréfiés, défigurés de mille affreuses manières. Des chaloupes échouées et qui avaient voulu aborder étaient remplies d'hommes massacrés par les Bédouins. De distance en distance, nous trouvions des feux allumés par les Arabes pour retirer les ferrailles de ces épaves, les unes abandonnées, les autres encore entourées par des groupes qui fuyaient à notre approche pour revenir ensuite.

Ce périmètre d'horreur avait pour centre, dans la

rade, les restes de nos bâtiments, entourés de la flotte anglaise qui travaillait à se réparer et à remettre à flot les débris de la nôtre afin de la conduire en Angleterre. Nos cœurs se serraient. Nous marchions lentement, tantôt dans le sable mouillé, qui est plus ferme, tantôt dans la lame qui venait régulièrement se briser à nos pieds, et constamment, enjambant épaves et cadavres.

Capitaine THURMAN, Relation du séjour en Egypte.

III. — Après le combat

Le contre-amiral Villeneuve au général en chef Bonaparte. — A bord du Guillaume-Tell, *à dix lieues sud du cap Selidronia le 20 thermidor an VI de la République française une et indivisible (7 août 98).*

Général, le brick *le Salamine* vient de me rallier. Je l'expédie à Alexandrie pour vous informer de ma position ; je n'entrerai pas dans les détails du désastre de l'escadre ; le capitaine Trullet, commandant *le Timoléon*, et d'autres officiers ont été à portée de gagner la terre et vous en auront rendu compte. Je suis trop pressé et pas assez préparé pour vous faire un récit aussi douloureux. Je me bornerai donc à vous dire pour le moment que le 15, à onze heures du matin, me voyant seul avec *le Généreux*, les frégates *la Diane* et *la Justice* en état de combattre et de faire voile, étant canonné par six vaisseaux auxquels je ne pouvais riposter et qui auraient fini par me réduire à la nécessité de faire côte, j'ai préféré mettre sous voiles et essayer de sauver les débris de l'escadre en combattant sous voiles. Les ennemis ont détaché trois vaisseaux pour me poursuivre, mais bientôt ils ont reviré dans leur escadre. Un seul nous a donné et reçu notre bordée et je suis sorti de la Baye suivi du *Généreux*, de *la Diane* et de *la Justice*. Je vais tâcher de gagner le port de Malte. Je désirerais que vous voulussiez bien m'adresser vos ordres. Je n'ai pas renvoyé *la Diane* et *la Justice* à Alexandrie, d'abord dans la crainte de compromettre deux bâtiments aussi précieux dans la circonstance actuelle et ensuite dans l'espoir qu'ils vous seront plus utiles dans cette partie pouvant escorter les convois que vous attendez et le port de Toulon étant entièrement démuni de bâtiments de guerre. Je désire que cette détermination de ma part ait votre approbation. *Le Guillaume-Tell* et *le Généreux* ont peu souffert dans le combat, les efforts de l'ennemi s'étant portés sur la tête de notre ligne et sur le centre. Je vous adresserai de Malte un extrait de mon journal et vous jugerez de la nécessité absolue du parti que j'ai pris. Néanmoins mon cœur est navré de chagrin et de tristesse.

Salut et respect.

Villeneuve.

J'apprends avec un bien sensible plaisir que le général Ganteaume a échappé à l'incendie de son vaisseau.

(*Archives de la Guerre.*)

.....Cet affreux combat dont nous avions été témoins d'Alexandrie, de dessus nos maisons, qui étaient couvertes de spectateurs, nous avait jetés dans une morne tristesse. Nous sentions les funestes conséquences qu'il amènerait en nous donnant pour ennemis les Turcs, ainsi que les Barbaresques, en renouant la coalition en Europe, en nous isolant davantage de la mère patrie, enfin en détruisant une partie de l'admiration produite par notre armée de terre. Mais l'énergie revint; le général Kléber en donna l'exemple : il fit sur-le-champ mettre les ports en état de défense. On n'avait pu s'en occuper jusqu'à ce moment; le débarquement général, les batteries qu'on avait établies sur les hauteurs qui commandent la ville et les transports d'artillerie qu'il avait fallu faire, en avaient empêché. On se hâta donc; on plaça des feux croisés de toutes parts; on construisit des fourneaux pour faire rougir des boulets; on approvisionna tous les points de défense; enfin on travailla sans relâche, et en quelques jours on fut à l'abri de toute tentative de la part des Anglais, qui, avec quelques-uns de leurs vaisseaux, auraient pu venir ruiner les cinq frégates qui étaient dans le port vieux et les trois cents voiles du convoi.

Le général Bonaparte apprit bientôt la nouvelle du malheureux combat naval; il en témoigna ses regrets, en rappelant avec exclamation les avis qu'il avait donnés à l'amiral Brueys de se retirer dans l'un de nos ports : puis il dit avec calme et fermeté : « Eh bien, la perte de ce combat nous fera faire de plus grandes choses. »

Ch. Norry, architecte, Relation de l'Expédition d'Égypte.

Au général Sanson, directeur du dépôt général de la guerre, Toulon, le 15 mars 1803 (24 ventôse, an XI).

Citoyen général, j'ai reçu votre lettre du 27 pluviôse dernier, par laquelle vous me prévenez que vous n'avez pas reçu le calque du combat d'Aboukir que je vous avais annoncé précédemment. Ne voulant pas le plier dans une lettre, je l'avais remis à une personne qui allait à Paris et qui s'était chargée de vous le remettre. Je vois avec peine qu'elle l'a oublié et je m'empresse de réparer cette négligence en vous en adressant ci-joint un nouveau avec tous les renseignements que j'ai pu me procurer.

J'espérais trouver au bureau major du port de Toulon des détails plus satisfaisants, mais il n'y a que quelques relations de capitaines, à ce que m'a assuré le premier adjudant.

..... La ligne française était S.-E. et N.-O. avec le milieu de l'île à la distance d'environ 150 toises. Les vaisseaux étaient mouillés à environ 70 toises les uns des autres.

Les Anglais attaquèrent notre ligne comme le dit la relation et notre escadre resta mouillée dans la même position jusqu'au moment de l'incendie du vaisseau *l'Orient*. Mais alors les vaisseaux de la queue, craignant le feu, coupèrent les câbles du vent et tombèrent par ce moyen beaucoup sous le vent. Il n'y eut plus de ligne formée. Plusieurs vaisseaux échouèrent et se brûlèrent. Les deux derniers avec deux frégates mirent à la voile et se sauvèrent. L'amiral anglais dit à ce sujet que c'est avec beaucoup de regrets qu'il n'a pu leur faire donner chasse, n'ayant qu'un vaisseau en état d'appareiller, les autres étant démâtés et dégréés. Plusieurs marins pensent que, si les six vaisseaux qui étaient mouillés derrière *l'Orient* eussent mis à la voile au moment où cet amiral a pris feu, ils auraient pu, après avoir fait une bordée au large, revirer de bord et attaquer alors les Anglais, qui étaient en mauvais état et dans une position désavantageuse. Il est probable que toute l'armée anglaise aurait été prise ou brûlée.

Quelques officiers attribuent les malheurs de l'armée française à la mauvaise position que l'escadre avait prise pour attendre l'ennemi. Ils disent qu'une escadre embossée ne peut se défendre que lorsqu'elle est fortement protégée par les batteries de la côte, et qu'à Aboukir les Français n'avaient point cet avantage. C'est ce que l'expérience a prouvé, puisque les vaisseaux anglais ont facilement passé entre la tête de la ligne et l'île sur laquelle était une batterie qui devait défendre ce passage. Il paraît aussi que les vaisseaux français étaient mouillés à une trop grande distance les uns des autres, puisqu'en plusieurs endroits la ligne a été coupée par les Anglais.

Vous verrez, citoyen général, que l'escadre française était plus forte que celle des ennemis, en canons et en hommes, et qu'il est probable que, si le combat se fût donné sous voile, les Français auraient eu l'avantage puisqu'alors tous les vaisseaux de notre escadre auraient pu prendre part à l'action, tandis qu'il n'y en a guère que sept qui se soient battus, et cependant les Anglais conviennent qu'il ne leur restait qu'un vaisseau en état de mettre à la voile.

Cette malheureuse affaire qui a été si vantée par

les Anglais ne doit pas décourager les marins français, puisqu'elle prouve qu'il a tenu à très peu de chose que les Anglais n'aient éprouvé le même sort que nous et qu'il sera facile au gouvernement français d'éviter que de pareilles fautes se renouvellent en introduisant dans la marine l'instruction, la subordination et surtout un esprit militaire qui n'existe point dans cette arme depuis longtemps.

Ce manque d'esprit militaire parmi les officiers de marine vient en partie de ce que beaucoup d'entre eux ont été tirés de la marine de commerce et que, s'étant pendant presque toute leur vie occupés d'opérations mercantiles, ils ont beaucoup de peine à y renoncer. Cela tient aussi à ce qu'ils ne sont embarqués que momentanément, qu'ils passent beaucoup de temps à terre ou dans les rades et à ce qu'ils n'ont point de troupes à commander.....

..... Je suis chargé de diriger la construction de la frégate de 18, ainsi que celle des deux vaisseaux de 74, ce qui m'occupe beaucoup. Je serais bien dédommagé de ces peines si les travaux allaient avec l'ordre et la célérité que je désirerais, mais il y a si peu d'harmonie dans l'organisation des différentes parties de la marine qui doivent concourir aux travaux que ce n'est qu'avec beaucoup de temps, de frottement et de peine qu'on parvient à obtenir de cette lourde et vieille machine un résultat très dispendieux et bien loin de la perfection qu'on pourrait désirer.

..... J'ai l'honneur de vous saluer.

MAILLOT.

(Archives de la Guerre.)

LIVRE III

OCCUPATION DE LA BASSE ÉGYPTE

CHAPITRE VII

LES DÉBUTS

Premières mesures de Bonaparte. — Combat de Sal-héyéh. — Massacre de la garnison de Mansourah. — Fête du Nil. — La vie au Caire. — Les savants et l'Institut.

I. — Premières mesures de Bonaparte

Lettre écrite par les cheikhs et ulémas du Caire au chérif Ghaleb Sultan de la Mecque (1ᵉʳ septembre 98) (20 de rabi el ervel 1213 de l'hégire).

Après avoir offert nos vœux et nos hommages au prince des croyants, le chérif Ghaleb Sultan de la Mecque, qui est l'ornement et la gloire de la famille du Prophète (puisse-t-il obtenir de Dieu l'accomplissement de tous ses désirs par les mérites de son illustre aïeul!), nous faisons parvenir le récit suivant à sa connaissance et à celle de nos seigneurs, les descendants d'Abdménaf, les notables de la Mecque, les chérifs et tous les ulémas, cadis, prédicateurs, négociants et employés d'administration qui habitent la ville sainte.

Le samedi 7 de safar, les troupes françaises ont

paru à l'ouest du Caire dans la plaine de Djizé. Elles ont combattu ce jour-là même les Mamelouks pendant deux heures. Ceux-ci, après avoir éprouvé des pertes, ont pris la fuite vers le coucher du soleil. Le lendemain matin, une députation des ulémas du Caire a été trouver le général en chef de l'armée française pour réclamer de lui l'assurance que les habitants de la ville ne seraient point inquiétés. Le général a promis sûreté pleine et entière à tout le monde, excepté aux Mamelouks et à leurs adhérents. On lui a demandé à continuer de frapper la monnaie au nom du sultan Sélim et de faire des vœux pour lui au prône du vendredi. Il a consenti et a dit qu'il avait l'attachement le plus sincère pour le sultan Sélim, qu'il était l'ami de ses amis et l'ennemi de ses ennemis. Il a ordonné que l'on continua à observer fidèlement les pratiques religieuses, à annoncer la prière du haut des minarets, à fréquenter les mosquées, à se livrer enfin à tous les exercices de dévotion.

Il nous a assurés qu'il reconnaissait l'unité de Dieu, que les Français honoraient notre Prophète, ainsi que le Coran, et qu'ils regardaient la religion mahométane comme la meilleure religion. Les Français ont prouvé leur amour pour l'islamisme en rendant la liberté aux prisonniers musulmans retenus à Malte, en détruisant les églises et brisant les croix dans la ville de Venise, en chassant le pape qui commandait aux chrétiens de tuer les mahométans et qui leur présentait cet acte comme un devoir de religion. Le pape est le premier des prêtres chrétiens, il réside à Rome. Lorsque les Français se sont emparés de cette ville, ils ont délivré les musulmans de cet ennemi. Tel est le récit qu'on nous a fait.

A l'époque où la caravane des pèlerins devait entrer au Caire, l'émir El Hadj, effrayé par la présence de l'armée française, s'est jeté dans la province de Charkiygé. La plupart des pèlerins se sont dispersés, leurs effets ont été pillés par les voleurs et les Arabes. Les malheureux échappés à ce désastre ont été rencontrés par les Français qui les ont bien accueillis, ont donné des montures à ceux qui étaient à pied, des vivres à ceux qui étaient affamés. Le général en chef avait envoyé à la caravane un sauf-conduit avant que l'Émir El Hadj se dirigeât vers la province de Charkiygé, mais le destin n'a pas permis que ce signe de salut leur parvint.

Les Français ont célébré d'une manière brillante la fête d'usage à l'occasion du débordement du Nil. Ils ont cherché ainsi à rappeler la joie dans le cœur des musulmans. Ils ont répandu beaucoup d'aumônes parmi les pauvres du Caire et ont donné de grands repas. C'est avec la même magnificence qu'ils ont fêté la naissance du Prophète, toujours dans le désir de faire plaisir aux musulmans. Ils ont fait les plus vives instances auprès des ulémas et des notables pour les engager à nommer un émir El Hadj et à prendre les mesures nécessaires relativement à l'affaire importante du pèlerinage. Notre avis unanime a été de conférer la dignité d'émir El Hadj à l'émir Moustafa Agha, lieutenant de Boskir Pacha, actuellement gouverneur d'Égypte pour Sa Hautesse. Ce choix nous a paru le meilleur parce qu'il resserre nos liens avec la S. P. Les esprits sont maintenant pleinement rassurés et tranquilles. On est empressé de satisfaire à ce que l'on doit aux deux villes saintes. On nous a chargés de vous en instruire.

> Signé : Mohammed Edhem, cadi du Caire; Mohammed Essadal ; Khalil el Bekri, Nakib el echraf; Abdallah Cherkawi, Mohammed el Hariri, mufti hanafi ; Mohammed el Emir; mufti mabiki, etc., etc.

(*Archives de la Guerre.*)

II. — Combat de Salhéyéh

Ibrahim Bey, effrayé de la marche de l'armée, s'enfuyait vers la Syrie avec toute la vitesse que ses chameaux chargés de ses femmes et de ses trésors pouvaient lui permettre sans oser s'exposer aux chances d'un combat. Le 10 août (23 thermidor), son arrière-garde sortait du bois de palmiers de Salhéyéh, lorsqu'elle fut aperçue par nos éclaireurs.

Le général en chef n'était pas loin. Suivi des détachements du 7e hussards, du 22e chasseurs, du 3e dragons et de ses guides, il précédait de près d'une lieue les colonnes d'infanterie. L'adjudant-général Boyer vint lui rendre compte que cette arrière-garde des Mamelouks qui fuyaient était peu nombreuse.

Nos cavaliers, impatiens de trouver une occasion

de se signaler, n'avaient vu que la gloire d'un beau combat et un butin immense qui devait en être le résultat; ils allaient apprendre quelle est la différence de la cavalerie d'Europe et de celle d'Asie et d'Afrique. On se précipite avec fureur sur l'ennemi. Les généraux, les officiers de l'état-major, le général **Caffarelli** lui-même, malgré sa jambe de bois, se mêlent à la charge. Le combat est extrêmement vif, car les Mamelouks sont les plus braves et les plus adroits cavaliers de l'univers et nous ne leur cédons pas en valeur, malgré l'infériorité de nos armes et de nos chevaux.

Cette échauffourée, qui nous coûta du sang, aurait eu un résultat plus funeste encore si le 3ᵉ de dragons, qui était demeuré en réserve, arrivant en ligne sur les combattants, n'eut forcé par sa fusillade les Mamelouks à se retirer. Nous demeurâmes maîtres du champ de bataille, de quelques chameaux et de deux mauvais canons, mais il était couvert de morts et de blessés. Parmi ces derniers était le brave d'Estrées, chef d'escadrons du 7ᵉ hussards; son corps, sillonné par de larges et profondes blessures, était en lambeaux; on le transporta expirant. Le chef de brigade Lassalle fut plus heureux. Son sabre s'étant échappé de sa main, il eut le bonheur et l'adresse de le ramasser au milieu de la mêlée sans cesser d'attaquer et de se défendre et sans avoir été blessé.

Général Morand. (*Archives de la Guerre.*)

.....Après avoir resté quelque temps au Caire, le général en chef Bonaparte résolut de poursuivre les Mamelouks, comme ils étaient dispersés en deux parties, l'une dans la haute Egypte, commandée par Mourad Bey, et l'autre, par Ibrahim Bey, avait pris le chemin opposé et était vers l'isthme de Suez.

Nous nous mîmes en route sur Salhéyéh pour suivre la route qu'avait prise Ibrahim Bey avec son armée. Après avoir marché plusieurs jours à grandes journées, nous arrivâmes à Salhéyéh et nous y trouvâmes les ennemis. Ces derniers voulurent faire résistance, mais nous les mîmes bientôt en déroute et nous les obligeâmes à s'enfoncer dans le désert d'où ils passèrent en Syrie. Le combat était fini, nous campâmes dans une forêt de dattiers qui se trouve devant Salhéyéh et nous n'y restâmes que deux jours, au bout desquels nous partîmes pour Mansourah, où, étant arrivés, nous y campâmes quelque temps. C'était alors au mois de fructidor an VI (août 1798). C'est là où l'on vit un terrible mal des yeux qui se répandit presque sur toute l'armée et dont un grand nombre sont restés aveugles ou borgnes.

A la fin de fructidor, on nous fit partir pour faire les contributions dans la province de Menzaleh et, après quelques jours, sur le canal de ce même nom nous fûmes attaqués par des Arabes et les habitants de plusieurs villages qui s'étaient rassemblés pour venir fondre sur nous. Le canal sur lequel nous étions était très étroit; les barques touchaient presque les deux côtés. Nous étions en face d'un gros village qui n'était qu'à vingt pas de nous; nous ne pensions rien moins qu'à être attaqués, lorsque, tout à coup, nous aperçûmes une foule de paysans et Arabes qui venaient fondre sur nous et se préparaient à se jeter dans nos barques en faisant des hurlements qui auraient fait mourir de peur tout autre homme que des soldats aguerris et accoutumés à vaincre.

Nous n'étions nullement préparés au combat. Il faisait très chaud. Les uns avaient leurs armes d'un côté et leurs habits d'un autre, et chacun s'était mis à son aise, lorsque nous aperçûmes cette horde de barbares. Nous nous saisîmes promptement de nos armes et l'épouvante ne nous prit point. Ils étaient peut-être plus de six mille, tant hommes que femmes, armés de lances, de pistolets et de sabres, et nous n'étions pas plus de cent trente hommes.

Nous leur fîmes un feu de peloton sur le corps suivi d'un très beau feu de file qui les épouvanta terriblement et leur fit prendre la fuite avec plus de vitesse qu'ils n'étaient venus. Les voyant ainsi fuir, nous nous mîmes à leur poursuite, faisant toujours un feu continuel, ce qui leur causa une grande perte tant tués que blessés. Ils nous tuèrent cinq hommes et en blessèrent bien une douzaine.

Le combat fini, nous passâmes le canal et nous entrâmes dans le village, où nous fîmes un terrible carnage de tous ceux qui s'étaient retirés dedans. Après l'avoir pillé, nous mîmes le feu aux quatre coins et nous nous retirâmes en retournant au village où nous avions laissé la masse de nos contributions avec la municipalité de Mansourah.

Trajet d'Egypte fait par l'armée française, transcrit par moi Pierre Millet, chasseur à la 2ᵉ demi-brigade d'infanterie légère, manuscrit appartenant à son petit-fils M. Stanislas Millet, professeur au lycée de Lorient, et très obligeamment communiqué par lui,

III. — Massacre de la garnison de Mansourah

..... La ville de Mansourah, célèbre par la défaite de l'armée de saint Louis dans la septième croisade (1250), est très grande et s'étend beaucoup le long du Nil.

Ses habitants, qui recélaient dans leur cœur la haine des infidèles, n'attendaient qu'une occasion d'éclater.

Le général de brigade Vial, en passant par cette ville le 17 thermidor (4 août), leur en procura l'occasion en laissant cent vingt hommes de garnison, momentanément. Ce détachement était composé de soixante hommes de la 13e demi-brigade et de soixante hommes du 18e régiment de dragons, y compris trois officiers de chaque corps.

Après avoir organisé un Divan, le général partit pour Damiette le même jour en recommandant au capitaine le plus ancien, qui se trouvait être de la 13e demi-brigade, la plus grande surveillance et la plus grande discipline dans les troupes qu'il commandait afin d'éviter tout prétexte de mécontentement de la part des habitants de Mansourah. Toutes ces mesures, quoique sagement prises et mises à exécution, n'ont pu détourner le fer de l'assassin.

Cinq jours se passèrent tranquillement, sauf quelques attaques contre des Français sortant de la caserne.

Le sixième jour, 22 (9) du même mois, à huit heures du matin, il se manifestait quelques rassemblements dans Mansourah. Une multitude de gens armés attaqua d'abord les postes qui furent obligés de se replier sur la caserne que l'on avait barricadée. La caserne elle-même fut investie par cette foule d'hommes munis de différentes espèces d'armes ; ils essayèrent de mettre le feu à la caserne, mais le feu vif de mousqueterie que faisaient les Français obligeait toujours les Turcs à se retirer avec perte et rendait leurs efforts inutiles.

Les cartouches de nos troupes commençaient à diminuer, une dizaine d'hommes avaient déjà été tués, plusieurs étaient blessés. Le nombre des combattants était trop inégal pour pouvoir empêcher d'échapper de leurs mains si l'on ne tentait point un coup d'audace pendant qu'il restait encore environ cent hommes et quelques munitions. Ils essayèrent de sortir de la caserne, ce qui leur réussit assez bien, à cela près de la perte de quelques hommes.....

..... Pendant qu'une partie contenait cette population effrénée, l'autre s'emparait des barques nécessaires pour embarquer le tout et s'abandonner au courant du Nil. Tout concourait à leur perte. Des habitants de l'autre rive, au village de Tolka, empêchèrent les Français de s'embarquer en déchargeant sur eux une grêle de balles qui en tua une partie. Le reste, voyant que ce moyen d'échapper à la mort ne pouvait lui réussir, essaya de sortir de Mansourah pour se diriger sur le Caire.

Quoique accueillis de pierres, de morceaux de poterie, de coups de fusil tirés par les fenêtres, accompagnés et suivis de près, ces intrépides militaires, bien que diminuant de nombre à chaque pas, faisaient face partout.

Bientôt, les combattants réduits à trente, obligés

d'abandonner les blessés, qui étaient sur-le-champ assommés, manquant complètement de cartouches, ne se défendaient plus qu'à la baïonnette et au sabre. Enfin plusieurs bandes de ces fanatiques furieux se jetèrent avec un acharnement incroyable sur le reste des braves et les décapitèrent.

Un seul des cent vingt Français, nommé Mourchon, dragon au 18ᵉ régiment, échappa à la férocité turque en s'élançant dans le Nil, quoique traversé d'une balle à la cuisse et blessé de plusieurs coups de sabre. Il abordait l'autre rive sur le Delta, à un quart de lieue du village de Shoubra. Il vit venir à lui plusieurs cavaliers turcs et se jeta de nouveau dans le Nil. Ayant aperçu que deux de ces cavaliers lui faisaient signe d'approcher, il revint à terre.

La première réception que lui fit l'un d'eux en l'abordant fut de lui tirer un coup de fusil à bout portant qui rata. L'autre, prenant pitié de sa situation, lui exprima qu'il s'opposerait de tout son pouvoir à ce qu'on lui fît aucun mal. Les habitants du village de Shoubra le traitèrent humainement.

Le 3 fructidor (20 août) de la même année, l'adjudant-général Laugier, qui remontait au Caire pour porter des renseignements au général Bonaparte, arrivé à la hauteur du village de Shoubra, entendit crier en notre langue :

« Venez me délivrer, je suis Français. »

On vit paraître un pauvre malheureux, se traînant et dépouillé, n'ayant pour tout vêtement qu'un mauvais caleçon qui lui servait à cacher sa nudité. Après les premiers transports de joie qu'il éprouvait de revoir ses compatriotes, il pria l'adjudant-général Laugier de lui donner quelque argent afin de récompenser les paysans de ce village pour les soins qu'ils avaient pris de lui, assurant qu'il était le seul échappé au massacre du détachement de Mansourah.

Le 5 fructidor (22 août), Bonaparte, informé de ces faits par l'adjudant-général Laugier et indigné d'une action aussi révoltante, donna l'ordre au général Dugua d'agir sur la ville de Mansourah et ses habitants avec toute la sévérité possible.

Le général crut devoir prendre sur lui de modifier la rigueur extrême de l'ordre. Il fit décapiter seulement deux Turcs de marque qui avaient puissamment contribué à l'égorgement des cent vingt Français, tant par leur crédit que par leur bourse. Cet exemple, tout simple qu'il était, imprima une telle crainte des Français que les Turcs de Mansourah n'osèrent plus bouger.

Lieutenant-colonel du génie Théviotte. (*Archives de la Guerre.*)

IV. — Fête du Nil

Le général français rentra au Caire la nuit du mercredi 3 (en turc). Le vendredi 5, le débordement du Nil commença. Le général en chef ordonna des préparatifs de fête comme de coutume. On pavoisa tous les bâtiments et les bateaux. On fit crier au peuple de sortir pour se promener sur le Nil au Mekyas et à l'île de Roudah, comme c'est l'usage.

Le général envoya des lettres au lieutenant du pacha, au Cadi, aux membres du Divan, aux conseillers, aux dignitaires et leur ordonna de se rendre chez lui. Le matin, de bonne heure, il monta à cheval avec eux et des forces considérables. Son armée s'avançait en grande tenue au son de la musique. On se rendit au pont de la digue, on rompit la digue devant lui au bruit des salves d'artillerie. Après que l'eau fut entrée dans le petit canal, il remonta à cheval et revint chez lui avec le même cortège.

Ce jour Bonaparte demanda pourquoi on ne faisait pas les fêtes d'usage pour la naissance du Prophète. Le cheik Bekri s'excusa, disant que c'était pour éviter de déranger le monde et de faire des dépenses. Cette excuse ne fut pas admise par le général en chef qui ordonna de faire la fête; il lui donna 1,800 francs et lui ordonna de faire illuminer les mosquées. On fit assembler l'armée qui fit l'exercice au son de la musique et des tambours. Le général envoya sa grande musique (celle des guides) à la maison du cheik Bekri; elle ne cessa point de jouer toute la journée et la nuit. On tira un feu d'artifice.

Journal d'un habitant du Caire. (*Archives de la Guerre.*)

..... Le 18 août (1ᵉʳ fructidor), l'ouverture du canal du Caire eut lieu, et elle se fit avec la plus grande pompe. Pour sentir l'importance de cette cérémonie, il faut dire deux mots du Nil.

Toute l'existence physique et politique de l'Égypte dépend de ce fleuve; lui seul subvient à ce premier besoin des êtres organisés, le besoin de l'eau, si fréquemment senti dans les climats chauds, si vivement irrité par la privation de cet élément. Le Nil seul, sans le secours d'un ciel arrosé de pluie, porte partout le principe de la végétation ; par un séjour de trois mois il l'imbibe d'une somme d'eau capable de lui suffire le reste de l'année. Sans son débordement qui occupe un espace de plus de quatre cents lieues, on ne pourrait cultiver qu'un terrain très borné et avec des soins très dispendieux ; on a donc eu raison de dire qu'il était la mesure de l'abondance, de la prospérité et de la vie.....

..... Ce fécondateur de l'Égypte commence à croître vers le milieu de prairial (mai-juin) ; il continue de grossir jusque vers la fin de messidor (juillet) et souvent dans le mois suivant.

Le moment de l'inondation fut proclamé cette année pour le 1er fructidor (18 août). Ce fut, comme à l'ordinaire, un jour de réjouissance et de fête solennelle pour les Égyptiens. Le pacha Aboubokir, gouverneur du Caire, descendit du château, accompagné de toute sa cour, ayant le général en chef des Français à sa droite, environné de son état-major ; ils se rendirent ensemble dans la plus grande pompe à Fofthath, dit le vieux Caire, où commence le canal qui traverse la ville neuve du Caire. Le peuple fut dans la plus grande joie de voir les Français assister à cette fête, tant Bonaparte avait gagné son amitié et mérité sa reconnaissance !

Bonaparte et le pacha se placèrent sous un pavillon magnifique, dressé à la tête de la digue. Les chefs de la religion y parurent, montés sur des chevaux richement caparaçonnés. Tous les habitants, à cheval, à pied et en bateaux, s'empressèrent d'assister à cette solennité. Plus de deux cent mille couvraient la terre et les eaux. La plupart des bateaux, agréablement peints, artistement sculptés, étaient ornés d'un dais et de banderoles de diverses couleurs. On reconnaissait ceux des femmes à leur élégance, à leur richesse, aux colonnes dorées qui portaient le dais, et surtout aux jalousies abaissées sur les fenêtres. Tout le peuple demeura en silence jusqu'au moment où le général des Français, à qui le pacha avait eu l'air de déférer cet honneur, donna le signal. A l'instant des cris de joie s'élevèrent dans les airs; les trompettes sonnèrent des fanfares, et le son des timbales et des autres instruments retentit de toutes parts. Des travailleurs rassemblés renversèrent dans le canal une statue de terre placée sur la digue et qu'on nomme *la Fiancée*. C'est un reste de l'ancien culte des Égyptiens qui consacraient une vierge au dieu du Nil, et qui, dans des temps de calamités, l'y précipitaient quelquefois. La chaussée fut bientôt détruite, et les eaux, ne trouvant plus d'obstacle, coulèrent vers le Caire.

Bonaparte et le pacha jetèrent dans le canal des pièces d'or et d'argent que des plongeurs habiles ramassèrent sur-le-champ : espèce d'offrande au Nil en signe de toutes les richesses qu'il procure au pays.

Durant cette journée, les habitants paraissaient dans l'ivresse: on se félicitait, on se faisait des compliments, et l'on entendait de tous côtés des cantiques d'actions de grâces. Une foule de danseuses parcourant les bords du canal égayaient les spectateurs par leurs danses lascives.

Les nuits suivantes offrirent un spectacle encore

plus agréable. Le canal remplit d'eau les grandes places de la capitale. Le soir, chaque famille se réunit dans des barques ornées de tapis, de riches coussins et où la mollesse avait toutes ses commodités ; les rues, les mosquées, les minarets, étaient illuminés ; on se promenait de place en place, portant avec soi des fruits et des rafraîchissements.

L'assemblée la plus nombreuse était à Elbekié. Cette place, la plus grande de la ville, a près d'une demi-lieue de circuit ; elle forme un immense bassin, environné des palais des ci-devant Mamelouks : ces palais étaient éclairés de lumières de diverses couleurs. Plusieurs milliers de bateaux, aux mâts desquels des lampes étaient suspendues, y produisaient une illumination mobile dont les aspects variaient à chaque instant. La pureté du ciel, presque jamais voilé par des brouillards, l'or des étoiles étincelant sur un fond d'azur, les feux de tant de lumières répétés dans les eaux, faisaient jouir, dans ces promenades charmantes, de la clarté du jour et de la fraîcheur délicieuse de la nuit. Avec quelle volupté ce peuple, brûlé pendant douze heures par un soleil ardent, venait-il respirer sur ces lacs l'haleine rafraîchissante des zéphyrs !

La bizarrerie des mœurs orientales contrariait un peu les Français qui assistaient à ces spectacles. Les hommes se promenaient avec les hommes, les femmes avec les femmes. Difficilement aurait-on pu se procurer le charme de leur société ; le déguisement qu'il aurait fallu prendre, les dangers qui l'auraient accompagné par la sévérité des lois turques sur ce sujet, le respect pour l'hospitalité et surtout la crainte de déplaire à un général, l'ami et le défenseur des mœurs, avertissaient la raison et forçaient à la prudence.

Bonaparte au Caire, par un des savants embarqués sur la flotte française. (Paris, Prault Rondonneau, an VII.)

Une gravure placée en tête de l'ouvrage représente Bonaparte, debout, adossé aux Pyramides, ayant, déroulée devant lui, une carte de l'Égypte sur laquelle, du doigt, il indique l'isthme de Suez.

V. — La vie au Caire

Je désire que les diverses lettres que je t'ai écrites, mon bon ami, te soient arrivées. Tu y verras la continuité de nos victoires, comme la continuité de ma santé ; elle est toujours la même, à une légère indisposition près, qui est une maladie commune et qui est un peu augmentée par le grand travail que me donne ce commandement. Cela serait-il possible autrement ? Une ville de six cent mille âmes où l'on ne peut être entendu de personne et où nous devons faire tout par nous-mêmes, c'est-à-dire que nous formons une colonie et des établissements de tous genres. Tout semble prospérer et la fortune n'abandonne pas notre héros comme notre ami. Nous célébrons ici avec enthousiasme les fêtes de Mahomet. Nous trompons les Egyptiens par notre simulé attachement à leur religion, à laquelle Bonaparte et nous ne croyons pas plus qu'à celle de Pie le défunt. Cependant, et quoi qu'on en dise, ce pays deviendra pour la France un pays inappréciable et, avant que ce peuple ignare revienne de sa stupeur, tous les colons auront le temps de faire leurs affaires.

Nous remplaçons ici des scélérats qui ne laissaient au peuple que la chemise, et, en le faisant contribuer d'une manière uniforme, il trouvera encore un grand changement. Déjà la rudesse du caractère des habitants s'adoucit. Notre aménité leur paraît extraordinaire et, peu à peu, nous les rendrons moins farouches, quoique nous soyons obligés de les tenir sous un régime sévère pour leur inspirer une crainte nécessaire en en faisant punir quelques-uns de temps à autre. Cela les tiendra au point où ils doivent être.

Bonaparte est toujours le même. Il n'a pas dormi qu'il n'ait eu chassé les deux beys régnants : l'un, Ibrahim, dans les déserts de Syrie, et l'autre, Mourad Bey, dans la haute Egypte, au-dessus des cataractes du Nil. Toutes ces expéditions ont été exécutées avec la rapidité ordinaire et, aujourd'hui, nous sommes en repos. Voilà encore une des plus grandes provinces romaines conquise en quinze jours et, si ce n'était la guerre continuelle que nous avons avec les Arabes et les Bédouins, je t'assure que nous serions aussi tranquilles qu'à Paris.

Nous avons célébré, avant-hier, l'ouverture du Nil ; c'est la plus belle fête de l'Egypte et nous y avons déployé toute la gaieté et la folie françaises. Dans trois jours, nous devons célébrer la fête de Mahomet ; tu ne le croiras pas, mais je t'assure que nous sommes aussi fervents que les pèlerins les plus fanatiques. Enfin, voilà la troisième pantomime que nous allons faire, car l'entrée solennelle de la caravane de la Mecque que nous avons faite ici n'est pas peu de chose ; tu aurais ri de me voir avec nos musiciens à la tête de ces pèlerins.

..... Voilà, mon ami, à peu près toutes les nouvelles de ce pays ; je t'en donnerai d'autres par le premier vaisseau qui partira pour France. Dieu veuille qu'elles t'arrivent! Je n'écris point à ma bonne mère, cette lettre lui est commune. Va la voir, mon ami, embrasse-la, dis-lui qu'elle se tranquillise, que plus tôt qu'elle ne pense j'aurai le plaisir de l'embrasser, car je ne désespère pas que Bonaparte dans ses jours de gaieté ne me donne quelque ordre pour aller en commission en France. Comme je saisirai cette circonstance! Je t'assure qu'alors je passerai par Toulouse pour aller embrasser ma bonne mère et mes amis. Plût au ciel que cela fût bientôt, car je t'assure que j'aime la Garonne, mais aussi j'aime bien Bonaparte!

..... Ah! mon cher, si tu voyais mes soldats! Ils ont chacun un gros âne qui galope ventre à terre ; ils sont on ne peut plus contents, et dans l'affaire qu'a eue ma brigade elle a gagné plus de 300,000 francs. L'or roule et 100 louis sont une chose commune parmi nos volontaires. Enfin ce pays deviendra plus utile à la France que toutes les îles possibles, puisque, sans travailler, on recueille et que c'est le Nil qui fait tout. Enfin, mon cher, la charge du superbe blé vaut 140 parats ou 5 livres 10 sous et la charge pèse 3 quintaux. Adieu, mon ami.

Lettre du général Dupuis, commandant de la place du Caire, au citoyen Deville, négociant à Toulouse. (*Archives de la Guerre.*)

..... La ville du Caire est la seconde ville de l'empire ottoman. Elle est plus grande que Lyon, **excède** Paris en population. Ses rues sont étroites et mal commodes ; il n'y a aucune promenade. La foule est toujours dans les rues, tant le peuple y est nombreux ; il semble toujours que ce soit jour de foire dans les grandes rues de cette ville. Il y a des marchés tous les jours sur différentes places.

Il y a des ânes en grande quantité qui sont pour porter ceux qui veulent se promener par la ville en payant. Cela ne coûte pas cher. J'ai fait quelquefois plus de deux lieues dans la ville sur un âne très bien harnaché, une selle et une bride très propres et qui vont très vite, et cela pour 6 parats, qui sont 4 sols 1/2 de notre monnaie. J'ai manqué de faire crever plusieurs Turcs ; étant monté sur des ânes, je les faisais toujours aller au galop et ces Turcs qui me louaient leurs ânes suivaient à pied et quelquefois tombaient de fatigue plutôt que de s'arrêter et me prier de n'aller pas si vite. Car ils sont si avares qu'ils voudraient avoir l'argent et qu'il ne leur en coûte aucune peine, tant ils sont pressés de se présenter sur les places avec leurs ânes afin de les louer au premier venu.

Chasseur Pierre MILLET, manuscrit.

VI. — Les savants et l'Institut

Le citoyen Alexandre Berthier, général de division, chef de l'état-major général, au général Kléber (18 messidor an VI — 6 juillet 98).

Je vous préviens de la part du général en chef, mon cher général, que la commission des sciences et arts a ordre de rester à Alexandrie jusqu'à ce que le général en chef l'autorise à suivre la marche de l'armée.

Le général en chef lui a permis de rester soit à terre, soit à bord des vaisseaux ; ceux qui resteront à bord seront nourris comme ci-devant, et ceux qui préféreront être à terre recevront deux rations de bouche. Il est indispensable que ces savants et artistes ayent quelqu'un qui les protège et à qui ils puissent s'adresser. Ils se trouveront heureux que vous vouliez bien vous en charger. En conséquence, nous avons désigné les citoyens Fourrier et Costaz, géomètres, et le citoyen Dolomieu, naturaliste, pour vous porter les réclamations de tous les membres composant la commission. Le général en chef vous autorise à donner les ordres que vous jugerez nécessaire, conformément aux dispositions ci-dessus, tant au commandant de la place qu'au citoyen Dumanoir, commandant des armes, et aux commissaires des guerres qui sont chargés du service de la place.

J'envoye copie de cette lettre à l'ordonnateur en chef.

Salut et fraternité.

Alex. Berthier.

(*Archives de la Guerre.*)

Le général Caffarelli au général de division Menou, à Alexandrie (19 messidor an VI. — 7 juillet 98).

Mon général,

Le général en chef vient de m'apprendre que vous allez commander à Rosette et m'a ordonné en même temps d'y envoyer plusieurs des savants, artistes et jeunes gens de grande espérance qu'il a engagés de s'attacher à l'expédition ; ces personnes, mon général, ne peuvent commencer la laborieuse carrière dans laquelle ils sont entrés sous des auspices plus favorables que sous les vôtres : ils savent comme moi qu'aussi distingué par vos qualités morales et par votre goût pour les arts que par vos vertus militaires vous leur procurerez cette tranquillité d'esprit dont ils ont besoin pour se livrer à leurs travaux. Veuillez bien charger un de vos officiers de défendre leur logement, leurs propriétés, leur subsistance, contre des violences auxquelles ils ne sont point préparés. L'un d'eux, le citoyen Costaz, aura l'honneur de vous présenter l'état nominatif de tous ses collègues avec la note du traitement qui leur a été attribué par le général en chef. Plusieurs d'entre eux doivent être logés, nourris et munis de moyens de transport comme officiers supérieurs, les autres comme officiers subalternes.

Veuillez encore, mon général, permettre que quelques-uns de ces citoyens aillent s'informer près de vous des moyens et de l'époque de leur traversée d'ici à Rosette. Je sais en général qu'ils doivent partir par la flottille sous le commandement du citoyen Perrée, mais j'ignore jusqu'à quel point ses mouvements dépendent de vos dispositions. J'ai l'honneur de vous saluer.

Max Caffarelli.

(*Archives de la Guerre.*)

Liste des membres de l'Institut d'Égypte :

MATHÉMATIQUES

Andréossi, Bonaparte, Costaz, Fourier, Girard, Lepère, Leroi, Malus, Monge, Nouet, Quesnot, Say.

PHYSIQUE

Berthollet, Champy, Conte, Delille, Descotils, Desgenettes, Dolomieu, Dubois, Geoffroy, Savigny

ÉCONOMIE POLITIQUE

Caffarelli, Gloutier, Poussielgue, Shulkowski, Sucy, Tallien.

LITTÉRATURE ET ARTS

Denon, Dutertre, Norry, Parseval, Redouté, Rigel, Venture, D. Raphaël de Monachis (prêtre grec).

Extrait du numéro 1er de la *Décade égyptienne*, journal littéraire et d'économie politique, paru au Caire le 1er octobre 1798 (10 vendémiaire an VII), chez Marc Aurel, imprimeur de l'armée, quartier des Français.— Cet extrait est la copie d'un arrêté du général Bonaparte en date du 22 août 1798, inséré sous le numéro 3083 dans le tome IV de la *Correspondance de Napoléon*.

CHAPITRE VIII

L'OCCUPATION

Fête de l'anniversaire de la fondation de la République. — Recouvrement des impôts. — Révolte au Caire. — État général de la basse Egypte. — Les distractions au Caire. — Apparition de la peste.

I. — Fête de l'anniversaire de la fondation de la République

Le citoyen Alex. Berthier, général de division, chef de l'état-major général de l'armée au général Dupuis, commandant de la place du Caire.

Dispositions pour la fête du 1er vendémiaire.

A la générale, toutes les troupes prendront les armes en grande tenue et se rendront sur la place d'Elbéquier.

Les troupes formeront un quarré en dehors du cercle, le visage tourné vers la pyramide.....

.....Lorsque les troupes seront formées sur le quarré en dehors du cercle, le général en chef sortira pour en passer la revue, commençant par la droite de la division Bon. Après cette revue, le général en chef ordonnera des feux en arrière de peloton, de deux rangs, de bataillon et de file.

Après l'exécution de ces feux et au signal d'un coup de canon, chaque général fera former la colonne serrée par bataillons, ce qui formera quatre colonnes par chaque face du quarré.

Au signal d'un second coup de canon, les généraux ordonneront aux colonnes à leur ordre de se mettre en marche battant le pas de charge, de sorte que les seize colonnes entreront au même moment dans le cercle, se dirigeant sur la pyramide; la tête des seize colonnes s'arrêtera lorsqu'elles seront arrivées au cercle qui sera tracé à 15 toises autour de la pyramide. Tous les drapeaux des différents bataillons s'avanceront tout près de la pyramide et on leur attachera les inscriptions qu'ils devront faire ajouter en lettres d'or sur leurs drapeaux, relatives à la campagne d'Egypte. Après quoi, tous les drapeaux rentreront dans leurs bataillons.

Vous lirez ensuite la proclamation du général en chef. On chantera des hymnes patriotiques.

Au commandement qui sera fait de former la ligne, chaque colonne fera demi-tour à droite, ira reprendre son premier poste du quarré hors du cercle, se déploiera; après quoi on défilera ainsi que l'ordre en sera donné.

Alex. BERTHIER.

(*Archives de la Guerre.*)

Le citoyen Alexandre Berthier, général de division, chef d'état-major de l'armée, au général de division Dugua. Quartier général du Caire, le 2 vendémiaire an VII (23 septembre 98).

Je vous envoye, citoyen général, la copie du papier qui a été remis le 1er vendémiaire aux différents corps qui se trouvaient au Caire et qui doit être ajouté en lettres d'or sur leurs drapeaux ou guidons :

Prise d'Alexandrie.
Bataille de Chébreisse.
Bataille des Pyramides.

Vous voudrez bien en faire expédier un semblable à tous les chefs de corps de votre division et leur recommander l'exécution des dispositions du général en chef à cet égard.

Salut et fraternité.

ALEX. BERTHIER.

(*Archives de la Guerre.*)

.....Le soleil venait d'entrer dans le signe de la Balance ; il ramenait à la même heure pour toute la terre le jour d'une fête qui se célèbre avec éclat dans toutes les contrées françaises. Bonaparte crut devoir la faire célébrer dans les deux parties de l'Egypte.

Les troupes qui se trouvaient dans la haute Egypte célébrèrent cette fête sur les ruines de Thèbes.

A Alexandrie, elle eut lieu autour de la colonne de Pompée, de cette colonne au pied de laquelle avaient été précédemment inhumés les Français tués à la prise de cette ville ; on plaça au-dessus le pavillon tricolore.

Aux environs du Caire, un drapeau aux mêmes couleurs fut planté le matin sur la plus haute des pyramides de l'Egypte ; une députation de chaque bataillon l'avait accompagné.

C'était un spectacle vraiment intéressant pour des Français de voir le pavillon tricolore, emblème de leur liberté et de leur puissance, flotter sur cette terre antique où la plupart des nations ont puisé leurs connaissances et leurs lois; de voir que, depuis Alexandrie jusqu'à Thèbes, et depuis Thèbes jusqu'aux bords de la mer Rouge, tout reconnaissait la domination de leur patrie.

La fête a été très brillante au Caire.

Elle fut célébrée par les salves de toute l'artillerie, des évolutions militaires, des courses dans un cirque bordé de cent cinq colonnes décorées d'un drapeau tricolore portant le nom de chacun des départements de la République, et réunies par une double guirlande, emblème de l'unité et de l'indivisibilité de toutes les parties de la France républicaine. Toutes les troupes, dans la plus belle tenue, passèrent, sur la place d'Elbékié, en revue devant le général en chef. Au milieu de ce cirque s'élevait un obélisque de granit, de soixante-dix pieds de hauteur. Sur l'une de ses faces était gravé en lettres d'or : *A la République l'an VII*[e]. Sur celle opposée : *A l'expulsion des Mamelouks l'an VI*[e]. Sur les côtés latéraux, ces deux inscriptions étaient traduites en arabe.

Des bas-reliefs ornaient le piédestal de cet obélisque. Sur le tertre environnant, sept autels de forme antique, entremêlés de candélabres, supportaient des trophées d'armes surmontés de drapeaux tricolores et de couronnes civiques. Au milieu de chacun de ces trophées était placée la liste des braves de chaque division morts en délivrant l'Egypte du despotisme des Mamelouks.....

.....Tout l'état-major, tous les généraux, tous les chefs de corps, les employés des administrations, les

Arabes, les savants, le Kiaya du pacha, l'émir, les membres du Divan, tant du Caire que des provinces, les agas et commandant turcs furent invités à dîner par le général en chef.

Une table de cent cinquante couverts, somptueusement servie, était dressée dans la salle basse de la maison qu'il occupe. Les couleurs françaises étaient unies aux couleurs turques; le bonnet de la liberté et le croissant, la Table des droits de l'homme et l'Alcoran se trouvaient sur la même ligne; la gaieté française était modérée par la gravité turque. On laissa aux musulmans la liberté des mets, des boissons, et ils parurent très satisfaits des égards que l'on eut pour eux.

A quatre heures, les courses commencèrent. Le prix de celle à pied fut gagné par Pathou, caporal dans le premier bataillon de la 75ᵉ demi-brigade; le second par Mariton, aussi caporal dans le troisième bataillon de la même demi-brigade.

Les courses de chevaux étaient attendues avec impatience par tous les spectateurs; chacun désirait voir les chevaux français disputer le prix avec les chevaux arabes. La réputation des derniers était grande, mais ce jour devait la voir détruite. Le premier prix fut donné au commissaire-ordonnateur en chef Sucy, propriétaire d'un cheval français qui avait parcouru l'espace de 1,333 toises en quatre minutes; le second prix, au général Berthier, propriétaire d'un cheval arabe qui avait employé dix secondes de plus, et le troisième à l'aide de camp Junot qui avait été en retard de quinze secondes, avec un cheval arabe.

Lorsque le jour eut cessé, tout le pourtour du cirque fut illuminé de la manière la plus brillante. Les guirlandes, les colonnes, l'arc de triomphe, étaient répétés par des lampions qui produisaient le meilleur effet. Les Turcs entendent fort bien ce genre de décoration, et on les avait chargés de l'exécution de cette partie de la fête.

A huit heures, on tira un feu d'artifice d'une belle composition. Des décharges nombreuses de mousqueterie et d'artillerie ajoutaient à la beauté du spectacle. Un nombre considérable de dames turques remplissait les maisons qui forment le pourtour de la place d'Elbékié. Les Français qui s'y trouvèrent eurent pour elles les prévenances qui caractérisent spécialement notre nation. Elles parurent ne pas répugner à connaître la différence qui existe entre nos habitudes sociales et les leurs.

Les Turcs furent étonnés par le nombre de nos troupes et leur bonne tenue. La précision avec laquelle les exercices à feu furent exécutés et l'artillerie servie les frappa fortement.

Un des savants de l'expédition, *Bonaparte au Caire*.

J. Menou, général de division, au général en chef Bonaparte (21 septembre 98, 5ᵉ jour complémentaire an VI), quartier général de Rosette.

.....Demain nous célébrons la fête. Ce sera une petite fête de province; enfin nous ferons de notre mieux. J'aurai l'honneur de vous en rendre compte. Je n'ai pas d'espace pour des courses à cheval, mais il y en aura trois à pied; l'artifice, du canon, des illuminations, une pyramide factice, un arbre de la

Liberté, des manœuvres, de la mousqueterie, un peu de musique. C'est le programme en raccourci.

Salut et respect.

Menou.

(*Archives de la Guerre.*)

II. — Recouvrement des impots

Poussielgue, contrôleur général des dépenses de l'armée d'Orient et administrateur général des finances de l'Égypte au général Dugua, commandant à Damiette.

Au Caire, 18 octobre 98 (27 vendémiaire an VII).

Par l'ordre du jour, citoyen général, du 24 de ce mois, le général en chef annonce que je ferai avec l'intendant général un état par province de ce que chaque village doit payer, tant pour le Miri que pour le Feddam et autres impositions territoriales; que copie de cet état sera envoyée, en arabe, à l'intendant de la province, et, en français, à l'agent français qui en remettra un double au général commandant.

Le travail se prépare et j'espère que bientôt je pourrai envoyer les états dont il s'agit, mais nous ne pouvons attendre qu'ils soient prêts pour commencer le recouvrement du Miri. Le général en chef m'a autorisé en conséquence à faire partir pour les diverses provinces de simples lettres en arabe écrites par l'intendant général aux chefs et cultivateurs de chaque village pour qu'ils aient à payer sur-le-champ le Miri, le Feddam et autres contributions, comme ils ont été dans l'usage de les payer l'année passée. Chaque lettre déterminera la somme qui doit être perçue, en sorte que les percepteurs ne pourront commettre aucune exaction sans qu'il soit facile de la connaître.

Je vous prie, citoyen général, non seulement d'empêcher qu'il ne soit opposé aucun obstacle au recouvrement, mais même de vouloir bien lui accorder toute la protection possible, si les percepteurs sont dans le cas de la réclamer.

Les shérafs ou collecteurs en titre verseront le produit de ces contributions dans la caisse du préposé du payeur général à Damiette dans les vingt-quatre heures du recouvrement, conformément à l'article 4 de l'ordre du jour que j'ai rappelé ci-dessus.

Salut et fraternité.

POUSSIELGUE.

(*Archives de la Guerre.*)

III. — RÉVOLTE AU CAIRE

Berthier au général de division Dugua.
Au Caire, 23 octobre 98 (2 brumaire an VII).

Je m'empresse de vous apprendre, citoyen général, que quelques malintentionnés, ayant égaré un instant la canaille de ce pays, l'avaient mise en insurrection depuis avant-hier matin. Les insurgés s'étaient réfugiés et barricadés dans la grande mosquée. Après avoir employé tous les moyens de douceur, le général en chef a fait canonner la mosquée. Les rebelles ont demandé grâce. Dans plusieurs parties de la ville, des rassemblements s'étaient également formés. Ils ont été dissipés par la force: nous avons fait un massacre terrible de ces scélérats. Hier au soir tout est rentré dans l'ordre et dans ce moment la plus grande tranquillité règne dans la ville. Nous n'avons à regretter que le général Dupuy, qui s'est fait tuer par imprudence, et quelques Français isolés dans la ville, mais le nombre en est peu considérable. La canaille turque est aussi lâche que méchante, il ne faut contre elle que de la rigueur. Nous avons tué deux ou trois mille des révoltés.

Salut et fraternité.

ALEX. BERTHIER.

(*Archives de la Guerre.*)

..... Le 30 vendémiaire an VII (21 octobre 98) vit éclore la sédition à l'œil hagard, à l'air farouche et à la démarche égarée. Les Turcs voulaient qu'il n'existât plus un Français. Ils se portaient en foule à la place d'Ezbékiéh et en voulaient principalement au sultan Bonaparte.

La fusillade s'engagea très vivement dans les rues. Le général de brigade Dupuy reçut un coup de lance qui lui ôta la vie. Les révoltés, enhardis par ce premier coup d'essai, se croyaient vainqueurs ; ils se retirèrent dans la grande mosquée et s'y barricadèrent. Le général Dommartin les bombarda pendant six heures et ils furent obligés de se rendre à notre discrétion après avoir perdu beaucoup de monde par les bombes. Le lendemain, je fus à la ville, croyant que tout était fini ; nous fûmes jusqu'à Mouski. On voyait, à chaque pas, des hommes étendus et noyés dans leur sang ; pas un chat dans les rues. Je consultais les visages des habitants. Tous étaient sur leurs portes. Ils se regardaient d'un air inquiet et avec ce silence morne plus effrayant mille fois que les cris tumultueux d'une populace effrénée. Ce silence était celui de la mort ou plutôt l'avant-coureur d'un nouveau massacre. Les fenêtres étaient chargées de pierres et de pots de terre pour écraser les Français qui auraient le malheur de passer dessous. Enfin, des amis sages, qui connaissaient mieux le danger que moi, me conseillèrent à moi et à ceux qui m'avaient accompagné de retourner au vieux Kaire. Nous y retournâmes en effet, et nous entendîmes dire peu après que le quartier où nous avions passé était révolté.

Le calme ne fut rétabli parfaitement qu'au bout de huit jours. Les révoltés perdirent plus de trois mille hommes ; nous en perdîmes une cinquantaine. Cette révolution avait été presque générale en Egypte.

Alex. Lacorre, *Journal d'un commis aux vivres.*

L'Institut. — ..... Nous apprîmes que la maison du général Caffarelli venait d'être pillée, que plusieurs personnes de la commission des arts y avaient péri. Nous fîmes la revue de ceux qui manquaient parmi nous : quatre étaient absents ; une heure après, nous sûmes par nos gens qu'ils avaient été massacrés. Nous n'avions point de nouvelles de Bonaparte ; la nuit arrivait ; les fusillades étaient partielles ; les cris s'entendaient de toutes parts ; tout annonçait un soulèvement général. Le général Dumas, revenant de poursuivre les Arabes, avait fait un grand carnage de rebelles en rentrant dans la ville ; il avait coupé la tête d'un chef des séditieux pendant qu'il haranguait le peuple, mais toute une moitié de la ville, et la plus populeuse, s'était barricadée ; plus de quatre mille habitants étaient retranchés dans une mosquée ; deux compagnies de grenadiers avaient été repoussées, et le canon n'avait pu pénétrer dans les rues étroites et tortueuses ; les lances, les pierres, trouvaient leur victime sans qu'on vît d'ennemis : le général nous envoya un détachement qu'il fut obligé de nous retirer à minuit, ce qui exagéra pour l'Institut le danger de sa situation. La nuit fut assez calme, car les Turcs n'aiment point à se battre quand il fait noir et se font un cas de conscience de tuer leurs ennemis dès que le soleil est couché : par un autre principe, moi, ayant toujours pensé que, dans les cas périlleux, dès que la prévoyance est inutile, elle n'est plus qu'une vaine inquiétude, et me fiant sur la terreur des autres pour être éveillé en cas d'alerte, j'allai me coucher. Le lendemain, la guerre recommença avec les premiers rayons du jour : on nous envoya des fusils ; tous les savants se mirent sous les armes : on nomma des chefs ; chacun avait son plan, mais personne ne croyait devoir obéir.

Dolomieu, Cordier, Delisle, Saint-Simon et moi, nous étions logés loin des autres ; notre maison pouvait être pillée par qui aurait voulu en prendre la peine : soixante hommes venaient d'arriver au secours de nos confrères : rassurés sur leur compte, nous prîmes le parti d'aller nous retrancher chez nous de manière à tenir quatre heures au moins, si l'on nous attaquait avec des forces ordinaires, et attendre ainsi le secours que notre feu aurait sans doute appelé. Nous crûmes un moment être investis ; nous avions vu fuir tous les paisibles habitants ; les cris s'entendaient sous nos murs et les balles sifflaient sur nos terrasses ; nous les démolissions pour écraser avec leurs matériaux ceux qui seraient venus pour enfoncer nos portes ; dans un cas extrême, l'escalier, par où l'on pouvait nous atteindre, était devenu une machine de guerre à ensevelir tous nos ennemis à la fois ; nous jouissions de nos travaux, lorsque enfin la grosse artillerie du château vint faire la diversion après laquelle je soupirais ; elle produisit tout l'effet que j'en attendais ; la consternation succéda à la fureur.

T. Denon, *Voyage en Egypte*.

..... Après la répression de cette révolte, on ordonna aux habitants du bassin d'Esbékié et des environs de sortir de leurs maisons pour y loger des Français et ceux qui sont à leur service pour qu'ils se trouvassent tous dans un seul endroit, puisqu'ils n'avaient pas confiance dans les Musulmans. Aucun d'eux ne sortit plus sans armes, au lieu que, d'abord, dans la ville, personne n'en portait. Celui qui n'avait pas d'arme prenait un bâton ou un fouet. L'esprit des Musulmans n'était pas rassuré ; aucun d'eux ne sortait depuis le coucher du soleil jusqu'au matin.

Un de ceux qui déménagèrent de la rue Rouge pour

venir à Esbékié est Caffarelli, surnommé Abou-Cachebé parce qu'il avait une jambe coupée jusqu'au genou et qu'il l'avait remplacée par un morceau de bois. C'était un de ceux qui donnent des conseils sur la fortification et la guerre. Il était très estimé et habitait la maison de Mustapha-Kiachef-Tarra. Lors de la révolte, le peuple assaillit sa maison, la pilla. Dans cette maison, il y avait un grand nombre d'instruments pour observer les astres et pour les mathématiques dont il n'y a que les gens de l'art qui connaissent le prix. Les Musulmans les brisèrent. Les Français en furent très fâchés : ils firent longtemps des recherches pour les retrouver et publièrent que ceux qui les rapporteraient seraient bien payés.

Journal d'un habitant du Caire. (*Archives de la Guerre.*)

IV. — Etat général de la basse Egypte

….. Depuis la perte de notre flotte, ce qu'il y avait de troupes à Rosette avait été disséminé en petites garnisons dans les châteaux et les batteries : on avait été obligé d'établir une caravane d'Alexandrie à Rosette par Aboukir et le désert, pour entretenir la communication de ces deux villes ; des soldats étaient employés à protéger ces caravanes contre les Arabes : il en restait trop peu à Rosette pour le service de la place et la défense en cas d'attaque ; il fut donc question de former une milice de ce qu'il y avait de voyageurs, de spéculateurs et d'hommes inutiles, incertains, errants, irrésolus, qui arrivaient d'Alexandrie ou qui revenaient déjà du Caire : ces amphibies, corrompus par les campagnes d'Italie, ayant ouï parler des moissons égyptiennes comme des plus abondantes de l'univers, avaient pensé que la prise de possession d'un tel pays était la fortune toute faite des préoccupants ; d'autres, curieux, blasés, l'esprit fasciné par les récits de Savary, étaient partis de Paris pour venir chercher de nouvelles voluptés au Caire ; d'autres, spéculateurs, pour fournir l'armée, pour observer, faire venir et vendre à haut prix ce qui pourrait manquer à la colonie, et cependant les beys avaient emporté tout ce qu'il y avait d'argent et de magnificence au Caire ; le peuple avait achevé le pillage des maisons opulentes avant notre entrée dans cette ville ; Bonaparte ne voulait point de fournisseurs, et la flotte marchande se trouvait bloquée par les Anglais : toutes ces circonstances jetaient un voile sombre sur l'Égypte pour tous ces voyageurs, étonnés de se trouver captifs, déçus de leurs projets, et obligés de concourir à la défense et à l'organisation d'un établissement qui ne devait plus faire que la fortune et la gloire de la nation en général : ils écrivaient en France de tristes récits, que les Anglais interceptaient et qui contribuaient à les tromper sur notre situation.

Les Anglais se complaisaient à croire que nous mourions de faim, nous renvoyaient nos prisonniers pour hâter l'époque de notre destruction, imprimaient dans leurs gazettes que la moitié de notre armée était à l'hôpital, que la moitié de l'autre moitié était obligée de conduire le reste qui était aveugle, tandis que cependant la haute Egypte nous fournissait en abondance le meilleur bled, et la basse, le plus beau riz ; que le sucre du pays coûtait la moitié moins qu'en France ; que des troupeaux innombrables de buffles, bœufs, moutons et chèvres, tant des cultivateurs que des Arabes pasteurs, fournissaient abondamment à une consommation nouvelle au moment même de l'invasion, ce qui nous assurait pour l'avenir abondance et superflu ; tandis que, pour le luxe de nos tables, nous pouvions ajouter toutes espèces de volailles, poissons, gibiers, légumes et fruits. Voilà cependant ce que l'Egypte offrait d'objets de première nécessité à ces détracteurs, à qui il fallait de l'or pour réparer l'abus qu'ils en avaient fait et qui, n'en trouvant point, ne voyaient plus autour d'eux que des sables brûlants, un soleil perpétuel, des puces et des cousins, des chiens qui les empêchaient de dormir, des maris intraitables, des femmes voilées ne leur montrant que des gorges éternelles.

V. Denon, *Voyage en Egypte*.

..... L'amiral Nelson, au moment de son retour en Europe, avait laissé une des divisions de son escadre en station devant le port d'Alexandrie, sous le commandement de Hood. Il n'était plus possible de communiquer par mer de Rosette à ce port : le service des barques (djermes) qui portent habituellement des vins de Rosette à Alexandrie se trouvait interrompu. Pour y suppléer, on avait établi une caravane par le désert, qui, deux fois chaque décade, faisait tous les transports, établissait les communications pour les voyageurs qui montaient ou descendaient du Caire :

afin de la protéger contre les Bédouins, on avait formé une légion des marins sauvés du combat, et elle se trouvait placée à Aboukir pour fournir des escortes. Mais il fallait un moyen plus prompt et moins dispendieux pour l'approvisionnement d'Alexandrie que celui qui se faisait à dos de chameaux. Le général en chef, depuis quelque temps, avait ordonné qu'on nettoyât le canal d'Alexandrie, qui, chaque année, lors du débordement du Nil, conduit l'eau depuis Rhamanié jusqu'à Alexandrie, à travers un désert de quinze à seize lieues : le canal, inégal et depuis longtemps obstrué, fut rendu navigable, et quand le Nil fut assez élevé pour s'y épancher (vers le 10 vendémiaire 1er octobre), une multitude de barques chargées de grains et autres munitions approvisionnèrent Alexandrie. Ainsi cette ville reçut à la fois de l'eau pour remplir les citernes qui l'abreuvent pendant toute l'année et des vivres en abondance. Pendant les vingt à vingt-cinq jours que ce canal put porter les barques, on y passa une quantité considérable d'artillerie pour la faire arriver ensuite par le fleuve jusqu'à Giseh, où se trouvait établi le dépôt général. En vain les Anglais avaient payé les Arabes qui venaient par hordes faire des saignées latérales au canal pour en détourner l'eau, mettre les barques à sec pour les piller ; le général Marmont à la tête d'une demi-brigade leur donna perpétuellement la chasse : ils ne purent que troubler nos opérations, mais non les empêcher.

Сн. Norry, architecte, Relation de l'Expédition d'Egypte.

..... Lorsque le Nil est haut, il y a beaucoup de pays inondés, beaucoup de terres en culture ; quand l'inondation est peu forte, une moindre quantité de pays est inondée, l'année est médiocre ou mauvaise. Cependant, lorsque les inondations sont très fortes, l'eau séjourne trop longtemps sur le terrain, la saison favorable se trouve écoulée, on n'a pas le temps de semer, l'atmosphère est trop humide ; il peut y avoir disette et famine.

Dans aucun pays l'administration n'a autant d'influence sur la prospérité publique. Si l'administration est bonne, les canaux sont bien creusés, bien entretenus, les réglements pour l'irrigation sont exécutés avec justice, l'inondation plus étendue. Si l'administration est mauvaise, vicieuse ou faible, les canaux sont obstrués de vase, les digues mal entretenues, les réglements de l'irrigation transgressés, les principes du système d'inondation contrariés par la sédition et les intérêts particuliers des individus ou des localités. Le gouvernement n'a aucune influence sur la pluie ou la neige qui tombe dans la Beauce ou dans la Brie. Mais, en Égypte, le gouvernement a une influence immédiate sur l'étendue de l'inondation qui en tient lieu. C'est ce qui fait la différence de l'Égypte administrée sous les Ptolémées, et de l'Égypte déjà en décadence sous les Romains, et ruinée sous les Turcs. Ainsi, pour que la récolte soit bonne, il faut que l'inondation ne soit ni trop basse ni trop haute.

(*Mémoires dictés par Napoléon.*)

V. — Les distractions au Caire

Les commissaires nommés par une société d'amateurs estiment que, pour établir le théâtre, les coulisses et les banquettes de la salle de spectacle projetée dans une des pièces de Carim-Bey, cinquante toises de planches sont absolument nécessaires.

Ces planches existent dans les magasins de Boulac. Si le général en chef veut en faire don à la société, il voudra bien autoriser, par sa signature sur ce présent billet, les commissaires soussignés à les prendre dans lesdits magasins.

Balzac, Rigel, Rifault, Rigo, Redouté.

Au général Caffarelli, pour me faire un rapport demain.
Le 27 frimaire an VII (17 décembre 98).

Le général en chef,
Bonaparte.

(*Archives de la Guerre.*)

Lettre du musicien Villoteau au général Menou.

Au Caire, le 13 décembre 98 (23 frimaire an VII).

Général, je suis chargé de vous prier au nom du général en chef de vouloir bien employer les moyens que vous jugerez les plus convenables pour procurer au concert que l'on veut établir au Caire tous les instruments à cordes français qui se trouvent à Alexandrie, à Rosette ou ailleurs. L'on m'a dit qu'il y avait dans ces deux villes susdites contrebasse, violoncelles, altos et violons. Si nous les avions ici, je ferais mes efforts pour satisfaire au plus tôt les désirs empressés que ne cesse de manifester le général en chef à cet égard.

Je me trouve trop heureux d'avoir pu saisir cette occasion pour motiver la liberté que, sans cela, je n'eusse osé prendre de vous présenter l'hommage des sentiments respectueux avec lesquels j'ai l'honneur d'être votre très dévoué concitoyen.

Villoteau.

(*Archives de la Guerre.*)

Les habitants du Caire reprirent quelques usages qu'ils avaient laissés depuis l'entrée des Français. Ils célébrèrent la naissance d'Husseïn ; ils pensaient que c'était un moyen d'échapper à la mort et de se rapprocher de Dieu. Ils se réjouissaient dans l'ignorance où ils étaient de leur position. Ils ne pensaient pas aux prisonniers, au commerce interrompu, à la cherté qui s'ensuivait ; que personne ne pouvait rien apporter au Caire ; qu'aucune nouvelle du dehors ne pouvait percer ; que les Anglais étaient maîtres de la mer et ne laissaient passer personne ; que la plupart des marchandises qui venaient par mer ne pouvaient plus venir.

Les gens sensés des arts et métiers, voyant que personne n'achetait, faisaient un commerce plus bas. Ils vendaient des poissons ou des viandes cuites. Quelques-uns se firent cafetiers ; les autres, d'un rang inférieur, se firent âniers. Les rues étaient encombrées par eux, surtout dans les endroits voisins de l'armée française. Les Français avaient beaucoup de plaisir à se promener ainsi. La plupart restaient du matin au soir sur l'âne et payaient généreusement. Ils se réunissaient et faisaient des courses en chantant et riant ; les âniers s'unissaient à eux. Ils dépensaient beaucoup pour le louage de ces ânes, pour les fruits et le vin. Comme a dit à ce sujet Cheikh Hassan, le vendeur d'épices, « le Français perd son argent dans notre » Égypte entre les ânes et les taverniers ; bientôt ils » trouveront la mort en Syrie et ils perdront la vie ».

Journal d'un habitant du Caire. (*Archives de la Guerre.*)

VI. — Apparition de la peste

10 pluviôse an VII (29 janvier 1799). — La peste est ici (Alexandrie)... Si le fléau parvient au Caire, l'armée aura à subir une terrible épreuve. On ne s'accoste ici qu'avec défiance, en évitant soigneusement de se toucher et même de se placer sous le vent les uns des autres. Quand on se rassemble, ce qui n'a lieu qu'en cas d'urgence, on se place en cercle, éloignés les uns des autres de quelques pieds. Les billets, ordres, lettres, se passent au vinaigre en les prenant avec un pince en bois... Les ordonnances portent leurs dépêches au bout du fusil, entre la baïonnette et le canon. Ceux qui négligent ces précautions en sont ordinairement victimes.

Bonaparte vient de partir pour la conquête de la Syrie, à la tête de quinze mille hommes. Je viens d'écrire au général Caffarelli pour demander à faire partie de cette expédition... Je reçois la réponse du général. Il me refuse net, vu la contagion... Notre armée de la haute Egypte nous craint plus que l'ennemi.

Capitaine Thurman, Relation du séjour en Egypte.

..... Si la gravité que m'impose la nature des matières dont j'ai à traiter ne me l'interdisait pas, je pourrais produire ici une lettre extrêmement originale, écrite au général en chef par un Provençal, vieilli dans les fonctions de marmiton à bord des vaisseaux, et qui proposait, pour une légère rétribution par tête, de couper, comme avec le tranchant du fer, toutes les dyssenteries de l'armée.

Médecin en chef Desgenettes, *Histoire médicale de l'armée d'Orient.*

CHAPITRE IX

L'ARMÉE

Etat moral; vie intime. — Quelques mesures d'organisation. — Les aveugles. — L'habillement.

I. — Etat moral. Vie intime

Caumont, capitaine au 14ᵉ régiment de dragons, au général divisionnaire Menou, à Rosette. Bivouac de Rosette, le 2 thermidor an VI (20 juillet 98).

Je vous demande excuse, citoyen général, de la trop grande chaleur avec laquelle je vous ai parlé le 29 messidor au sujet du pansage des chevaux dont j'avais reçu de vous une décharge. J'étais échauffé par plusieurs raisons capables de me faire de la fièvre. Je ne sais cependant si l'on vous a laissé ignorer que j'avais envoyé deux dragons pour les panser, lesquels, ayant vu que l'on ne donait ny foin ny avoine pour les nourrir, n'ont plus voulu y retourner. J'ai voulu en payer deux aujourd'hui de ma poche pour y aler. Ils s'y sont refusés pour la même raison. Je vous prie, citoyen général, d'être persuadé que depuis vingt-six ans que je sers je n'ai jamais su ce que c'était que l'insubordination et que je serai toute ma vie pour la justice et la bonne cause.

Salut et respect.

CAUMONT.

(Archives de la Guerre.)

Septembre 98. — Quelque soin qu'on prenne pour assurer le bien-être des troupes, pour soutenir l'émulation des officiers, les souvenirs de la France tourmentent la plupart des individus et les officiers beaucoup plus que les soldats, les généraux et les officiers d'état-major beaucoup plus que les officiers de la ligne.

On ne s'aborde que pour se témoigner les regrets mutuels d'avoir laissé la France, que pour s'en occuper et exprimer le désir du retour. La privation de femmes est le besoin qui se fait sentir le plus vivement.

Lieut^t-Colonel du génie THÉVIOTTE. (*Archives de la Guerre.*)

Ordre du jour du 9 vendémiaire an VII (30 septembre 98).

Extrait des registres du conseil militaire d'Alexandrie.

Les nommés Jean-Baptiste Penati, Benedite et François Sola, accusés et convaincus d'avoir coupé des grappes de dattes dans un jardin turc, ont été condamnés, d'après le titre VI de la loi du 21 brumaire, à être promenés deux fois dans un jour dans le camp, la garde assemblée, au milieu d'un détachement, portant ostensiblement les grappes de dattes, leur habit retourné, et portant sur la poitrine un écriteau sur lequel était écrit : *Maraudeur.*

ALEX. BERTHIER.

(*Archives de la Guerre.*)

Le chef de la 2ᵉ demi-brigade d'infanterie légère au général de brigade Damas (8 octobre 98 — 17 vendémiaire an VII).

Général, je suis chargé de vous transmettre le vœu des officiers de la demi-brigade que j'ai l'honneur de commander, relativement au fait de pillage dont est convaincu le nommé P..., sous-lieutenant au 3ᵉ bataillon. Les officiers, instruits par leurs Camarades, témoins oculaires de l'affaire, que lors de notre arrivée à Mensalé, le 15 courant, le susdit dénommé s'était porté à des excès en jetant des pierres aux poules et tâchant de s'en emparer, se sont assemblés spontanément et, après s'être fait rendre compte de sa conduite, ont unanimement déclaré que cette conduite était indigne d'un officier français, et qu'en conséquence ils ne voulaient plus qu'un homme taché de vol servît avec eux. Les chefs de bataillon me communiquèrent leur résolution, et m'invitèrent, en leur nom, à prendre les moyens de les délivrer de cet officier, en m'observant cependant d'éviter de le traduire en conseil de guerre.

Jaloux aussi de conserver la réputation du corps, je me joins aux officiers, citoyen général, pour vous prier de suspendre de ses fonctions le citoyen P..., et de demander sa destitution au général en chef. Je vous observerai aussi que ce citoyen n'est officier que depuis huit jours à tour d'ancienneté de grade qui n'admet pas toujours la conduite et le talent.

Salut et fraternité.

DENOYER.

(*Archives de la Guerre.*)

..... A la fin d'octobre, les chaleurs cessèrent d'être

incommodes, les belles journées de l'automne répandirent la satisfaction dans l'armée. Elle était enfin accoutumée au pays, elle avait du très bon pain, du riz, du vin de Chypre, de l'eau-de-vie de datte, de la bière, de la viande, des volailles, des œufs, et toute espèce d'herbages. La solde des officiers et des soldats, payée sur le même pied qu'en France, était d'une valeur quadruple, vu le bon marché de toutes les denrées. L'ordonnateur Daure faisait donner régulièrement des distributions de café moka, chaque escouade avait sa cafetière. Pour remplacer les fourgons et les voitures d'équipages militaires, il avait donné à chaque bataillon des chameaux en suffisance pour porter l'eau, les vivres, les ambulances et les équipages. Les officiers généraux et supérieurs avaient leurs lits, leurs tentes, leurs chameaux, tout le monde était enfin organisé selon la mode du pays. Le soldat était revenu à son esprit naturel ; il était plein d'ardeur et du désir d'entreprendre. S'il faisait entendre quelque plainte, c'était sur l'oisiveté dans laquelle il vivait depuis plusieurs mois. Ce changement dans ses dispositions en avait opéré un plus grand encore dans sa manière de voir le pays. Il était convaincu de sa fertilité, de son abondance, de sa salubrité et de tout ce qu'un établissement solide pouvait offrir d'avantageux aux individus et à la République.

(*Mémoires dictés par Napoléon.*)

Kléber, général de division, au général de division Menou.
Quartier général d'Alexandrie, le 3 octobre 98 (12 vendémiaire an VII).

Je suis bien sensible, mon cher général, à l'intérêt

que vous prenez à ma santé, elle va un peu mieux, quoique je ne sois pas sans fièvre et sans violents maux de tête ; je crains que le climat ne m'ait pris en grippe et à mon âge on ne compte plus avec lui. Je vous félicite de grand cœur de la bonne santé dont vous jouissez et de laquelle le général Marmont m'a donné des nouvelles bien satisfaisantes. Continuez à vous porter de même et à m'aimer toujours un peu. Je vous embrasse.

KLÉBER.

P.-S. — Vous m'avez annoncé une malle qui ne m'a pas été remise. J'ai pris des renseignements, mais en vain. Je pense comme vous qu'il y a là-dessous quelques fripponneries. Il faut espérer pourtant que les mœurs s'amélioreront bientôt, car on m'assure que *Talien*[1] occupe la chaire de *la morale* à l'Institut du Caire.

(Archives de la Guerre.)

Caffarelly, général de brigade, au général de division Menou, à Rosette.

Du Caire, le 14 octobre 98 (23 vendémiaire an VII).

..... Comment est-il possible, général, que vous ignoriez qu'obligée de laisser tout son matériel à Alexandrie l'armée d'Egypte a marché au Caire avec ses fusils et très peu de munitions d'artillerie, point d'outils. Les hommes arrassés par les fatigues de la marche ont abandonné dans le désert le peu d'outils dont ils avaient pu se charger.

1. Député de la Convention, avait été envoyé à Bordeaux en 1794 pour y établir le régime de la Terreur. Suivit Bonaparte en Égypte.

C'est à vous-même que je me suis adressé depuis longtemps, mais pour vous prier de faciliter le transport des objets de tous genres dont nous sommes absolument dépourvus. C'est à la vue et au pas, sans aucun instrument, que le cours du Nil dans ses diverses branches, les marches des diverses divisions, le plan même de l'immense ville du Caire, ont été levés. Je l'ai dit dès longtemps aux ingénieurs de Rosette. Et celui qui, pourvu d'un graphomètre, ne s'en est point servi parce qu'il manquait de pied, me donne, par l'inutilité où il a laissé cet instrument, une médiocre idée de ses talents et de son activité.

Si on manque à Rosette d'outils, d'approvisionnements, il faut se servir de ceux du pays. D'Hautpoul n'en a pas demandé et a su s'en passer. Il ne m'a pas demandé de piqueurs ; je lui aurais dit de vous prier de lui donner quelques hommes intelligents pris dans les troupes.

Vous avez proposé trois redoutes au général en chef..... Général, un homme comme vous ne peut avoir que des idées qui méritent une profonde discution. Mais dans celles qui sont relatives aux fortifications et aux établissements de Rosette vous me paraissez vous occuper davantage de son état futur et de l'époque à laquelle l'Egypte, étant riche et tranquille, l'armée, nombreuse, sera dispersée dans ses places et fournira à Rosette une garnison considérable.

Aujourd'huy le général en chef ne veut d'établissement à Rosette même provisoire et que pour peu de monde ; il veut qu'une très médiocre garnison puisse, dans ce fort d'une petite capacité, résister quelques décadis aux efforts réunis des Anglais débarqués et des Arabes soulvés. Enfin, ce fort devrait fermer le Nil aux embarcations anglaises et à celles qui, en leur apportant des rafraîchissements, les mettraient en état de prolonger leurs croisières.

..... Je finis cette réponse à une lettre dont le ton m'a paru un peu trop sévère et je vous accuserais d'injustice, mon général, si je ne trouvais la source de vos reproches dans l'intérêt louable que vous prenez à l'établissement dont la direction vous est confiée. Vous me ferez grand plaisir de m'avertir de tout ce qui peut rendre les services des officiers du génie à Rosette dignes de votre approbation dont je suis fort jaloux. Je vous renouvelle l'assurance de mon attachement respectueux. Salut et fraternité.

CAFFARELLY.

(*Archives de la Guerre.*)

Mariage du général Menou.

Marmont, général d'artillerie, commandant les provinces d'Alexandrie, Rosette et Bahiré, au général de division Menou.

Alexandrie, le 7 mars 99 (17 ventôse an VII).

Je vous fais mes compliments, mon cher général, sur votre établissement. J'ai de vifs regrets d'avoir été trop tôt à Rosette ; j'aurais eu grand plaisir d'assister à vos noces.

Vous avez raison de dire que votre mariage étonnera beaucoup de monde. Pour moi, j'y vois, mon cher général, un grand dévouement aux intérêts de l'armée française que beaucoup de gens critiqueront et que peu seront capables d'imiter.

J'accepte avec la plus vive reconnaissance, mon

cher général, les offres que vous voulez bien me faire. J'en ferai usage aussitôt que je croirai le pouvoir ; je réunirai tous mes moyens, je ferai mouvoir tous les ressorts pour obtenir ce que mes intérêts bien entendus me commandent et ce que mon cœur désire.

Agréez, mon cher général, l'assurance de mon bien sincère et inviolable attachement.

A. MARMONT.

Alexandrie, le 13 mars 99 (23 ventôse an VII).

Y aurait-il de l'indiscrétion, mon cher général, à vous demander comment vous vous trouvez de votre nouvel état ? Je suis impatien de savoir si Madame Menou est jolie et si vous comptez, bientôt, à la manière du pays, lui donner des compagnes ? Me permettrez-vous, moi profane, de lui offrir mon hommage. Veuillez, mon cher général, si vous le trouvez bon, le lui faire agréer et lui faire connaître le désir que j'ai de faire sa connaissance.

Nous allons toujours fort bien ici. La peste fait peu de ravages et on peut espérer que nous en serons quittes à bon compte. Les Anglais sont au large et nous travaillons à force à nous fortifier. Ainsi, mon cher général, tout va fort bien.

Agréez l'assurance de mon inviolable et respectueux attachement.

A. MARMONT.

Félix Dumay, général de division, au général Menou, à Rosette.
Lazaret de Boulac, 21 mars 99 (1ᵉʳ germinal an VII).

Voilà huit jours, mon cher général, que je suis arrivé et je n'ai pas encore reçu de vos nouvelles. Je ne m'accoutume pas à ce silence de votre part, ayant eu, avec vous, une correspondance très active. Je jouis ici du plus grand loisir et je ne puis l'employer plus agréablement qu'en m'entretenant avec vous.

Je n'ai cessé de m'occuper de votre arrivée ; je ne la trouverai jamais assez prochaine selon mes désirs. Mon séjour à Aboukir et à Rosette m'avait fait contracter l'habitude de vous voir et de lire vos lettres. Ma quarantaine serait moins pénible si vous étiés ici, ou, du moins, si j'avais de vos nouvelles.

J'ai écrit au général Destaing pour le prier de s'occuper de vous trouver un logement avec jardin. Je sais que c'est un grand agrément pour les femmes turques et je voudrais contribuer à tout ce qui peut être agréable à la vôtre. Le général Destaing trouve la chose difficile sur la place d'Esbéquier, mais il fera son possible pour réussir. Je viens de lui écrire de nouveau à ce sujet.

La caravane pour la Mecque partira sous très peu de jours. Ainsi, pour cette année, vous ne pourrés faire votre pélerinage. Je crois que, lorsque vous aurés gouté de la vie du Caire, vous préférerés d'y rester plutôt que d'entreprendre un voyage très fatigant et qui doit durer près de six mois.....

Félix Dumay.

(*Archives de la Guerre.*)

II. — Quelques mesures d'organisation

Supplément à l'ordre de l'armée du 8 thermidor an VI (26 juillet 98.)

Les Arabes continuent à inquiéter les communications de l'armée et parviennent de temps en temps à assassiner quelques soldats.

Cet abus n'existera plus dès que nous aurons deux ou trois cents hussards montés sur des chevaux arabes.

Le général en chef, instruit qu'un grand nombre d'officiers et de soldats d'infanterie qui n'ont pas le droit d'avoir des chevaux en ont un et même plusieurs, leur ordonne sous vingt-quatre heures de remettre lesdits chevaux à la disposition du général de brigade commandant la cavalerie de leur division, lequel les enverra au 7º régiment d'hussards, au 22º chasseurs. Le chef de brigade du 7º d'hussards ou du 22º de chasseurs soldera cinq louis pour chacun de ces chevaux.

Tout chef de brigade d'infanterie qui aurait plus de deux chevaux ou tout chef de bataillon qui en aurait plus d'un sera tenu de remettre le surplus.

Les officiers subalternes d'artillerie et de génie ne sont pas pour le moment plus autorisés à avoir des chevaux que les officiers d'infanterie.

Tout commissaire des guerres qui en aurait plus de deux, tout agent supérieur des administrations qui en aurait plus d'un, tout officier de l'état-major ou

Général qui en aurait plus que la loi ne lui en accorde, seront tenus de les remettre.

Le général en chef rend les généraux de division, de brigade et les chefs de corps responsables de l'exécution du présent ordre. Ceux qui ne l'exécuteront pas seront punis comme insubordonnés et comme la cause des assassinats que les Arabes continueraient à commettre sur les soldats de l'armée.

Le général en chef espère que sous vingt-quatre heures l'exécution du présent ordre lui fournira quatre cents chevaux.

BERTHIER.

(*Archives de la Guerre.*)

Ordre du jour du 6 vendémiaire an VII (29 septembre 98).

Au quartier général du Caire.

Le général en chef a ordonné plusieurs fois que les sous-officiers fussent armés de fusils. Il voit avec peine que, dans plusieurs compagnies, les sous-officiers négligent l'exécution dudit ordre : en conséquence, il recommande aux généraux et chefs de corps de tenir la main à ce que les sous-officiers soient armés de fusils ; rien n'est plus préjudiciable au service que d'avoir le cinquième, quelquefois le quart de l'élite des corps sans armes. Effectivement, un petit briquet ne vaut pas un bâton de paysan.

ALEX. BERTHIER.

(*Archives de la Guerre.*)

Le régiment des dromadaires. — .....Ce fut en revenant de Suez à Belbeïs, où était le général Reynier, que le général en chef eut la première idée de former un régiment de dromadaires après avoir rencontré dans le désert une caravane des Arabes du Thor qui avait pour escorte des Arabes à dromadaire. Il fit essayer deux de ces animaux par son aide de camp Eugène Beauharnais et par Édouard Colbert, depuis lieutenant-général. Il fut très content de les voir manier avec facilité. Aussi, à notre arrivée au Caire, on organisa ce régiment qui rendit les plus grands services à l'armée. On appelait ce corps la gendarmerie du désert. Dans notre campagne de Syrie, ce régiment fut très utile pour la correspondance avec l'Égypte.

Comte D'AURE, administrateur de l'armée, Notes. (*Archives de la Guerre.*)

Extraits du registre d'ordres du chef de brigade Cavalier, commandant le régiment des dromadaires,

— Les cavaliers feront des tresses pour ne pas laisser leurs cheveux flottants, ce qui avec le turban serait trop ridicule.

Je recommande de nouveau aux commandants des compagnies de s'assurer si les fusils sont armés de bayonnettes......

—

— J'invite les sous-officiers et cavaliers de conserver bien précieusement leurs bidons. La route que chacun d'eux a faite d'Alexandrie au Caire en entrant en Egypte doit leur faire sentir la nécessité de porter avec soi de l'eau en route......

—

— Le chef de brigade, voulant récompenser autant

qu'il sera en son pouvoir, les sous-officiers, brigadiers et cavaliers qui, par leurs talens, leur bonne conduite ou leur bravoure le mériteront, et voulant surtout être éclairé sur les choix qu'il aura à faire à l'avenir dans les nominations des sous-officiers et brigadiers ;

Considérant que l'opinion générale, lorsqu'elle n'est pas influencée par l'intrigue ou la cabale, mais qu'au contraire lorsqu'elle est dirigée pour l'utilité générale, est presque toujours la plus juste et la meilleure ;

Considérant encore que les fréquens détachemens que le régiment est obligé de faire s'oppose à la parfaite connaissance que l'on pourrait avoir des hommes qui le composent ; et que les sous-officiers et cavaliers qui, par l'habitude où ils se trouvent de vivre ensemble, sont à même de connaître par conséquent ceux d'entre eux qui sont dignes de les commander :

Arrête :

Les commandants des compagnies assembleront leurs troupes demain matin, immédiatement après le **grand** pansement (pansage), dans la chambre la plus **vaste** ou dans le local le plus commode de la compagnie, à l'effet de procéder à la nomination de deux candidats pris dans la compagnie seulement et parmi les hommes qui seront jugés les plus dignes d'avancement.

Les commandants des compagnies présideront l'assemblée. Le maréchal des logis-chef ou le brigadier-fourrier remplira les fonctions de secrétaire. Le président commencera par faire faire la lecture du présent ordre à la compagnie assemblée.

Les sous-officiers et cavaliers inscriront ou feront inscrire sur un billet le nom de deux candidats, qu'ils jugeront les plus capables d'avancement, pris dans les cavaliers de la compagnie et dont l'un des **deux devra savoir lire et écrire**.

Tous les bulletins qui, au dépouillement du scrutin, donneront plus de deux candidats seront nuls, de même que ceux qui n'en porteraient pas un sachant lire et écrire.

Tous les sous-officiers et cavaliers seront appelés, sur le contrôle d'ancienneté de la compagnie, à donner leur suffrage. Ceux qui se trouveraient de service pourront donner par écrit à un de leurs camarades le billet portant les deux candidats et le feront représenter par eux lorsqu'on les appellera pour donner les suffrages. Lorsque tous les suffrages seront donnés, les billets seront mis par chaque homme de la compagnie dans un vase ou un chapeau qui devra à cet effet être couvert.

L'on procédera au dépouillement du scrutin de la manière suivante :

Le vase contenant les billets sera tenu par le plus ancien cavalier de la compagnie et le plus jeune les tirera pour les remettre au commandant de la compagnie.

Le commandant de la compagnie nommera à haute voix, en présence de l'assemblée, les noms des deux candidats inscrits sur les billets; le secrétaire les inscrira de suite sur une liste de dépouillement et nommera à haute voix les deux noms qu'il vient d'inscrire pour s'assurer qu'ils sont conformes à ceux que le capitaine a cités.

Les noms du premier billet ainsi inscrits, le plus jeune cavalier de la compagnie en retirera un second qu'il remettra au commandant de la compagnie qui exécutera ce qui a été dit pour le premier.

Le dépouillement fini, le secrétaire, en présence de l'assemblée, réunira les voix et annoncera les deux candidats qui ont réuni le plus de suffrages (bien entendu que dans les deux il y en aura un sachant lire et écrire).

Il sera dressé procès-verbal en double expédition de la nomination des deux candidats et lecture en sera faite à la compagnie.

Les commandants des compagnies garderont l'un des deux procès-verbaux et remettront l'autre avec la feuille de dépouillement au chef de brigade. Après cette opération, les commandants des compagnies réuniront chez eux leurs sous-officiers et brigadiers pour leur faire choisir parmi les brigadiers et brigadiers-fourriers un candidat, sachant lire et écrire, pris dans la compagnie seulement et parmi ceux des brigadiers-fourriers et brigadiers qu'ils jugeront les plus dignes d'occuper le grade de maréchal des logis.

Cette opération sera faite dans les mêmes formes et de la même manière que celle cy-dessus citée, avec cette différence cependant que les sous-officiers et brigadiers sont appelés à voter pour la nomination de deux candidats pris dans les cavaliers et que ces derniers ne peuvent point voter dans l'assemblée des sous-officiers qui doit se tenir chez le commandant de la compagnie.

Les candidats seront pris indistinctement parmi les hommes présents ou absents.

Le chef de brigade consultera toujours les officiers du régiment et, particulièrement, les commandants des compagnies pour toutes les nominations quelconques à faire. Il se réserve le droit de prendre dans tout le régiment les sujets que l'on lui fera connaître pour être les plus dignes d'avancement et particulièrement dans les candidats qui auront été choisis.

Le chef de brigade se réserve encore le droit de récompenser ceux des sous-officiers, brigadiers, cavaliers et trompettes qui se distingueraient par quelques actions d'éclat.

(*Archives de la Guerre.*)

Cavalier, né en 1772 à Saint-André-de-Valborgne, diocèse d'Alès; sous-lieutenant en 91, chef de bataillon adjoint à l'état-major de l'armée d'Égypte. Le 17 janvier 99, « le général en chef connaissant » la bravoure, la capacité et l'activité du chef de bataillon Cava-» lier, ordonne qu'il prendra le commandement du 1er escadron du » régiment des dromadaires ; il s'occupera sur-le-champ de l'or-» ganisation des deux compagnies sous ses ordres ».

Instruction des troupes. — Belbeïs, 10 novembre 98 (20 brumaire an VII).

Le général de division Reynier ordonne de profiter des moments de repos dont les troupes jouissent actuellement pour les instruire et les former à bien exécuter tout ce qu'elles peuvent être dans le cas de faire ; c'est à cette instruction qu'on reconnaît les bons chefs ; c'est elle qui assure le succès à la guerre et met un petit nombre de braves en état de battre une multitude d'ignorants.

Les officiers qui commandent les troupes devant l'ennemi doivent les instruire eux-mêmes et accoutumer les soldats à leur organe. Ce qu'un officier peut éprouver de plus humiliant, c'est qu'on fasse instruire la troupe qu'il commande par d'autres que par lui. Les capitaines doivent instruire eux-mêmes leur compagnie, les chefs de bataillon leur bataillon et leur apprendre ce que j'indique dans l'ordre d'instruction qui est joint au présent. Les chefs de brigade ne désigneront d'instructeurs que dans le cas d'incapacité reconnue ou de maladie des officiers commandans.

Tout officier ou sous-officier doit être en état de remplir les fonctions du grade supérieur à celui qu'il occupe. Lorsque les bataillons et compagnies seront instruits, on fera successivement passer tous les capitaines à commander le bataillon, les lieutenants les compagnies, etc.

Les chefs de brigade rendront, tous les huit jours, compte au général des progrès de l'instruction de leur demi-brigade et lui désigneront les officiers dont la troupe fera le plus de progrès et ceux qui montreraient de la négligence.

Les bataillons seront exercés séparément dans quinze jours devant le général, qui fera connaître, par la voie de l'ordre du jour, les chefs de bataillon qui prouveront qu'ils savent le mieux manœuvrer devant la cavalerie.

..... Des soldats qui ont fait cette guerre doivent savoir le maniement d'armes et exécuter les feux. On n'y exerce que ceux qui par négligence se montreraient maladroits, et ce détail devra être considéré comme une punition.

On s'attachera à donner à tous de l'aplomb et de l'uniformité dans les marches, et à bien sentir leurs voisins afin qu'ils puissent marcher dans leur peloton sans occasionner de rupture et de désunion.

Lorsque les soldats savent bien marcher dans le rang, l'exécution des évolutions dépend uniquement des officiers et des sous-officiers, particulièrement des guides. Afin de parvenir à bien faire toutes les évolutions, on s'appliquera donc à instruire les officiers et sous-officiers de leurs devoirs, des places qu'ils doivent occuper et des commandements qu'ils doivent faire... On les habituera par la pratique à connaître et à exécuter tous les mouvements qu'ils peuvent être dans le cas de faire devant l'ennemi. L'incertitude d'un officier sur ce qu'il doit faire occasionne souvent beaucoup de désordre à la guerre et a, au moins, l'inconvénient dangereux de décourager le soldat, lorsque l'ennemi n'est pas assez adroit pour en profiter.

Afin de ne point exposer ces officiers à confondre entre elles un grand nombre de manœuvres, on ne fera exécuter que celles qu'on peut être dans le cas de faire dans ce pays où on est exposé à agir dans des plaines couvertes de cavalerie. Il faut que l'infanterie soit habituée à faire tous les mouvements sans se désunir, et de manière à pouvoir présenter partout une ligne de feux et de bayonnettes.

Archives de la Guerre.)

III. — Les aveugles

Le général Berthier au général Menou à Rosette.

Au Caire, le 28 janvier 99 (9 pluviôse an VII).

Le général en chef ayant ordonné, citoyen général, que près de deux cents aveugles partissent aujourd'hui du Caire pour Rosette, son intention est de les faire partir pour France. Il a ordonné en conséquence les dispositions suivantes : Ces aveugles se rendront à Aboukir, de là à un quart de lieue des avant-postes d'Alexandrie. Ils tourneront toute la ville pour bivouaquer à un quart de lieue de la batterie des Bains. Là le commandant de la marine et l'ordonnateur Le Roy les feront embarquer sur les deux bâtiments qui ont été désignés par le général en chef et ils partiront par le premier bon temps.

Vous voudrez bien veiller aux dispositions de cet ordre et donner vos ordres en conséquence.

Salut et fraternité.

ALEX. BERTHIER.

(Archives de la Guerre.)

Le ministre de la marine et des colonies au ministre de la guerre, pour lui seul.

Paris, le 16 avril 99 (27 germinal an VII).

Deux bâtiments, mon cher collègue, arrivés il y a peu de jours d'Alexandrie à Toulon, y ont déposé deux cents blessés ou aveugles provenant de l'armée d'Egypte.

Le Directoire exécutif a pensé que si ces hommes,

aigris par le malheur de leur position, se répendent dans l'intérieur de la République, il est à craindre qu'ils ne donnent de la situation de notre armée en Egypte des idées fausses et qui feraient concevoir des allarmes jusqu'à présent sans fondement. Son intention est, en conséquence, qu'ils soient retenus à Toulon autant de tems qu'il sera possible de le faire, sans qu'ils puissent présumer le motif de cette disposition. Je désire surtout qu'ils soient tenus dans un éloignement total de Paris, où leurs plaintes et les nouvelles exagérées qu'il débiteraient seraient dans le cas de produire un plus mauvais effet.

J'écris en conséquence au commandant des armes et à l'ordonnateur de la marine à Toulon, et, en leur prescrivant l'exécution des intentions du Directoire, je leur recommande autant de réserve que de circonspection. Je vous invite à donner, de votre côté, les ordres convenables au commandant de la place et au commissaire des guerres employé auprès de lui afin qu'ils se concertent pour cet objet avec les agents du département de la marine.

En l'absence du ministre de la marine, le ministre des relations extérieures,

CH.-MAX. TALLEYRAND.

(*Archives de la Guerre.*)

IV. — L'HABILLEMENT

Après l'entrée au Caire. — L'habillement de l'infanterie était délabré et il était impossible de se procurer des draps pour le remplacer. On y suppléa par de la toile de coton qui dut être teintée en bleu pour l'habit, dont la forme fut changée. Le nouvel uniforme fut une veste sans revers, boutonnant jusqu'à la ceinture et dont les pans de cinq pouces de longueur furent retroussés par-devant.

Chaque soldat eut deux pantalons et une casquette en peau de mouton ornée d'une houppe de laine de différentes couleurs au lieu de cimier. L'habillement revint à 19 francs ; le prix de la casquette fut de 4 francs.

Général MORAND. (*Archives de la Guerre.*)

Avant le départ pour la Syrie. — L'habillement de l'armée était terminé ; il ne restait plus qu'une partie de la coiffure et de la chaussure à fournir à quelques demi-brigades. Mais les fonds avaient tari, les caisses étaient vuides et les services s'en ressentaient. L'agent en chef de l'habillement jusqu'alors avait eu l'adresse de se tenir au courant pendant que les agents des autres services avaient déjà fait des avances considérables. L'ordonnateur en chef Sucy, auprès duquel il était tout-puissant, venait de partir pour France. Avant son départ, il l'avait présenté à son successeur et le lui avait recommandé d'une manière très particulière. Mais de quoi lui servait cette nouvelle protection dans le moment présent, puisque les trésors étaient épuisés?

Cependant Bonaparte, qui avait en vue son expédition de Syrie, pressait vivement le complément des fournitures dont j'ai parlé ci-dessus. Ces objets ne pouvaient s'obtenir qu'avec de l'argent comptant. Des cordonniers n'étaient pas dans le cas d'en faire les avances; il fallait au contraire les payer à chaque paire de souliers et à chaque casquette qu'ils confectionnaient. En vain l'agent en chef en faisait les observations et demandait les fonds nécessaires, il n'en obtenait que des ordres plus précis et plus impératifs de completter promptement les corps à qui manquaient ces fournitures. C'était une somme d'environ 100,000 livres qu'il fallait trouver et il connaissait trop le danger qu'il y avait à faire des avances au gouvernement pour s'y exposer; aussi ne put-il s'y résoudre. Il recommença au contraire avec plus d'instance ses demandes de fonds, et laissa en souffrance les fournitures.

Bonaparte, que ce retard offensait, et qui savait d'ailleurs que l'agent en chef de l'habillement avait été le plus favorisé de tous et qu'il ne lui était rien dû, lui retira sur-le-champ ses bonnes grâces et nomma par un ordre du jour une commission composée des chefs de corps pour vérifier ses comptes dans les vingt-quatre heures. Lorsque cet ordre du jour lui parvint, ce fut un coup de foudre pour lui. Il ne s'attendait à rien moins, d'autant plus que, la veille, il avait vu Bonaparte qui ne lui en avait rien témoigné et lui avait fait le même accueil qu'à l'ordinaire. Cependant ce n'était pas le cas de perdre son temps à délibérer; il ne lui en restait que très peu pour se préparer. En conséquence, nous nous mîmes tous à travailler, l'agent en chef pour les deniers et moi pour les matières. Je n'étais point compris dans l'ordre du jour, mais il pouvait se faire que la commission, qui avait ordre de vérifier ces comptes, ne voulût examiner les uns et les autres; alors il aurait été obligé de me les demander et il fallait que je fus prêt. Cela était impossible. Un mois ne m'aurait pas suffi, à plus forte raison vingt-quatre heures. J'avais beaucoup de choses à régler avec les corps qui ne pouvaient se faire si promptement. Je ne m'occupai donc que de l'essentiel et de ce qui était faisable.

L'agent en chef, heureusement, était en règle. Depuis l'arrivée du directeur de comptabilité, il n'avait cessé de travailler à ses comptes et il ne lui restait que les deux derniers mois dont il lui manquait encore quelques pièces qu'il ne pût se procurer dans un si court espace de temps, mais sur lesquelles il lui fût facile de donner tous les éclaircissements qu'on pourrait désirer. Le jour arrivé, il se présenta à la commission, lui soumit tous ses comptes depuis le commencement de sa gestion, lui représenta l'impossibilité où il avait été, en si peu de temps, de mettre en règle les deux derniers mois; qu'il n'avait pu que leur en donner un apperçu de toutes les dépenses sans y joindre les pièces à l'appuy; que si on pouvait lui accorder quelques jours de délai, il se les procurerait. Il fit la même observation pour les matières, qui demanderaient encore beaucoup plus de temps.

La commission le reçut parfaitement bien, entra dans toutes ses raisons et parut même étonnée de le trouver si bien en règle. Elle le dispensa du compte en matières; et, après lui avoir recommandé de ne point s'écarter de chés lui parce qu'elle pourrait être dans le cas de le faire appeller pendant le cours de ses opérations, il se retira.

La commission resta occupée de cet examen pendant environ sept à huit jours, pendant lesquels elle fit souvent appeller l'agent en chef dans ses séances, se fit donner des échantillons de tous les objets qu'il avait fournis, et reçut de lui tous les renseignements dont elle avait besoin. Ensuite, après avoir consulté les prix courants du jour, elle les fit servir de base pour établir ceux de toutes les fournitures qu'il avait faites, sans avoir égard ni aux marchés qu'en avait passé l'ordonnateur en chef, ni aux marchandises et diamants qui lui avaient été donnés en payement et sur lesquels il avait fait de grosses pertes, ni aux billets de la Monoye qui avaient presque éprouvé le sort des assignats, et qui avaient perdu jusqu'à 25 0⟋0 et dont il avait reçu une assez grosse somme; sans considérer non plus qu'il y avait quantité d'objets qui, à notre arrivée, étaient beaucoup plus chers qu'ils ne l'étaient alors six mois après; et que, quand on ne connaît ni les usages, ni la langue du pays, on est exposé très souvent à être trompé par les gens que l'on employe, et à payer tout infiniment plus cher. Enfin le résultat de ses opérations porta une diminution sur l'ensemble de 139,000 francs; il en fut rédigé un procès-verbal dont on lui donna copie.

Bonaparte ayant été instruit de ce résultat fit appeller l'agent en chef et, après plusieurs questions qu'il lui fit sur ce sujet, il lui dit « qu'en considération de » l'activité qu'il avait apportée dans son service il vou-

» lait bien ne pas pousser la chose plus loin et qu'au
» lieu de 139,000 francs que portait le procès-verbal
» de la commission il se contentait de 100,000 francs
» dont il lui ordonnait de faire des fournitures. Il ne
» craignit même pas de lui avouer qu'il n'avait jamais
» eu d'agent d'habillement en Italie qui l'eût aussi
» bien et aussi promptement servi que lui; qu'il savait
» bien qu'un agent devait gagner, mais qu'il était des
» circonstances où il devait savoir se modérer et même
» se prêter quelquefois ». Il ajouta « qu'il n'avait
» qu'à continuer de travailler avec le même zèle qu'il
» avait fait jusqu'alors, qu'il oublierait tout, et lui pro-
» curerait par la suite les moyens de le dédomma-
» ger de ce qu'il lui faisait perdre dans ce moment »,
et, après lui avoir ainsi parlé, il le renvoya.

Cette disgrâce qu'éprouva l'agent en chef lui vint de la grande faveur dont il avait joui auprès de l'ordonnateur en chef Sucy, qui, depuis son départ, était très mal dans l'esprit de Bonaparte.

..... Ce fut, en grande partie, la cause du malheur de mon ami, auquel se joignit encore sa trop grande avidité à demander des fonds, sans vouloir jamais se mettre en avance de la moindre chose. L'injustice était manifeste. Casser des marchés passés par le seul homme qui en avait le droit; fermer les yeux sur les pertes qu'avaient éprouvées les marchandises, les diamants et les billets reçus, pertes qui étaient d'autant plus évidentes qu'elles étaient connues de tout le monde; enfin, rapporter au prix du jour ceux de toutes les fournitures qui avaient été achetées six mois auparavant; tout cela était criant, mais se passait en Égypte, le seul pays peut-être où un jugement si extraordinaire pouvait avoir son exécution. L'agent en chef cependant s'est empressé de la lui donner en versant dans mon magasin des fournitures pour la somme à laquelle il avait été condamné; ce qui me mit à même de complétter les corps auxquels il revenait encore quelques effets et de faire un envoye assez considérable de souliers à la suite de l'armée, qui partit bientôt après pour la Syrie.

Voyage d'un Français en Égypte, par X..., adjoint à l'agent en chef de l'habillement de l'armée. — Manuscrit appartenant à M. G. Bertin et très obligeamment communiqué par lui.

LIVRE IV

HAUTE ÉGYPTE : DESAIX. — SUEZ

CHAPITRE X

HAUTE ÉGYPTE : DESAIX

A la recherche de Mourad Bey. — Bataille de Sediman. — Dans le Faïoum. — Dans le Sud. — Dénûment des troupes.

I. — A la recherche de Mourad Bey.

Le général Desaix au général Bonaparte. A l'entrée du canal de Bahr Joseph, au-dessus de Tarut-Essherif, à bord du chebec, le 26 fructidor an VI (12 septembre 98).

Vous voulez, général, que je corresponde directement avec vous ; je me conforme à vos ordres.

Comme je vous l'ai annoncé, je me suis rendu à Abou-Girgéh pour y avoir des nouvelles et chercher d'arriver à Bahnacéh, où je savais qu'étaient les Mamelouks. J'ai voulu les joindre par le moyen d'un canal, mais il n'en existait aucun capable de m'y conduire ; j'ai alors pris le parti de m'y rendre par terre: les obstacles étaient sans nombre ; l'inondation couvre tout le pays. J'appris que les Mamelouks n'y étaient pas très nombreux et qu'une partie d'entre eux était dans le Faïoum ; j'ai désiré en être assuré à quelque prix que ce fût. En effet, ne pouvant conduire toute la division, ce qui aurait demandé un temps infini, je me suis mis à la tête du 1er bataillon de la 21e légère et son chef de brigade et me suis mis en route à travers l'inondation le 20 au matin. Je ne puis vous peindre les fatigues et les maux que les troupes ont éprouvés dans cette expédition. Trois heures elles ont marché dans l'eau jusqu'au-dessus de la ceinture, et la boue jusqu'au genou, dans un terrain tout couvert d'épines. Enfin nous avons atteint Scheroubi; là, nous n'étions plus qu'à une demi-lieue de Bahnacéh; nous y avons trouvé des digues étroites où nous avons filé un à un. Les Mamelouks, pleins de confiance, étaient tranquilles à Bahnacéh, mais, nous ayant vu venir, ils firent bientôt repasser sur l'autre rive du canal tout ce qui était de ce côté-ci. Nous allions à toutes jambes et nous arrivâmes au moment où le dernier chameau traversait le canal.

Instruits par les habitants que douze barques chargées étaient peu éloignées, nous courûmes après et nous parvînmes à nous en emparer malgré les ennemis qui nous fusillaient d'une rive à l'autre.....

..... Il était nuit close et nous avons pris du repos; la troupe en avait grand besoin. Les Mamelouks avaient disparu et s'étaient enfoncés dans le désert. Nous apprîmes des habitants de Bahnacéh que Mourad Bey, après y avoir passé un mois, en était reparti il y avait huit jours pour aller à Ellahoun, à l'entrée du Faïoum.

..... Toute la haute Égypte reste donc sans troupes, mais il y a encore des bâtiments de guerre. A la vérité, ils sont fort mal montés en équipages et sans chef. Ils sont à Siout, où se trouvent aussi beaucoup de djermes et d'effets de Mamelouks. J'ai pris alors le parti de faire remonter les barques que j'avais prises portant deux cents hommes pour aller le long du canal arrêter les autres barques des ennemis; douze n'étaient qu'à une demi-lieue de nous.

Je retraversai les inondations non sans peine et revins à mon convoi pour le conduire à Miniet, où je comptais rejoindre mon détachement de Bahnacéh. En route, votre aide de camp Croizier m'a remis vos dépêches et conduit trente mille rations de biscuit dont nous avions grand besoin; mais malheureusement ces trente mille rations se sont trouvées réduites à vingt mille rations au lieu de trente mille, vu la supercherie des employés des vivres qui donnent pour cent livres pesant des sacs de biscuit qui n'en pèsent que soixante.....

..... Partout les habitants ont bien reçu nos troupes et ont respecté nos plus petits détachements. Un de huit hommes est venu dans une djerme sans être inquiété et, au contraire, a été caressé par les gens du pays qui ont montré à nos soldats les corps de huit Mamelouks qu'ils avaient assommés. Ils m'ont paru être entièrement dévoués et m'ont donné pour raison la bonne conduite du Caire et celle de nos soldats.....

(*Archives de la Guerre.*)

II. — Bataille de Sediman

Rapport de Desaix à Bonaparte. — .....Le 14 vendémiaire (5 octobre)... nous nous sommes mis en marche de bonne heure. Bientôt nous avons vu toute l'armée des Mamelouks placée sur toutes les hauteurs parallèles au Nil. Nous avons été à elle de suite, mais elle a résisté assez longtemps. Enfin elle s'est formée tenant un très long espace. J'ai marché devant elle à une certaine distance et, arrivés vis-à-vis son centre, nous avons fait halte. La marche durait depuis trois heures; les troupes mouraient de soif; elles se sont reposées et rafraîchies un instant.

Bientôt nous avons marché à Mourad Bey, reconnaissable par une tente où nous le distinguions assis, environné de ses Cachefs.

La division formait un carré éclairé par deux petits pelotons de deux cents hommes soutenant, l'un devant, l'autre derrière, deux petits pelotons qui éloignaient les ennemis qui faisaient tomber une quantité de balles sur le carré. Dans ces dispositions, et à la charge, nous avons été grand pas aux Mamelouks. Ils ne nous ont pas attendus et se sont repliés après avoir reçu quelques coups de canon tirés avec une précision étonnante par notre artillerie légère. Quatre coups tirés à une distance extraordinaire dans un petit peloton ont abattu deux hommes et deux chevaux de deux autres. Nous avons poursuivi l'ennemi toute la journée, mais inutilement.

Le 15 (6) au matin, nous avons vu encore les Mamelouks venir à nous; nous les avons prévenus et avons été à leur rencontre; ils se sont alors éloignés en marchant cependant derrière nous vers nos barques qui arrivaient au pied du désert. J'ai été obligé de rétrograder pour les couvrir. L'ennemi s'est alors avancé sur nous avec de grands cris, mais le feu vif de nos pelotons avancés l'a toujours éloigné.

Je n'avais plus de vivres, j'en ai pris pour deux jours sur ce qui me restait et, après avoir fait continuer sa route au convoi qui n'avait plus rien à craindre, le canal passant dans l'inondation, j'ai remarqué à Mourad Bey que j'ai bientôt revu disparaître. Dans toutes ces affaires, nous avons eu une dizaine d'hommes blessés.

.....Le 16 (7) au matin, nous sommes partis de très bonne heure. J'étais prévenu que Mourad Bey avait fait des retranchements à Sediman, qu'il y avait rassemblé toutes ses ressources, tous les Arabes, et que, fort de quatre ou cinq mille chevaux, il tenterait un vigoureux effort, cherchant à m'éloigner peu à peu de l'inondation pour attaquer le village de Sediman par le côté qui touche le désert.

Le pays est formé de monticules irréguliers. Au bout de deux heures, j'ai vu tous les ennemis qui quittaient le pied des montagnes, venaient rapidement à nous au son de leur musique barbare. A peine les petits pelotons étaient repliés sur les carrés et les pièces en batterie que les ennemis se sont précipités sur nous de toutes parts. Nos intrépides troupes les ont vus venir du plus grand sang-froid.

— Tirez donc! disais-je aux grenadiers de la 61ᵉ.

— Qu'à vingt pas, mon général, me répondirent-ils.

Sur le front, le canon à mitraille les éloigna. Ils se jetèrent sur les petits carrés placés aux angles, l'un devant, l'autre derrière. A celui de droite, le citoyen Valette, capitaine, qui le commandait, cria à ses chasseurs de la 21e :

— Feu à dix pas et croisez la bayonnette.

Cela est exécuté. L'ennemi, qui n'est pas arrêté par ce feu trop court, arrive au carré ; il ne peut y entrer. Le feu qui le couvre l'arrête. Il jette sur nos soldats fusils, pistolets, sabres, poignards, masses d'armes ; plusieurs en sont assommés et tombent. Il pénètre alors parmi ces braves, douze tombent morts avec autant de Mamelouks et trente sont blessés. Notre mitraille et le feu de la division délivrent bientôt les autres ; ils rentrent dans la division après avoir dépouillé leurs riches ennemis. On ne peut assez admirer la valeur de ces trop braves soldats ne voulant se battre qu'à la baïonnette. Le rapport du chef de brigade Robin que je vous envoie vous fera connaître les actions particulières de cette troupe.

A l'instant, les autres corps des ennemis venaient au carré du côté gauche, commandé par les citoyens Sacrost, capitaine de la 21e, et Geoffroi, de la 61e. Mais le feu qui en est sorti de bonne heure les a bientôt repoussés. Ils ont aussi tenté de venir du côté de la division qui était derrière nous. C'était la 88e qui le formait et son feu les a aussi bientôt fait éloigner. Une grande quantité de balles qu'ils nous ont envoyées de toutes parts nous ont blessé beaucoup de monde. Le citoyen Couroux, chef de la 61e, a reçu une forte contusion à l'épaule droite.

Il fallait pouvoir transporter les blessés avant de

marcher à l'ennemi. Malgré notre diligence, **Mourad Bey** eut le temps de rassembler quatre pièces de canon et d'en former une batterie très près derrière un monticule. Déjà elles faisaient de grands ravages, deux files et deux chevaux d'artillerie étaient emportés, mais, battant la charge et courant dessus, nous les avons eu bientôt prises. Un coup de canon à mitraille n'a pas arrêté notre intrépide bataillon carré, non plus qu'une charge vigoureuse repoussée par la 88e brigade derrière nous et au milieu de notre course.

L'ennemi, étonné de notre vigueur, s'est enfui à toutes jambes et dans le plus grand désordre. Nous l'avons poursuivi assez longtemps. Nos audacieux tirailleurs lui ont blessé beaucoup de monde. Le citoyen Rapp, mon aide de camp, à leur tête, a pris les quatre pièces. Embarrassés de nos blessés et mourant tous de soif, ayant toujours marché dans le désert, nous nous sommes arrêtés sur le bord de l'inondation.....

.....Je ne vous peindrai jamais la valeur de nos troupes; j'ai eu bien de la peine à obtenir qu'elles tireraient de loin et beaucoup. Les ennemis ont perdu bien du monde, quatre cents hommes environ. Tout le pays était couvert de chevaux fort au loin.....

.....Je suis venu ici (Ellahoun) pour y prendre des subsistances, je n'en avais absolument plus; nos soldats n'ont jamais eu plus de dix onces de biscuit..... La division est absolument sans habits, sans souliers, ayant marché constamment dans les sables les plus fatiguants.....

(*Archives de la Guerre.*)

16 vendémiaire an VII (7 octobre 98). — La bataille a été des plus opiniâtres : deux mille fantassins, au plus, ont eu à résister à quatre charges de huit à dix mille chevaux. Un des petits carrés fut attaqué et fit une décharge à bout portant, mais se trouva si serré qu'il ne put recharger ses armes. Il présenta les bayonnettes. Les Mamelouks se précipitent dessous, mais ne peuvent l'enfoncer. Alors ils jettent à la tête des soldats leurs fusils, leurs haches d'armes, leurs pistolets et parviennent à se faire jour. On se bat avec acharnement. Ils se jettent sur le grand carré, mais le feu est si vif qu'ils sont repoussés avec perte. Ils se retirent sur les hauteurs. On s'occupe des blessés. Pendant ce temps, ils ajustent trois pièces et tirent avec avantage sur le carré. Plusieurs files sont emportées. Deux chevaux de caissons sont tués.

Le général Desaix, se voyant assailli de toutes parts, se décida à marcher et fut obligé de laisser quelques blessés à mort qu'il fut impossible d'emporter. Leurs cris étaient déchirants. Tous demandaient à mourir de la main des Français. Personne n'eut le courage de finir leurs peines, ils furent mutilés par les Mamelouks. L'un d'eux se couvrit les yeux avec un mouchoir, se tourna contre la terre et attendit la mort. Un autre, porté par un de ses camarades, voyant qu'il était obligé de s'éloigner du carré et qu'il est perdu, dit : « Tu peux encore être utile, » et le force de rejoindre la troupe.

A ce trait d'un grand courage s'en joint un autre qui fait bien sentir les horreurs de la guerre. Un soldat, blessé à mort, voyant partir la division, se cramponne à l'habit d'un de ses camarades et ne veut pas lâcher prise. L'autre, se voyant perdu, sans espoir de le sauver, prend son couteau, coupe son habit et laisse le malheureux qui périt par le fer des Mamelucks (1).

La division marcha sur les pièces, les prit et mit en fuite les Mamelucks, dont on aperçut les bagages portés par trois à quatre mille chameaux qui étaient à trois lieues dans le désert.

Général BELLIARD. *(Archives de la Guerre.)*

III. — DANS LE FAIOUM

Il est des heures malencontreuses où tous les mouvements que l'on fait sont suivis d'un danger ou d'un accident. Comme je revenais de cette tournée pour rentrer à Bénésouef, le général Desaix me charge d'aller porter un ordre à la tête de la colonne; je me mets au galop; un soldat qui marchait hors des rangs m'entend venir, se tourne à gauche comme je passais à sa droite, et par ce mouvement me présente sa baïonnette que je n'ai plus le temps d'éviter, et sous le coup me soulève de ma selle, et le contrecoup jette le soldat par terre.

Voilà un savant de moins, dit-il en tombant; car, pour nos soldats en Egypte, tout ce qui n'était point militaire était savant. Quelques piastres que j'avais

---

(1) Denon, qui assistait à la bataille de Sédiman, a reproduit cet épisode dans l'un des dessins composant l'album joint à son ouvrage : *Voyage dans la basse et la haute Egypte pendant les campagnes du général Bonaparte.*

dans la petite poche de la doublure de mon habit m'avaient servi de bouclier ; j'en fus quitte pour un habit déchiré. Arrivé à la tête de la colonne, j'y trouve l'aide de camp Rapp : nous étions bien montés, le pas de nos chevaux avait devancé l'infanterie ; c'était à la tombée du jour ; plus on approche du tropique et moins il y a de crépuscule, le soleil plongeant perpendiculairement sous l'horizon, l'obscurité suit immédiatement ses derniers rayons. Les Bédouins infestaient la campagne ; nous apercevons quelques points dans la plaine qui était immense ; Rapp me dit : Nous sommes mal ici, regagnons la colonne, ou franchissons l'espace, et arrivons à Bénésouef. Je savais que le parti le plus hardi était celui que préférait mon compagnon : j'accepte le dernier ; nous piquons des deux et bravons les Bédouins, dont c'était l'heure de la chasse : la course était longue ; nous doublons le mouvement ; mon cheval s'échauffe et m'emporte ; la nuit arrive, elle était noire lorsque je me trouve sous les retranchements de Bénésouef. Je crois pouvoir tenir la même route que le matin ; mon cheval bronche, je le relève d'un coup d'éperon ; il saute un fossé qu'on avait fait dans la journée, et je me trouve de l'autre côté, le nez contre une palissade, sans pouvoir avancer ni reculer. Pendant ce temps, la sentinelle avait crié, je n'avais pas entendu ; elle tire, j'appelle en français ; elle me demande ce que je fais là, me gronde, me renvoie, et voilà le maladroit ou le savant avec un coup de baïonnette, un coup de fusil, querellé et ramené chez lui comme un écolier sorti sans permission de son collège.

V. Denon, *Voyage en Egypte.*

Desaix à Bonaparte. Ellahoun, 20 octobre 98
(29 vendémiaire an VII).

Je vous avais dit, mon général, que les Mamelouks s'étaient retirés à Gora, de l'autre côté du Faïoum.

.....Les Mamelouks se sont encore éloignés de nous : ils sont à trois marches d'ici, au bord du désert et du canal du côté de Bahnacéh.

Je marcherais bien à eux, mon général, mais véritablement cela m'est difficile dans ce moment; l'inondation dans cette marche, me séparant de tous les villages, ne me permettrait pas de vivre. Je suis sans subsistances, ni en assez grande quantité pour entreprendre cette longue course. Le canal n'est plus navigable et je me trouve dans un très grand embarras pour mes malades. Les maux d'yeux sont vraiment un fléau effroyable; ils m'ont privé de plus de quatorze cents hommes. J'ai traîné avec moi dans mes marches dernières cent de ces malheureux aveugles tout à fait. Si vous voyiez le nombre d'hommes qui me reste, vous seriez surpris. Je viens donc, mon général, pour me réorganiser un peu, de former ici un petit hôpital où j'ai trois cents hommes; j'en ai aussi quatre cents sur le Nil.

Si je pouvais avoir très rapidement le remplacement des hommes que j'ai en moins et que je puisse compléter au moins trois mille hommes, je pourrais suivre Mourad Bey un peu plus loin, mais il est indispensable d'y mettre la plus grande rapidité, car, sous peu de jours, le canal Joseph sera sans eau; son embouchure n'en reçoit plus. Ce n'est qu'avec des peines prodigieuses que d'infiniment petites barques ont pu passer les bancs de sable qui s'augmentent de minute en minute.

J'attends le retour de mon aide de camp Rapp. J'espère qu'il m'amènera beaucoup de choses dont nous avons le plus urgent besoin. Nous étions sans aucun chirurgien et sans instruments de pansement. Notre situation est des plus cruelles. Si j'étais sur le bord du Nil, cette guerre-ci ne serait rien, mais, dans le désert, sans communications, on est horriblement à plaindre, surtout sans transports pour les malades. Chaque marche en donne deux cents, c'est là le plus terrible.

Nous sommes tout nus, sans souliers, sans rien; en vérité, les troupes ont besoin de repos. Des subsistances et des moyens, et nous irons encore. Renvoyez-nous tout ce que nous avons au Caire, il y a la moitié de la division.

Desaix.

(Archives de la Guerre.)

3 frimaire an VII (23 novembre 98). — Les réquisitions vont bien. Les villages se soumettent sans peine quand ils ne sont pas contenus par le voisinage de Mourad Bey. Si les Mamelucks étaient détruits, nous jouirions paisiblement de l'Egypte. Mais, pour obtenir ce résultat, il faut que la division soit formée en deux carrés de trois mille hommes chaque, qu'elle ait mille ou douze cents chevaux, quatre ou six pièces légères. Jusque-là la guerre sera continuelle. Les Mamelucks nous échappent toujours. L'infanterie ne peut profiter de la victoire. Ils s'échappent dans le désert et, pour s'assurer la haute Egypte, il faut quelques établissements stables qui assurent les communications et veillent à l'organisation.

Général BELLIARD. (*Archives de la Guerre.*)

VI. — Dans le Sud

A Thèbes (26 janvier, 7 pluviôse). — ...A neuf heures (du matin), en détournant la pointe d'une chaîne de montagnes qui forme un promontoire, nous découvrîmes tout à coup l'emplacement de l'antique Thèbes dans tout son développement... Cette cité réléguée, que l'imagination n'entrevoit plus qu'à travers l'obscurité des temps, était encore un fantôme si gigantesque pour notre imagination, que l'armée, à l'aspect de ses ruines éparses, s'arrête d'elle-même, et, par un mouvement spontané, battit des mains, comme si l'occupation des restes de cette capitale eût complété la conquête de l'Egypte. Je fis un dessin de ce premier aspect comme si j'eusse pu craindre que Thèbes m'échappât, et je trouvai dans le complaisant enthousiasme des soldats des genoux pour me servir de table, des corps pour me donner de l'ombre, le soleil éclairant de rayons trop ardents une scène que je voudrais peindre à mes lecteurs, pour leur faire partager le sentiment que me firent éprouver la présence de si grands objets et le spectacle de l'émotion électrique d'une armée composée de soldats, dont la délicate susceptibilité me rendait heureux d'être leur compagnon, glorieux d'être Français.

V. Denon, *Voyage en Egypte*.

. . . .

Notre colonne traversa Thèbes, ancienne ville qui n'a que des ruines. Comme cela n'intéressait que les savants qui suivaient l'armée, nous n'y fîmes pas grande attention.

Chaque matin, à l'appel, on remarquait la disparution de quelques-uns de nos soldats, qui allaient le soir chercher de l'eau au Nil. Croyant qu'on les assassinait, nos chefs firent venir les Scheiks ou chefs des villages voisins et leur dirent que, s'ils continuaient à égorger nos soldats, on brûlerait leurs villages. Ce fut alors qu'on apprit par eux combien il était imprudent d'envoyer les soldats à l'eau pendant la nuit; car, le Nil étant peuplé de crocodiles, ces animaux amphibies se tenaient en embuscade et saisissaient un homme qu'ils avalaient comme nous avalons une datte. Dès lors, il fut défendu d'aller vers le Nil dès que la nuit arrivait; on évita ainsi la perte de beaucoup d'hommes.

En approchant des cataractes, nous nous attendions à avoir un combat à livrer à Mourad Bey et Hassem Bey, qui étaient parvenus à recruter beaucoup de monde dans leur retraite.

Ce fut dans cette prévision que le colonel Bovatier, du 18e dragons, dont je faisais partie, ordonna à son domestique de prendre cinquante boudjou sur son chameau pour les mettre dans sa ceinture, disant que, s'il venait à être tué, il ne voulait pas qu'un Mamelouk puisse se vanter d'avoir trouvé un officier français sans le sou.

Comme notre escadron, commandé par cet officier, était en éclaireur sur les devants de l'armée, il fut assailli par un gros de Mamelouks. Le colonel fut démonté à la première charge. Ayant pris un cheval à l'ennemi, je le lui procurai. A peine mettait-il la main sur la crinière du cheval pour le monter qu'un cavalier turc, au milieu de la mêlée, lui coupa le poignet. Ce brave officier roula à terre pour ne plus se relever. J'eus, de mon côté, beaucoup de peine à me tirer de cette mêlée.

L'infanterie vint fort à propos à notre secours, et l'armée de Mourad Bey disparut, comme un tourbillon, dans le désert.

J. M. MERME, chevalier de la Légion d'honneur, ex-chasseur à cheval de la garde, *Histoire militaire*. (Moutiers-Bocquet, 1852.)

A Syenne, 2 février (14 pluviôse).

.....On avait eu le projet de mettre Syenne en état de défense : l'ingénieur Garbé avait choisi pour élever un fort une plate-forme sur une éminence, au sud de la ville, qui en commandait toutes les approches, et d'où on découvrait tout le pays d'alentour. Il nous manquait pelles, pioches, marteaux et truelles ; on forgea tout : nous n'avions pas de bois pour faire des briques ; on rassembla toutes celles des vieilles fabriques arabes. Semblable aux cohortes romaines qui avaient déjà habité le même lieu, la brave 21ᵉ ne connut point de difficultés, ou les surmonta toutes. Chaque individu était taxé à deux voyages par jour pour le transport des matériaux; beaucoup avaient peine à se porter eux-mêmes, et personne ne se dispensa d'un seul voyage : les bastions furent tracés et les travaux conduits avec une telle célérité qu'en peu de jours l'on vit la forteresse sortir de ses fondements; en même temps l'on bastionna et crénela une fabrique romaine, bien bâtie et assez bien conservée, qui avait été un bain, et qui, par sa situation, avait le double avantage de protéger le cours du fleuve.

Le terme de la marche des Français en Egypte fut inscrit sur un rocher de granit au delà des cataractes.

V. Denon, *Voyage en Egypte.*

Denon, membre de l'Institut, à Hermontès, près de Thèbes (haute Egypte), au général de division Menou, au Caire. — 14 mars 99 (24 ventôse an VII).

.....J'ai poussé mon voyage jusqu'en Nubie, mais je manque de tout. J'ai eu la maladie des yeux, la dissenterie. Je suis maigre, vieux; toute ma substance est passée dans mon portefeuille, mais il est volumineux, j'espère intéressant. J'aurai bien du plaisir à vous le montrer et à vous raconter ce que je n'ai que dessiné. Je crois que ce sera bientôt, car nous redescendons à la suite des Mamelucks dispersés, et une fois à la hauteur de Siouth mon voyage est fini, je quitte l'armée et me rends au Caire, où j'irai me reposer et me refaire auprès de vous.

.....Rappelez-moi au souvenir de tout votre état-major et du docteur. Permettés que je vous renouvelle tous les tendres et respectueux sentimens que je vous ai voués.

Denon.

Je joins ici une lettre pour mon neveu où il sera. Je vous demande en grâce de la lui faire parvenir. Nous avons fait si grande peur aux Mamelucks qu'ils ne veullent plus regarder en face. Sauver leur trésor et vivre est tout leur plan et, pour cela, ils ont des moyens qui seront longs peut-être à anéantir.

(*Archives de la Guerre.*)

Après l'expédition de Desaix dans la haute Egypte. — Un grand nombre de Mékains, après avoir traversé le désert, s'emparèrent de ...., sur les bords du Nil. Le payeur de la division, la musique de la 61ᵉ de ligne et un détachement de la 61ᵉ, montés sur des barques pour aller joindre leur corps, furent attaqués par les Mékains. Après huit heures de combat, ils furent égorgés. Les musiciens jouèrent pendant plusieurs jours devant les tentes de Mourad Bey et devant celles des chefs mékains, s'attendant à quelques procédés de commisération de la part de ces tigres musulmans. Leurs peines et leurs fatigues furent infructueuses. Car, quand ces tyrans de l'humanité furent rassasiés des sons mélodieux qui sortaient des instruments de ces pauvres malheureux, ils les firent accompagner par quelques Mamelucks dans un bois de palmiers et les égorgèrent, de même que les soldats qui étaient avec eux.

François Durand, musicien, Mémoire manuscrit.

IV. — Dénuement des troupes

Le chef de la 88ᵉ demi-brigade au général de division Dugua, au Caire.

Siout, 30 mars 99 (10 germinal an VII).

Mon général,

J'ai l'honneur de vous rendre compte que, des trois corps d'infanterie existants dans la division du général Desaix, la 88ᵉ demi-brigade est la seule qui n'ait point été complettée en casques. Nous en avons reçu seulement trois cents et il nous en manque environ neuf cents qui nous deviennent d'autant plus urgents qu'il nous est impossible dans la haute Egypte de nous procurer aucune coiffure. Aussi plusieurs de nos hommes n'en ont point et sont obligés de s'envelopper la tête avec du linge.....

Salut et respect.

SILLY.

(*Archives de la Guerre.*)

Le chef de brigade Latournerie, commandant l'artillerie de la division du général Desaix, au général Dugua, commandant de l'Égypte.

Siout, 29 mai 99 (10 prairial an VII).

Mon général, permettés que je vous prie de vouloir bien me rendre un léger service. J'ai ouï dire qu'il existe encore quelques effets de campement dans les magasins du Caire. Vous me feriés le plus grand plaisir s'il vous plaisait de donner vos ordres pour qu'il me fût délivré une tente. Le citoyen Coüm, capitaine au 5ᵉ régiment d'artillerie à cheval que je commande, se chargerait de me la faire parvenir.

Il y a bientôt un an que nous couchons presque continuellement au bivouac, et, dans la vie errante que nous menons, il y aurait plaisir d'avoir, dans cette saison, une tente pour se garantir un peu du soleil.

Salut et respect.

LATOURNERIE.

(Archives de la Guerre.)

De la Tournerie, né en 1761 à Condom, élève d'artillerie en 1781, lieutenant en 2ᵉ en 1783, lieutenant en 1ᵉʳ en 1786, capitaine en 1791.

CHAPITRE XI

Bonaparte à Suez.

..... Parmi les travaux dont l'Institut avait à s'occuper, l'examen de la question du canal de jonction de la mer Rouge à la Méditerranée tenait le premier rang. Pour commencer les opérations, il fallait être entièrement maître de l'isthme. Déjà, le général Reynier avait soumis toute la province de Charkiéh, mais on n'avait pas encore vu la mer Rouge.

Séparé du Caire par un désert de trente lieues habité par des tribus arabes assez nombreuses qui y exercent une autorité absolue, puisque la caravane de la Mecque est obligée de leur payer un droit de passage, il fallait, pour occuper Suez, une expédition particulière. Le 14 frimaire an VII (4 décembre 1798) on y envoya la 32ᵉ demi-brigade avec le général Bon et Eugène Beauharnais, aide de camp du général en chef.

Bonaparte, lui-même, voulut aller visiter ce point important de la géographie. Il se fit accompagner de MM. Monge, Berthollet, Costaz et Lepère.

Partis du Caire le 4 nivôse an VII (24 décembre 1798), on n'arriva à Suez que le soir du lendemain 6. Après avoir vu et ordonné pendant toute la journée du 7 tout ce que pouvaient exiger les besoins de la place sous les rapports de la défense, du commerce et de la marine, Bonaparte alla, le 8, visiter les sources de Moïse, situées de l'autre côté de la mer Rouge, à trois lieues de Suez. A son retour dans cette ville, il courut un très grand danger et se vit sur le point de renouveler le miracle du passage de cette mer par le Pharaon qui, poursuivant les Israélites, fut englouti avec toute son armée. La caravane l'avait passée à pied sec comme les Israélites, mais, au retour, le flux remontait, et, comme la côte est extrêmement basse dans le fond du golfe, le flot allait gagner le général en chef, lorsqu'un guide, le voyant en danger, le prit sur ses épaules et l'emporta avec vitesse.

Le 10 nivôse (30 décembre), on repartit de Suez, et le général en chef, laissant la caravane se diriger sur Adgeroud, courut au nord pour découvrir les vestiges de l'ancien canal qu'il reconnut en effet et suivit sur environ cinq lieues jusqu'à l'entrée du bassin des lacs Amers où il se termine. Il rejoignit la caravane à Adgeroud et se porta le 14 nivôse (3 janvier 1799) à Belbeis, d'où il pénétra dix lieues dans l'Ouadi-Tomilât pour reconnaître la partie du canal qui avait été dérivée du Nil.

Aussitôt après son retour au Caire, il fit fournir aux ingénieurs tous les moyens nécessaires pour un long séjour dans le désert, afin de pouvoir y faire avec facilité les opérations de levée de plan et de nivellement; ceux-ci repartirent pour Suez le 26 nivôse (15 janvier) avec le général de brigade Junot, commandant la place.

P. MARTIN, ingénieur des ponts et chaussées, membre de la Commission des Sciences et Arts, *Histoire* de *l'Expédition française en Egypte*. (Paris, Eberhart, 1825.)

.....Je reçus le 15 frimaire (5 décembre) l'ordre de suivre le général Bonaparte, avec son état-major, à Suez, où nous arrivâmes le troisième jour, après avoir traversé une plaine immense, aride, et où l'on ne découvre qu'un seul arbre (c'est un if d'une odeur désagréable et d'un lugubre aspect); c'était à notre deuxième station. Le chemin de ce désert était tracé, sans interruption, par des ossements d'hommes et d'animaux de toute espèce. Si les cadavres y échappent aux aigles ou vautours qui les dissèquent très promptement et les convertissent en squelettes, les sables et les chaleurs brûlantes les dessèchent en quelques heures et les réduisent à l'état de momie.

Les ossements dont ce désert est parsemé inspirent les idées les plus tristes au voyageur; car, s'il vient à manquer d'eau ou de vivres, il voit d'avance toute l'horreur du sort qui lui est réservé, au milieu d'un désert dont il ne peut découvrir les limites.

Nous sentîmes dans cette courte traversée l'extrême différence de la température du jour avec celle de la nuit. Le froid de la nuit était si vif que pas un de nous ne put reposer un seul instant. Il fallut se promener ou s'agiter sans cesse; car à peine goûtions-nous un moment de repos que nous étions engourdis et comme gelés. Cependant, le besoin donnant de l'industrie, nous imaginâmes de faire un tas de ces ossements et d'y mettre le feu. Nous eûmes d'abord quelque peine à les allumer, mais nous parvînmes à nous en chauffer toute la nuit.

D. J. Larrey, chirurgien en chef de l'armée d'Orient, *Relation historique et chirurgicale de l'expédition de l'armée d'Orient en Égypte et en Syrie.* (Paris, Demonville, 1803.)

Passage de la mer Rouge. — Nous étions partis du Caire pour l'isthme de Suez et, à la descente de la marée de la mer Rouge, nous allâmes à la fontaine de Moïse dissiper quelques Arabes. A notre retour, la marée nous poursuivit à tel point que nous sentîmes, non sans inquiétudes, l'impossibilité de l'éviter. Déjà elle baignait les pieds de nos chevaux et la mer Rouge, comme au temps de Pharaon, allait engloutir des soldats dans son sein. Heureusement le résultat ne fut pas le même que celui de l'Ecriture sainte.

Lorsque nous sentîmes que les flots montaient et qu'ils atteindraient bientôt les flancs de nos chevaux, nous nous mîmes à la nage pour gagner la baie. En me retournant au milieu des flots, j'aperçus le général Caffarelli, commandant du génie, démonté par son cheval et sur le point de périr. Je me dirigeai promptement vers lui : sa jambe de bois faillit lui devenir bien nuisible dans cette circonstance en paralysant ses mouvements. Je plongeai trois fois... Un maréchal des logis, nommé Charbonnier, vint à mon secours, et nous eûmes le bonheur de le ramener jusqu'au bord où l'on tendit de grandes perches et des cordages qui nous aidèrent à escalader la berge fort haute en cet endroit. Le brave général, que nous ne sauvions des flots que pour le voir périr à Saint-Jean-d'Acre, nous embrassa avec effusion de cœur, marque non équivoque de sa reconnaissance, loua beaucoup mon courage et me promit de se souvenir qu'il me devait la vie.

Bonaparte, à qui rien de ce qui porte le cachet de la grandeur n'était indifférent, voulut examiner le plan du canal des Pharaons qui devait réunir la mer Rouge à la Méditerranée. Son état-major et une com-

pagnie de piquet le suivirent dans cette **recherche** ;
je fus aussi de la partie.

Il lui prit tout à coup fantaisie de s'aventurer au
galop, et la vitesse de son cheval le servit si bien
qu'en un clin d'œil le détachement et l'état-major
l'eurent bientôt perdu de vue au milieu du désert.
Il n'eut pour compagnons de voyage dans sa course
précipitée que deux hommes : un fourrier des guides appelé Henri et moi. Nous avions parcouru un
assez long espace de chemin sans savoir jusqu'où il
irait ainsi quand, enfin, il ralentit un peu le galop de
son cheval et retourna, pour la première fois, la tête
derrière lui. Il s'aperçut bien que son escorte était
diminuée, mais il n'en dit rien et se remit au petit trot.
Le jour commençait à baisser, il poursuivait toujours
sa course sans songer au retour, il méditait à loisir...
Dieu seul connaît ses pensées d'alors Mais qu'il était
beau !... Quel ravissement! Quel délire d'avoir vu Bonaparte au sein de la plus parfaite solitude rejeter
ainsi vers le ciel quelques-unes de ses pensées qui lui
venaient du ciel! Qu'il était grand! Qu'il était admirable dans ses extases !... Sa main avait laissé tomber
négligemment les rênes sur le cou de son cheval et
ses deux bras s'étaient croisés sur sa poitrine. Le
crépuscule de son demi-jour éclairait encore cette
délicieuse et poétique inspiration. Mon compagnon et
moi, nous marchions derrière lui avec une espèce de
religion ; le silence le plus profond régnait autour de
nous et, à l'exemple du grand homme, je crois que
nous avions fini par penser.....

Au déclin du jour, nous fûmes tous les trois tirés
de notre rêverie par un bruit peu éloigné ; je levai la

ète, j'aperçus quelque chose, mais je ne pus distinguer ce que c'était. Nous armâmes nos pistolets, nous mîmes le sabre à la main et je me portai en avant. Je reconnus trois Arabes à cheval et deux autres montés sur un dromadaire. Je demandai au général s'il fallait les arrêter : « Non, me dit-il d'une voix forte, laissez-les passer . »

Son rêve était fini ; il s'approcha de nous. Comme j'avais le caractère assez jovial, il m'avait antérieurement, et je ne sais pour quelle espièglerie, surnommé Bamboche, et, dans sa bouche, c'était un terme d'amitié. Aussi j'aimais à m'entendre nommer ainsi par mon général. On me pardonnera, je pense, cette singulière vanité, attendu que je n'ai jamais souffert ce surnom que de la bouche de Napoléon et de celle du prince Eugène.

— Bamboche, me dit alors Bonaparte, j'ai bien faim.

— Possible, mon général, mais le bon Dieu ne laisse plus tomber la manne comme autrefois dans les déserts d'Egypte.

— Farceur, ce n'est pas de l'Ecriture sainte que je te demande ; laisse cette nourriture-là aux âmes dévotes et donne-moi, si c'est possible, quelque chose de plus positif, de plus restaurant.

— En ce cas, mon général, à la guerre comme à la guerre. Henri, mets la table, moi je découpe le rôti.

Bonaparte se mit à rire quand il me vit tirer de mon sac un morceau de jarret de bourrique que mes camarades m'avaient donné en partant de l'isthme de Suez et le découper comme une volaille délicate.

— Gourmand, dit vivement Bonaparte, qui mordait

à belles dents la chair grossière que je lui avais présentée, gourmand, tu m'offres de la viande sans pain.

— Pardon, mon général, j'ai du pain dans mon sac ; et je lui présentai quelques paniosques (biscuit des Arabes). Il les accepta volontiers et les dévora avec un appétit qui faisait plaisir à voir.

— Ma faim s'apaise, nous dit-il après quelques minutes, mais ma soif s'augmente.

J'avais de l'eau dans une peau de bouc pour mon cheval et pour moi ; je lui en présentai. Il en but peu.

— Bouache ! Bouache ! b... qu'elle est chaude et que c'est mauvais !... (Je conserve religieusement ses propres expressions.)

— Ça ne vaut pas une bouteille de notre champagne, mon général, mais je puis vous en dédommager ; et je lui offris une goutte d'aragui, eau-de-vie faite avec des dattes et des oignons du pays.

Il fut content pour cette fois.

Tout ceci se passait en cheminant à cheval. Notre repas frugal étant terminé (car nous avions aussi mangé), il donna l'ordre au fourrier Henri de marcher sur la gauche pour tâcher de découvrir quelques-uns des nôtres. Alors je le suivis seul. Napoléon paraissait plus préoccupé qu'avant ; la nuit était tout à fait obscure.

— Il est temps, me dit-il, de songer à ma suite : je l'avais totalement oubliée.

— Si ma monture et celle du fourrier n'eussent pas été bonnes, mon général, vous vous trouveriez seul dans ce désert.

— Napoléon, reprit-il vivement, n'a jamais été et ne pourra jamais être seul une minute.

Je compris que j'avais dit une gaucherie et je réfléchis sur les dernières paroles de mon général. Que je les trouvai profondes ! Que je regrettai alors de n'avoir pas reçu une brillante éducation ! Oh ! si Duroc ou Caulaincourt avaient été à ma place, ils auraient eu avec lui un de ces entretiens délicieux qui ne s'effacent jamais de la mémoire, que l'on raconte à ses enfants l'hiver au coin du feu et que le public accueille aujourd'hui avec une sorte de vénération.

Nous nous taisions... Tout à coup, il tourna ses regards vers la gauche et, d'un ton presque prophétique, il me dit : « Voilà notre route ; nous trouverons, » ajoute-t-il, notre petite armée qui doit être mainte- » nant à telle ou telle hauteur. » Une demi-heure après il m'ordonna de sonner la marche française et le ralliement. Après avoir marché encore environ une demi-heure, nous aperçûmes des falots placés de distance en distance pour nous indiquer la route. Ces falots avaient été placés par son état-major qui était dans la plus grande inquiétude sur la disparition du général en chef. Il m'ordonna de marcher au plus vite du côté où nous apercevions de la lumière et de sonner de nouveau la marche et le ralliement. Nous fûmes entendus ; des pelotons de guides s'avancèrent vers nous ayant à leur tête le chef d'état-major Berthier et le chef de brigade Bessières, commandant des guides. La joie éclata sur tous les visages ; on s'embrassa comme des amis qui ne se sont pas vus depuis un an.

Cette promenade délicieuse que j'ai faite avec Napoléon dans les déserts de l'Egypte a toujours eu pour moi quelque chose d'indicible, je dirai presque d'idéal ;

aujourd'hui encore, elle me rappelle un des plus beaux souvenirs de ma vie.

Capitaine KRETTLY, ancien trompette-major des guides d'Italie, d'Egypte et des chasseurs à cheval de la garde impériale, *Souvenirs historiques*, publiés par E. Grandin, membre de l'Institut historique. (Paris, Biard, 1838.)

Krettly, né à Versailles en 1775. Garde française en 89, trompette dans les guides du général Bonaparte en 98, trompette-major en 1802, lieutenant en 2ᵉ porte-étendard des chasseurs de la garde en 1805, retraité en 1808, retiré à Sens (Yonne).
Extrait du premier volume du registre matricule des officiers des chasseurs à cheval et mamelucks de la Garde Impériale, ex-garde des consuls :
« Au siège de Saint-Jean-d'Acre, SaMajesté l'envoya en parlemen-
» taire à la brèche. Elle lui fit donner un mouchoir pour drapeau.
» Il eut l'honneur de le lui rapporter percé des balles que l'ennemi
» avait tirées sur lui.
» Au Mont-Thabor, le 26 germinal an VII, avec le colonel Dahlmann,
» il arrêta la tête d'un convoi de chameaux. Il sabra quatre ou cinq
» Mamelucks, par lesquels il fut blessé. Il obtint un sabre d'honneur
» pour le courage qu'il a montré dans cette affaire.
» Après la levée du siège de Saint-Jean-d'Acre, et en retournant
» au Caire, il fut avec le chef d'escadrons Barthélémy sur le rivage
» de Gaza, où ils prirent une caravane de chameaux ; il en arrêta la
» tête et se battit contre deux Arabes qu'il tua à la vue du frère de
» M. le maréchal Bessières.
» A l'affaire des Mecquins, il soutint la charge à la tête du peloton
» avec le chef d'escadrons Gambert. Il fut attaqué par cinq Mecquins,
» il sabra les uns, brûla la cervelle aux autres, et y fut blessé d'un
» coup de lance.
» A l'affaire d'Aboukir, en présence du maréchal Bessières, il prit
» un drapeau.
» A Marengo, à la reconnaissance d'une redoute, il se distingua et
» tua un sous-officier hongrois. A cette affaire, il eut une trom-
» pette d'honneur.
» A Austerlitz, il dégagea le chef d'escadrons Daumesnil des mains
» de l'ennemi, il culbuta sept ou huit Russes qui voulaient l'arrêter. »

Reconnaissance du canal de Suez. — Après une première reconnaissance du canal de Suez, faite par le général en chef, les citoyens Lepère, ingénieur en chef; Gratien Lepère, Saint-Genis et Dubois, ingénieurs des ponts et chaussées, chargés des opérations préliminaires de l'ancien canal de jonction des deux mers, sont repartis du Caire le 26 nivôse (15 janvier) pour

Suez, où ils sont arrivés le 29 (18). Pendant douze jours qu'ils y ont passés, ils ont fait les opérations relatives aux plans, marées et établissement de ce port sur la mer Rouge.

Partis de Suez le 12 pluviôse (31 janvier) avec une escorte de quarante hommes de troupes maltaises, ils ont nivelé et relevé le plan de cinq lieues de vestiges de cet ancien canal; ils ont nivelé cinq autres lieues mais hors du canal dont ils avaient perdu les traces. Le manque absolu d'eau les força de marcher droit à la vallée de Sébabior; dans leur marche, ils ont donné la chasse à une caravane des Arabes de la tribu ennemie dite El Ouatath. Arrivés dans la vallée au-dessus d'Abou-Echeib, ils l'ont traversée et ont retrouvé les vestiges de l'ancien canal, qu'ils ont suivis jusqu'à Habassa qui offre les ruines d'une ancienne ville distante au nord-est de trois lieues de Belbéis. Ils sont revenus au Caire pour y reprendre de nouveaux moyens de terminer le nivellement des deux mers par l'ancien canal. L'expédition de Syrie et quelques autres circonstances se sont opposées à leur départ; la saison où nous sommes paraît peu favorable à l'achèvement de cette importante expédition. On devra regretter qu'elle n'ait pu être achevée dans le premier voyage de ces ingénieurs.

Extrait du numéro 30 du journal *le Courrier de l'Egypte*, paru au Caire le 8 avril 1799 (19 germinal an VII). (*Archives de la Guerre.*)

Une caravane du Caire à Suez. — De Boulac, je fis partie d'un détachement commandé pour escorter une autre caravane qui partait du Caire pour Suez. Cette escorte était composée de cavalerie et d'infanterie; le trajet est d'environ trente lieues. C'est un pays désert où il n'y a aucune trace de route ; ce n'est que par la boussole qu'on peut se diriger. Ces déserts sont occupés par des Arabes qui attendent les caravanes pour les dépouiller.

Pour éviter leurs attaques et de crainte de surprise de leur part, nous nous étions formés en avant-garde, corps d'armée et arrière-garde.

Dans la nuit du second jour, nous fîmes une halte de deux heures; ensuite la caravane continua sa route. L'arrière-garde, composée de quarante hommes commandés par un officier, n'ayant pas observé la marche de la caravane, la perdit de vue ; d'autant plus que le brouillard qui règne dans ces déserts, occasionnant chaque matin une espèce de mirage qui nous porte à croire de voir un lac devant nos yeux, l'empêchait de découvrir la colonne qui était en avant. Plus l'arrière-garde avançait, plus elle s'écartait de sa direction; de sorte que nous arrivâmes à Suez ignorant ce qu'elle était devenue, et nous ne la revîmes plus.

Ce ne fut que trois mois après que les Arabes du désert apprirent au Caire qu'ils avaient trouvé cette arrière-garde morte de faim et de misère, à plus de trente lieues d'écart de Suez et presque dévorée par les bêtes féroces : ils lui avaient trouvé beaucoup d'or et d'argent.

Cette catastrophe n'est pas mentionnée dans l'histoire; c'est ainsi, et par des malheurs semblables, que les registres mortuaires des armées ne pouvaient faire aucune mention des militaires perdus, dont on ignorait absolument le sort.

J. M. MERME, chasseur à cheval de la garde. *Histoire militaire.*)

LIVRE V

EXPÉDITION DE SYRIE ET DE PALESTINE

CHAPITRE XII

EL-ARICH — JAFFA

Causes de l'expédition de Syrie. — Du Caire à El-Arich. — Prise d'El-Arich. — D'El-Arich à Gaza. — De Gaza à Jaffa. — A la garde du camp. — Prise de Jaffa. — La peste.

I. — Causes de l'expédition

Après la bataille de Sédiman et la révolte du Caire, de nouvelles négociations eurent lieu avec Mourad et Ibrahim Beys ; ils étaient disposés à se soumettre et à servir sous les drapeaux français, mais ils reçurent l'avis que la Porte mettait deux armées en campagne. Ils voulurent voir l'issue de cette entreprise.

.....Dans la crainte de cette invasion, l'esprit public de l'Égypte rétrogradait, il n'était plus possible de rien faire. Si une division anglaise se joignait à l'armée de Rhodes, cette invasion deviendrait bien dangereuse. Napoléon résolut de prendre l'offensive, de passer lui-même le désert, de battre l'armée de Syrie, à mesure que les diverses divisions se réuniraient, de s'emparer de tous ses magasins et des places d'El-Arich, de Gaza, de Jaffa, d'Acre, d'armer les chrétiens de la Syrie, de soulever les Druses et les Maronites, et de prendre ensuite conseil des circonstances. Il espérait qu'à la nouvelle de la prise de Saint-Jean-d'Acre les Mamelucks, les Arabes d'Égypte, les partisans de la maison de Daher, se joindraient à lui; qu'il serait en juin maître de Damas et d'Alep ; que ses avant-postes seraient sur le mont Taurus, ayant sous ses ordres immédiats vingt-six mille Français, six mille Mamelucks et Arabes à cheval d'Égypte, dix-huit mille Druses, Maronites et autres troupes de Syrie ; que Desaix serait en Égypte prêt à le seconder, à la tête de vingt mille hommes, dont dix mille Français et dix mille noirs, encadrés. Dans cette situation, il serait en état d'imposer à la Porte, de l'obliger à la paix, et de lui faire agréer sa marche sur l'Inde. Si la fortune se plaisait à favoriser ses projets, il pouvait encore arriver sur l'Indus au mois de mars 1800, avec plus de quarante mille hommes en dépit de la perte de la flotte. Il avait des intelligences en Perse, il était assuré que le schah ne s'opposerait pas au passage de l'armée par Bassora, Chyraz et le Mékran. Les événements ont déjoué ces calculs. Toutefois, la guerre de Syrie a rempli un de ses buts, la destruction des armées turques; elle a sauvé l'Égypte des horreurs de la guerre et a consolidé cette brillante conquête. Le second but eût encore été effectué en 1801, après le traité de Lunéville, si Kléber eût vécu.

(*Mémoires dictés par Napoléon.*)

II. — Du Caire a El-Arich

Le général en chef, accompagné de son état-major, partit du Caire le 22 pluviôse (10 février) et vint coucher à Belbéis en passant par èl-Mattaryèh, Berkèt-èl-Hadj, èl-Khangah, èl-Ménayéh et Retéh. La distance du Caire à Belbéis est de quatorze lieues de marche. On côtoie le désert, qui se trouve à la droite ; le terrain est ferme et souvent parsemé de cailloux.

Le 23 (11), le général en chef partit de Belbéis et alla coucher à Koraïm, en passant par le village d'Asouah et le Cheik-èl-Naser. La distance est de sept heures de marche et la route est en partie sablonneuse. Après avoir traversé jusques à Asouah un pays beau et bien cultivé, on marcha dans le désert jusqu'à Koraïm.

Le 24 (12), il partit de Koraïm pour se rendre à Salhéyéh, en passant près d'un santon dans le désert et d'une tour à côté de laquelle on trouve de l'eau, ensuite le bois de Salhéyéh. Il y a neuf heures de marche ; le chemin est très bon jusqu'à la tour où il est très mouvant ; il devient marécageux et difficile après l'inondation. Le désert est moins nu qu'aux environs de Belbéis.

Le 25 (13) au matin, le général en chef continua sa route, en se rendant au point dit Kantara-èl-Kesneh. Il y a neuf heures de marche. D'abord on traverse le champ de bataille du 24 thermidor an VI (11 août 1798) (1) ; on trouve ensuite des palmiers et de l'eau.

---

(1) Combat de Salhéyéh.

La route pendant deux heures et demie est dans un sable mouvant, puis elle est bien tracée jusqu'au point où l'on passe l'eau à gué. On voit à la gauche le lac Menzaléh, à la droite un immense désert ; un quart de lieue en avant du pont, on trouve de l'eau en creusant un peu la terre ; au delà, il y a deux citernes.

De ce pont brisé par les Mamelouks jusqu'à Katiéh, il y a treize heures de marche. On passe l'eau trois autres fois ; le chemin était très humide et très fangeux aux environs des mares d'eau qui avaient trois pieds et demi de plus grande profondeur. Il y a un bon chemin depuis la dernière rencontre de l'eau jusques aux palmiers de Bir-êl-Duedar, où on trouve deux citernes ; on marche ensuite sur des sables mobiles jusqu'à Katiéh, lieu remarquable, au milieu des déserts, par un beau bois de dattiers, de puits et une bonne citerne dans une enceinte retranchée par nos troupes et couverte de palissades.

Arrivé à Katiéh le 26 (14), je ne suivis point, d'après un ordre, le quartier général, qui était le 27 (15) au soir aux puits dits Bir-él-Abd. De Katiéh à cette station il y a huit heures de marche. On trouve des sables mouvants et formant des monticules. Quoique la végétation soit extrêmement faible, on rencontre plus ou moins répandue une espèce de petite oseille qui rafraîchit agréablement la bouche et servit souvent dans nos marches à calmer le tourment aigu de la soif.

De Bir-êl-Abd, où l'on trouve deux puits d'eau médiocrement bonne et en petite quantité, jusques aux puits de Meçoudiah dont l'eau est abondante et excellente, il y a vingt heures de marche. Le chemin présente d'abord des sables mouvants, puis une plaine ferme et couverte de coquillages; il devient difficile en approchant le rivage dont les sables sont très mouvants; ensuite il se raffermit jusqu'à Meçoudiah; cette journée offre les plus grandes fatigues.

De Meçoudiah à El-Arich il y a quatre heures de marche. On s'avance le long du rivage sur un terrain assez ferme jusques à un santon, puis on entre dans les sables en obliquant sur la droite. Le quartier général était le 29 (17) à El-Arich, où se réunirent en même temps les divisions commandées par les généraux Bon et Lasnes et le parc d'artillerie de l'expédition.

Médecin en chef Desgenettes, *Histoire médicale de l'armée d'Orient*.

..... Kléber nous dit : « Soldats, j'ai reçu l'ordre de
» notre brave général en chef de faire préparer ma
» division pour l'expédition de Syrie ; je vous exhorte
» à vous préparer à une expédition où vous aurez trois
» ennemis à combattre. Ainsi prenez vos dimensions.
» Que chaque soldat soit muni d'un bidon pour le
» trajet de la plaine brûlante et mouvante, soit le dé-
» sert..... »

..... Nous étions donc en route pour El-Arich qui se trouve, dans le désert, à trois mortelles journées de Katiéh. Il ne m'est pas possible d'exprimer les souffrances que nous éprouvions sur ce sol aride et brûlant où la consternation était peinte sur chaque visage. Nos bidons étaient vides et aucun espoir de trouver à les remplir ne s'offrait à notre vue. L'on arriva après avoir essuyé bien des souffrances aux fontaines saumâtres où l'on ne se désaltéra qu'à moitié.

Avec tout notre malheur, nous ne pouvions nous empêcher de rire de voir chaque soldat au secours de leurs culottes un moment après avoir bu de cette eau ; la meilleure médecine préparée pour faire courir le ventre n'eût pas fait plus d'effet.

Nous couchâmes à cette pharmacie.

Le lendemain, nous continuâmes notre route, toujours sur le sol aride, sans trouver de cette substance liquide qui nous était si nécessaire. Nous couchâmes dans une plus mauvaise position que la précédente. Nous n'y aurions pas trouvé une pilule, lors même que nous en aurions eu bien besoin. On distribua de l'eau par compagnie et nous eûmes chacun un verre pour nous empêcher de mourir de soif. Cette eau avait été transportée sur les chameaux depuis Katiéh. Elle était tellement battue et échauffée dans des peaux de bouc qu'elle n'était pas trop agréable à boire. Mais, malgré toute sa fétidité, nous en faisions plus de cas que des meilleurs vins d'Europe.

Nous nous remîmes en route, passant toujours au travers le désert et souffrant beaucoup. Cette journée fut encore plus douloureuse et pénible que les précédentes. La détresse et le désespoir étaient à leur comble. L'on était tellement accablé que l'on tombait en faiblesse. Les chevaux, les chameaux et les ânes ne pouvaient plus porter leurs charges. Il n'est pas possible d'envisager dans quelle funeste position l'armée était ce jour-là et de s'imaginer avec quelle constance nous supportions nos malheurs. Le moindre ennemi qui se fût présenté ce jour-là aurait eu peut-être de grands avantages sur cette armée tant de fois victorieuse sur le sol égyptien. Deux soldats faisant partie de cette expédition, ne pouvant plus résister à la soif brûlante qui les dévorait, se donnèrent la mort, mais ce procédé ne fut suivi de personne.

Sur ces entrefaites, les généraux, commandants et officiers, qui étaient montés, agirent de générosité comme il était fort urgent, se démontèrent pour donner leurs montures aux infortunés soldats qui défaillaient de fatigue. Ce fut le général Lagrange qui commença ce trait d'humanité. Le général Devaux, homme distingué par sa bravoure et son bon cœur, alla en avant avec un de ses aides de camp pour découvrir quelques citernes. Ses démarches ne furent pas infructueuses. Il trouva une citerne à une demi-heure de nous où l'eau était excellente, revint avec joie annoncer la trouvaille à l'armée; dès ce moment, l'on vit renaître de la vigueur dans le soldat. Nous arrivâmes à la citerne tant désirée. L'on y resta quatre heures à se désaltérer. Quel contraste charmant il était survenu depuis que l'on avait commencé à boire. La gaieté était répandue dans la division. Les uns chantaient, les autres dansaient, malgré que l'on fût harassé de fatigue. La citerne s'épuisait à force d'y prendre, mais elle fut bientôt remplacée par une autre source, espèce de phénomène sur un sol aussi stérile.

Nous nous écartâmes, deux ou trois camarades, à quelques pas de distance de ce camp où tout annonçait l'abondance, malgré qu'il n'y eût que de l'eau. Nous trouvâmes derrière une hauteur de sable un petit quarré de gazon très vert; nous conjecturâmes qu'il y avait quelques sources d'eau douce, ce qui ne fut pas vain. Nous y creusâmes avec la baïonnette et trouvâmes l'eau à un pied et demi. Cette découverte se sut bientôt au camp. Ceux qui n'avaient encore pu étancher leur soif à la citerne vinrent s'approprier un morceau de terrain pour y creuser une fontaine. Nous consommâmes le restant du biscuit que nous avions à ces petits cabarets.

Nous partîmes de ce lieu délicieux, en passant le long de la mer. Nous avions deux mortelles heures pour arriver à El-Arich. Nous y arrivâmes à dix heures et demie du soir et nous bivouaquâmes, cette nuit, dans les palmiers, où nous trouvâmes quelques citernes d'eau assez bonne.

Le lendemain, on marcha sur le fort. On en forma le blocus et on leur envoya quelques obus, ce qui ne leur fit guère d'impression. Le général Reynier, commandant l'avant-garde, fit battre la charge, croyant que ce fort était de pastèques et ses bastions de melons à côte, et fit monter à l'assaut. Les efforts de nos braves frères d'armes furent inutiles. Nous eûmes deux cents et quelques tant blessés que tués. Plusieurs de mes étroits amis ont été investis des voiles lugubres de la mort, entre autres notre basson.

François Durand, musicien, Mémoire manuscrit.

III. — Prise d'El-Arich

.....Le général Kléber prit le blocus du fort d'El-Arich. Le général Reynier réunit dans la matinée du 12 février sa division dans la forêt de palmiers sur la rive gauche du ravin, vis-à-vis de la division d'Abdallah; il passa la journée du 13 et du 14 à reconnaître le terrain, à faire ses dispositions, à instruire les différents officiers qui devaient commander ses colonnes, et dans la nuit du 14 au 15 il exécuta une des plus belles opérations de guerre qu'il soit possible de faire.

Il leva son camp à onze heures du soir, marcha par sa droite, remonta le ravin d'Egyptus pendant une lieue; là, le passa, se rangea en bataille, sa gauche au ravin et sa droite du côté de la Syrie, se trouvant en potence sur la gauche de l'armée ennemie; il rangea dans le plus profond silence sa division en colonnes par régiment; il formait ainsi trois colonnes et chaque colonne à distance de déploiement, son artillerie dans les intervalles. Il réunit à deux cents pas de chaque colonne les grenadiers, auxquels il joignit cinquante hommes de cavalerie, ce qui porta la force de chaque détachement à deux cents hommes. Ainsi formé, il se mit en marche; aussitôt qu'il rencontra les premières sentinelles, il fit halte et rectifia sa position. Les trois détachements de grenadiers se jetèrent par trois directions différentes au milieu du camp ennemi; chaque détachement était muni de plusieurs lanternes sourdes, chaque soldat portait au bras un mouchoir blanc; d'ailleurs, la différence de langage rendit la reconnaissance plus facile. En un moment, l'alarme fut dans le camp d'Abdallah. Reynier, avec la colonne du centre, arriva à la tente du pacha qui n'eut que le temps de se sauver à pied; plusieurs kiachefs d'Ibrahim Bey furent pris; l'ennemi laissa quatre ou cinq cents morts sur-le-champ de bataille, neuf cents prisonniers, tous ses chameaux, une grande partie de ses chevaux, toutes ses tentes et ses bagages. Abdallah se sauva épouvanté et ne rallia sa division qu'à Khan-Iounès. Reynier n'eut que trois hommes tués et quinze ou vingt blessés; il campa le 17 dans la position qu'avait occupée l'ennemi, couvrant le siège d'El-Arich. Cette affaire fit le plus grand honneur au sang-froid et aux sages dispositions de ce général.

(*Mémoires dictés par Napoléon.*)

..... A la reddition du fort, le général en chef me donna l'ordre d'en visiter l'intérieur et de prendre les mesures que je croirais nécessaires pour le désinfecter et sanifier les salles. Un officier de l'état-major qui eut trente prisonniers turcs à sa disposition fut chargé de se concerter avec moi pour l'exécution de cette mesure. Je cherchai d'abord les blessés ou malades que les assiégés avaient laissés; j'en découvris une quinzaine dans des souterrains, privés de lumière et d'air vital, couchés sur de mauvaises nattes presque pourries, sans fournitures de lit et couverts de vermine. Ces malheureux n'avaient reçu de la médecine aucun secours. Plusieurs des plaies étaient dépourvues de toute espèce d'appareils, toutes affectées de gangrène et remplies de vers. Quelques-uns de ces individus présentaient tous les symptômes de la fièvre maligne et je remarquai sur l'un d'eux un bubon pestilentiel à l'aine droite et un charbon à la jambe du même côté.

Tous ces signes étaient suffisants pour me prouver l'existence de la peste parmi les troupes de cette garnison ennemie. J'en rendis compte au général et à l'ordonnateur en chef. Après avoir fait placer et isoler sous le fort ces infortunés afin qu'ils n'eussent avec nos troupes aucune espèce de communication, je les pansai moi-même, ou les fis panser sous mes yeux, et je m'occupai de suite de la seconde partie de la mission dont j'étais chargé.

Les cours de ce fort étaient remplies de cadavres d'hommes et d'animaux, surtout de chevaux qui étaient déjà en putréfaction ; les chambres des soldats étaient parsemées de haillons et de toutes sortes d'objets infects et insalubres. Je commençai par faire traîner hors du château, et le plus loin possible, tous ces cadavres qu'on ensevelit dans un des boyaux de la tranchée. Je fis ramasser ensuite tous les effets contaminables en grand tas, dans chaque cour, pour les brûler ; je fis allumer aussi de petits feux dans les différents appartements pour purifier l'air et brûler les effets, ainsi que les insectes nombreux qui y étaient répandus. Tout le fort fut nettoyé, et avant d'y laisser établir nos troupes, on y fit les réparations nécessaires et on le blanchit à l'eau de chaux.

Chirurgien en chef Larrey, *Relation historique.*

IV. — D'El-Arich a Gaza

..... Le général Kléber, commandant l'avant-garde, partit le 22 février avant le jour ; il devait aller coucher au puits de Zawi pour arriver le lendemain à Khan-Iounès; il avait ordre de pousser un avant-poste sur Khan-Iounès, si cela lui était possible; d'El-Arich à Khan-Iounès, il y a quatorze lieues.

Le général en chef partit le 23 à une heure après-midi, avec cent dromadaires et deux cents gardes à cheval. Il marcha au grand trot pour joindre l'avant-garde; arrivé au santon de Karoub, il trouva un grand nombre de fosses où les Arabes enterrent des blés et des légumes; aucune n'était fouillée. Arrivé au puits de Zawi, il ne trouva pas de traces de l'avant-garde. Le temps était frais, il arrivait souvent dans le désert que les soldats préféraient doubler la marche pour gagner un meilleur pays. Arrivé au puits de Raphia, le soleil se couchait; il ne trouva là non plus aucune trace de la division : il arriva enfin sur la hauteur, vis-à-vis de Khan-Iounès. Le village est dans le fond; il faisait encore un peu jour, il aperçut une grande quantité de tentes; le camp était beaucoup trop grand pour pouvoir être celui du général Kléber. Peu de moments après, le piquet d'escorte tira quelques coups de carabine contre les grand'gardes de l'ennemi; un chasseur arriva au galop pour prévenir qu'il faisait le coup de carabine avec les Mamelouks d'Ibrahim Bey, qu'on voyait un camp très considérable qui prenait les armes et dont la cavalerie montait à cheval.

On se peindra facilement l'étonnement de l'état-major. Qu'était donc devenue l'avant-garde? Les chevaux étaient très fatigués; ils avaient, en neuf heures de temps, fait douze lieues; on allait être poursuivi par une nombreuse cavalerie fraîche, il fallut battre promptement en retraite ; les puits de Raphia étaient trop près, on arriva à celui de Zawi à onze heures du soir. Les partis qui s'étaient dirigés le long de la mer et par le désert n'apportèrent aucune nouvelle.

À trois heures après minuit, un piquet de douze dromadaires, revenant de Gaïan, amena un Arabe qu'il avait trouvé dans une petite cabane ; il gardait un troupeau de chameaux. Il dit que les Français, à trois lieues d'El-Arich, avaient quitté la route de Syrie pour suivre une route tracée, et s'étaient dirigés du côté de Gaïan, c'était le chemin de Karak. Le général en chef partit sur l'heure même, guidé par cet Arabe. À la pointe du jour, il rencontra trois ou quatre dragons de l'avant-garde qui lui donnèrent les nouvelles les plus déplorables. Kléber s'était égaré, il avait marché quinze heures sans s'apercevoir de son erreur ; mais à cinq heures après-midi, plusieurs soldats, étonnés de ne point trouver le santon de Karoub où les gens d'El-Arich leur avaient dit qu'ils devaient trouver des fosses de légumes, communiquèrent leurs inquiétudes à leurs officiers, qui en instruisirent leur général. Ainsi prévenu, Kléber s'orienta et s'aperçut qu'il s'était égaré. L'avant-garde n'avait à sa suite que quelques chameaux chargés d'eau ; elle avait fait la soupe, et, immédiatement après, elle s'était remise en marche au lever de la lune pour revenir sur ses pas et regagner le puits de Zawi ; elle savait que le général en chef devait la suivre, elle en était fort inquiète, lorsqu'à 10 heures du matin il leur apparut.

Aussitôt que les soldats reconnurent sa capote grise, ils la saluèrent par des cris de joie redoublés.

Le découragement était tel que plusieurs avaient brisé leur fusil. Napoléon rallia la division, fit battre à l'ordre et dit aux soldats « que ce n'était
» point en se mutinant qu'ils remédieraient à leurs
» maux ; au pis-aller, qu'il fallait mieux enfoncer sa
» tête dans le sable et mourir avec honneur que de
» se livrer au désordre et de violer la discipline ». Il leur annonça qu'ils n'étaient point éloignés du puits de Zawi, que des chameaux chargés d'eau venaient à leur rencontre ; à midi, la division Kléber arriva au puits de Zawi, au même moment où le reste de l'armée et des chameaux de réserve y arrivaient d'El-Arich. Il ne lui manqua que cinq hommes, morts de soif ou égarés. Lannes prit l'avant-garde et coucha le soir même à Khan-Iounès. Des prisonniers dirent que l'avant-veille, à la vue de l'escorte du général en chef, Abdallah avait monté à cheval et poussé jusqu'à Raphia avec toute sa cavalerie. Mais, la nuit étant devenue très obscure, il avait cessé sa poursuite, de crainte de tomber dans quelque embuscade.

(*Mémoires dictés par Napoléon.*)

....Nous attendions avec grande impatience la prise d'El-Arich, car, depuis six jours, nous n'avions que trois onces (quatre-vingt-dix grammes) de biscuit et une once de riz ; nous mangions les chameaux blessés ou malades et les mulets et les chevaux hors de service. Nous fîmes cet ordinaire jusqu'à Gaza.

Le 4 ventôse (22 février), nous nous mîmes encore en marche pour le désert. Le 4 au soir, l'on me détacha de la division et le général Lannes me donna ordre de mener deux chameaux chargés d'eau à la division Bon, qui était à cent pas derrière notre camp. Cette eau était destinée pour l'artillerie de cette division, qui était encore fort éloignée ; je fus obligé d'attendre qu'elle arrivât et elle ne vint que fort tard, c'est-à-dire le lendemain 5 (23), sur les neuf heures du matin.

Après s'être rafraîchie, elle partit, mais il fallait s'arrêter à tout moment. Les chemins étaient affreux et les chevaux, d'ailleurs, crevaient de soif, de faim et de fatigue. Sur les midi, ennuyé de la lenteur de la marche, je dis à mes deux chameliers de me suivre et j'allai en avant. Au bout d'une heure et demie, je m'aperçus que nous avions déjà fait du chemin et que nous étions très éloignés du convoi. Un secret pressentiment de quelque mauvais accident me suggéra l'idée de m'arrêter. Je le fis et m'en trouvai bien.

Un demi-quart d'heure après, j'entendis une fusillade assez vive qui ne partait pas de très loin ; je me doutai à peu près de ce que ce pouvait être. Lorsque l'artillerie fut parvenue à l'endroit où j'étais arrêté, on continua la marche et l'on ne tarda pas à voir ce qui avait occasionné cette fusillade. Nous vîmes dix hommes du 3e bataillon de la 32e, qui étaient de l'escorte, assassinés. Il y avait trois blessés, dont l'un avait la main coupée et un coup de lance dans la poitrine. Les deux autres étaient mutilés. Il y avait aussi sept Arabes tués. Cinquante de ces brigands étaient venus attaquer quinze malheureux qui marchaient comme moi en avant. Deux seulement en échappèrent. Ils firent tous une courageuse résistance. Je regardai comme une inspiration divine cette inquiétude secrète qui me fit demeurer là.

Le soir, nous arrivâmes près d'une espèce de lac où nous nous rafraîchîmes. Nous trouvâmes aussi de la paille hachée pour nos animaux. Il y a là un très mauvais fort qui n'attendit pas l'arrivée des Français pour ouvrir ses portes. Nous arrivâmes assez difficilement à cette destination, car nous nous égarâmes plusieurs fois dans le désert. Pour moi, je n'étais pas sans mécontentement, n'ayant presque rien mangé depuis mon départ auquel je ne m'attendais pas et, n'ayant fait aucune provision, je me trouvai fort embarrassé. Enfin, le commandant du bataillon d'escorte m'offrit de la soupe au riz, une galette et un petit verre d'eau-de-vie ; j'acceptai son offre sans balancer. D'ailleurs, je leur avais apporté de l'eau, ils pouvaient bien me payer de retour en me donnant à manger.

Je dormis après cela tranquillement quoiqu'il tomba un peu de pluie, et je n'avais rien pour me couvrir que la selle de mon âne. Je regrettai alors la division comme un homme regrette sa patrie, notre tente comme la maison paternelle.

Le (6) 24, à midi, nous partîmes de là. A six heures du soir, nous étions proches des colonnes (en granit noir, dix-huit pieds de haut) qui séparent l'Asie d'avec l'Afrique. J'aurais voulu quelque chose de plus grand et de plus beau pour les limites des deux parties du monde. A sept heures du soir, nous étions en Asie. Nous fûmes obligés de nous arrêter sur les huit heures ; le temps était très noir et les chemins très mauvais.

Aussitôt la lune levée, nous nous mîmes en chemin ; au bout de deux heures, nous quittâmes le désert et nous nous trouvâmes, tout d'un coup, dans une belle route et dans une campagne magnifique ; nous marchâmes toute la nuit et, le 7 (25), au matin, nous étions devant Gaza. Toute l'armée y était ; je rejoignis ma division avec une joie inexprimable.

Nous trouvâmes une grande différence de climat entre l'Egypte et la Syrie ; l'air, en ce dernier pays, y était alors très humide ; les nuages amoncelés nous annonçaient un orage qui ne tarda pas à éclater ; le tonnerre gronda ; l'eau tomba avec tant d'abondance que les chevaux et les ânes que nous avions amenés d'Afrique périrent de froid. Ces animaux qui avaient toujours habité un ciel pur et serein, ne purent tenir contre les grandes pluies, ce qui gêna beaucoup l'armée pour le transport de ses bagages et vivres.

Alex. LACORRE, *Journal inédit d'un commis aux vivres.*

..... La plaine de Gaza est belle, riche, couverte d'une forêt d'oliviers, arrosée par beaucoup de ruisseaux ; il y a un très grand nombre de beaux villages. L'armée campe dans les vergers autour de la ville ; elle occupe les hauteurs par de forts détachements. Au milieu de la nuit, elle fut réveillée par un phénomène auquel elle n'était plus accoutumée. Le tonnerre gronda, l'atmosphère fut embrasée d'éclairs, la pluie tombait par torrents. Le soldat poussa des cris de joie, depuis près d'un an il n'avait pas vu une seule goutte de pluie ; c'est le climat de France, disait-il. Mais, la première heure passée, la pluie, contre laquelle ils n'avaient aucun abri, les fatigua ; la vallée fut bientôt inondée ; le général en chef fit porter ses tentes sur la hauteur d'Hébron (où Samson porta les portes de Gaza). On se ressentit de l'abondance du territoire.

L'armée se reposa quatre jours pour se refaire des fatigues du désert; elle eut des vivres en abondance et de très bonne qualité. La terre était grasse, boueuse, l'atmosphère couverte de nuages. Après quelques jours, la chaussure du soldat souffrit. Berthier profita de ce moment de repos pour expédier des proclamations à Jérusalem, à Nazareth, dans le Liban. C'étaient des proclamations du sultan Kébir (Bonaparte) aux Turcs; c'étaient des allocutions des ulémas de Gama-el-Azhar aux fidèles musulmans et enfin des circulaires aux chrétiens. Ces proclamations étaient en arabe; le quartier général avait une imprimerie. Jérusalem était sur la droite de la route, on espérait y recruter bon nombre de chrétiens et y trouver pour l'armée des ressources importantes, mais l'aga avait pris des mesures pour défendre cette ville. Toute l'armée se faisait une fête d'entrer dans cette Jérusalem si renommée; quelques vieux soldats qui avaient été élevés dans les séminaires chantaient les cantiques et les complaintes de Jérémie que l'on entend pendant la semaine sainte dans les églises d'Europe.

(*Mémoires dictés par Napoléon.*)

V. — De Gaza a Jaffa

..... Le 10 ventôse (28 février), nous partîmes de Gaza, et, après une journée très fatigante et sans avoir fait beaucoup de chemin, car les pluies avaient rendu les routes impraticables, nous fûmes coucher à l'ancienne Azotta.

Il est impossible de se figurer la peine que les équipages et l'artillerie de l'armée eurent dans la journée du 11 (1er mars). Jamais chemins n'ont été si affreux; encore étaient-ce des terres labourées. La moitié des chameaux périrent en route ; ces animaux, qui sont accoutumés à marcher dans les sables brûlants de l'Égypte, ne pouvaient se tenir sur les terres grasses, où ils enfonçaient jusqu'aux genoux. L'artillerie perdit beaucoup de mulets, de chevaux; les roues enfonçaient jusqu'aux essieux.

J'eus aussi ma peine ce jour-là. Nos chameaux tombaient à chaque pas et menaçaient de laisser nos effets dans la boue. A chaque instant, il les fallait faire relever, puis décharger et recharger, ce qui ne nous donnait pas peu d'embarras. Nous étions obligés de marcher; nos montures étaient exténuées de fatigue et, nous-mêmes, nous avions une peine incroyable à nous soutenir dans ces mauvais pas. Je regrettai le désert où nous avions souffert la soif. Là, c'était le contraire, et l'abondance d'eau nous rendait encore plus malheureux que quand nous n'en avions pas du tout.

Nous arrivâmes enfin à Ramléh à sept heures du soir ; nous étions en marche depuis six heures du matin et nous n'avions fait que trois lieues. Pour dédommagement de cette exécrable journée, il plût toute la nuit et, le lendemain, une grande partie du jour. Les oliviers, ainsi qu'à Gaza, ne furent pas épargnés et tout le camp n'était qu'une plaine flamboyante.

Le 12 (2 mars), nous eûmes séjour. Les Arabes,

ayant profité des ténèbres et de l'orage, étaient venus, la nuit, dans notre camp, où ils enlevèrent des chevaux, des chameaux, etc., et égorgèrent quelques postes avancés. Ils nous prirent, à nous autres, nos deux meilleurs chameaux et mon âne, ce qui me rendit fort triste. Il ne me restait plus que deux chameaux, dont un était totalement pourri et, par conséquent, presque hors de service.

Le 13 (3), nous arrivâmes devant Jaffa. Nous eûmes, en sortant de Ramléh, une pluie froide qui nous trempa jusqu'aux os.

Alex. LACORRE, Journal inédit d'un commis aux vivres

VI. — A LA GARDE DU CAMP!

Le 2 mars, nous partîmes pour Jaffa et nous prîmes d'assaut la petite ville de Ramléh, située à trois lieues de là.

Il y avait parmi les canonniers des guides un homme célèbre par sa force extraordinaire. Il se nommait Moustache. Souvent, pour égayer ses camarades, il faisait quelques exercices athlétiques que n'auraient pas dédaigné ces hommes musculeux à qui l'on a donné le nom allégorique d'Hercule. Je l'ai vu, dans ses plaisanteries accoutumées, saisir une pièce de canon de 4 en guise de fusil et se mettre en faction avec cette légère armure.

Ce jour-là, nous quittâmes ensemble le bivouac des guides et nous nous dirigeâmes sur Ramléh. Nous y entrâmes aussitôt que la troupe et nous fûmes assez heureux pour trouver une dame-jeanne remplie de vin de Chypre et une poignée de hêches, espèce de pâte cuite au soleil et qui ressemble assez à nos crêpes de carnaval. Pour des gens affamés, c'était une bonne fortune.

Nous sortîmes gaiement de la ville pour retourner au bivouac faire jouir nos frères d'armes du bonheur de notre trouvaille. A peine avions-nous fait quelques pas que nous rencontrâmes le chef d'escadrons Barthélémy, accompagné du fournisseur des vivres. Ils allaient à Ramléh. Le chef d'escadrons nous aborde avec un air sévère :

— « Pillards ! » nous dit-il d'un ton de voix qui annonçait la colère. Ce terme injurieux de pillards sonna bien mal à mon oreille.

— « Où avez-vous fait cette capture ? Je veux le savoir. »

Dans ces temps, le soldat n'était point habitué à s'entendre apostropher ainsi et, je l'avoue, la sortie du chef d'escadrons me blessa vivement. Je lui répondis sur le ton de la demande. Bref, nous échangeâmes plusieurs expressions peu polies au milieu desquelles je reçus un ordre formel d'abandonner ma dame-jeanne. Moustache se tût, mais il ne lâcha pas prise et, moi, je refusai ouvertement d'obéir. Alors le chef d'escadrons tira son sabre hors du fourreau et voulut employer la force brutale pour obtenir de moi ce que j'avais refusé à ses invectives. Cet acte intempestif et arbitraire me mit hors de moi.

— « Commandant, lui dis-je, ventre affamé n'a
« point d'oreilles. En dégaînant contre nous, vous nous
« forcez à nous défendre. Eh bien! si vous la voulez,
« maintenant il faut la conquérir à la pointe de l'épée. »

En finissant ces mots, je déposai au milieu de nous la grosse bouteille recouverte d'osier et je tirai promptement mon sabre hors du fourreau.

Le commandant, devenu furieux par ma résistance, me dit avec menace : « Je te retrouverai. » Il rengaîna son sabre et continua sa route. De notre côté, nous arrivâmes au bivouac et nous distribuâmes à tous nos braves compagnons des libations moins copieuses que nous l'aurions désiré, mais qui n'en firent pas moins un grand plaisir. La dame-jeanne fut épuisée avant que la colère de mon chef d'escadrons ne fût apaisée. Il était revenu de la ville; il s'approcha de moi et m'ordonna de le suivre à la garde du camp.

A la garde du camp en face de l'ennemi!

Je refusai pour la seconde fois de lui obéir et je passai la nuit au bivouac. Je fis de pénibles réflexions sur les suites qu'allait avoir ma querelle avec un supérieur. Nous partîmes pour Jaffa. Je fus mis à pied, et, comme les Arabes étaient toujours derrière nous, je ne voulus pas marcher. Heureusement pour moi que je rencontrai le général Duroc qui me connaissait; il me fit donner un de ses dromadaires à monter. Je l'acceptai avec plaisir. Mais, en arrivant devant Jaffa, je fus remis à la garde du camp, et, cette fois, ce fut l'adjudant-major Dalhmann qui vint lui-même pour me faire exécuter cette cruelle punition. Le chef d'escadrons Barthélémy lui avait fait un rapport sévère de ma première résistance qui devait être suivie d'une seconde encore plus dangereuse que la première. L'adjudant, irrité, s'emporta et s'oublia même au point de me maltraiter. Il ne le fit pas impunément... Et moi, j'avais encouru la plus grave des peines portées par la discipline militaire... Aussi l'adjudant furieux me menaça-t-il de toute la rigueur des lois.

Les ennemis venaient d'offrir aux regards de l'armée française un hideux spectacle; ce fut le 7 mars qu'ils plantèrent sur les remparts, au sommet d'une pique, la tête ensanglantée du parlementaire français qui leur avait été envoyé. L'irritation des soldats était à son comble; l'assaut allait se donner, et moi, j'allais rester oisif, paisible spectateur de la valeur de mes frères! Oh! non! plutôt mourir! et, le désespoir dans le cœur, je m'élançai avec la 18e et la 32e demi-brigades. Nous montâmes à l'assaut et je ne fus pas le dernier à braver la mort. Le chef de ces corps, apercevant un soldat qui ne lui appartenait pas et voyant la résolution avec laquelle j'affrontais le péril, me fit venir à lui et me demanda pourquoi je me trouvais au milieu de ses grenadiers. Je lui expliquai franchement et en peu de mots l'affaire de Ramléh qui m'avait occasionné le malheur, indicible pour un soldat plein de cœur, d'être mis à la garde du camp lorsqu'il a devant lui l'ennemi à combattre.

— « Maintenant, lui dis-je, j'ai enfreint la discipline militaire, il faut que je meure et je préfère m'ensevelir avec gloire sous les décombres de Jaffa que de tomber déshonoré sous le plomb de mes compatriotes. Ma mort, du moins, sera utile à mon pays. »

Un compte exact de la conduite que j'avais tenue pendant l'assaut fut rendu au général Bonaparte qui donna, de suite, l'ordre de me faire rentrer à mon corps. Mais, auparavant, le chef de brigade Bessières vint me chercher et me conduisit à la tente de Napoléon :

— « Sais-tu, me dit le général en chef à mon « arrivée, que tu mérites d'être fusillé? »

Je ne répondis rien.

— « Va, tu es heureux d'avoir acquis le renom de « brave soldat parmi tes camarades et si je ne te « connaissais pas tel… »

Ici entra l'adjudant-major qu'il avait demandé. Une explication eut lieu. Je reçus des nouveaux reproches à la fin desquels Napoléon saisit la main de l'adjudant, la posa dans la mienne et nous nous donnâmes l'accolade fraternelle en jurant de déposer, l'un et l'autre, toute espèce de ressentiment. Mon serment fut sacré. Je l'ai prouvé dans la suite en le sauvant des mains des Mamelucks à l'affaire du Mont-Thabor, dans la colline de Nazareth.

Je sortais de la tente du général en chef lorsque je lui entendis prononcer d'une voix émue à ses officiers d'état-major les paroles suivantes :

— Il faut user de ménagements, Messieurs, et ne pas montrer surtout trop de sévérité envers les soldats souffrants de notre armée; car rappelez-vous bien qu'un Français vaut dix Turcs, mais qu'un brave en vaut vingt.

Capitaine KRETTLY, *Souvenirs historiques.*

VII. — Prise de Jaffa

Le 16 ventôse (6 mars), la division Lannes était de tranchée. Le général s'apercevant, sur les trois heures après midi, que la brèche était praticable, envoya, pour la deuxième fois, sommer le gouverneur de se rendre, lui observant que c'était l'usage parmi les nations policées de ne point attendre que la brèche soit faite pour capituler. Ce dernier persista dans son opiniâtreté et crût qu'entouré de faibles murs et de soldats peu aguerris il pouvait encore tenir longtemps et nous rebuter par un long siège. Le général en chef se détermina alors à abandonner la ville à l'assaut.

Sur les cinq heures, l'on s'y disposa. La 22ᵉ et la 69ᵉ demi-brigade y entrèrent d'abord ; ensuite la 13ᵉ. L'ennemi, cependant, faisait une canonnade très bien suivie et la fusillade était aussi très vive. Sur les six heures, plusieurs tours dans l'intérieur de la ville tenaient encore ; mais l'ennemi, épouvanté par l'intrépidité et la fureur de nos soldats, ne pût tenir longtemps. Ce fut alors qu'ils voulurent se rendre. Mais il n'était plus temps ; le pardon n'était plus de saison. Ils furent tous massacrés. La bombe avait mis le feu à plusieurs maisons qui furent brûlées.

Les malheureux habitants furent compris dans ce désastre ; leurs biens furent pillés, leurs femmes violées et trois mille d'entre eux périrent dans cette nuit sanglante. Le soldat, ivre de rage et de ses succès, ne savait pas distinguer les chrétiens avec les Maugrebins et les musulmans ; enfin, cette charmante petite ville fut livrée à tout ce que la guerre a de plus horrible. Il faudrait des couleurs bien noires pour peindre les scènes affreuses qui s'y sont passées. Qu'on se figure d'abord des hommes précipités en bas des tours hors des remparts, d'autres écrasés sous les décombres, des brèches de tous côtés où le vainqueur, avide de butin, se pressait pour entrer. Ensuite, qu'on entre dans cette ville. Quel spectacle! Des monceaux de morts dans les rues étroites; l'agonisant étendu sur le mort; le frère y reconnaît son frère; le père, son fils; la femme, son mari... Dans des maisons, des familles entières massacrées; dans d'autres, on n'a laissé que ce qui s'est caché ou que des femmes que leur beauté et leurs cris ont sauvées. Dans d'autres, on a tout pillé, cassé, et réduit les propriétaires à la mendicité. Sur les remparts, on voit des canonniers hachés sur leurs pièces; d'autres, étendus à terre, et tenant encore en main les armes qui leur servaient jusqu'au dernier moment. Qu'on consulte leur figure; on verra qu'ils ont emporté jusqu'au tombeau la fureur qui les animait. Leurs veines sont gonflées, leurs yeux fixes et ayant encore l'air de menacer ceux qui leur passent sur le corps. Partout, on n'entend que des hurlements épouvantables; des femmes qui se frappent la poitrine et d'autres qui retirent un parent ou un ami de dessous un tas de morts pour l'ensevelir à la hâte; d'autres, lorsqu'elles voient des Français, se sauvent à toutes jambes.

En général, toutes les figures sont mornes et inspirent plus d'effroi que la mort même. La démarche des habitants est chancelante et incertaine; la voix du vainqueur les fait trembler. Leurs regards sont suppliants, la parole expire sur leurs lèvres. Ils n'osent, eux-mêmes, se rejoindre ni se parler. Qu'on s'éloigne de ce lieu d'horreur, on entend des cris confus et lointains, semblables au bruit de la mer agitée ou des flots qu'on entend battre de loin contre les rochers. Qu'on ajoute à cela plusieurs maisons où le feu fait ses ravages et l'on n'aura encore qu'une faible image de ce que nous avons vu.

Alex. Lacorre, Journal inédit d'un commis aux vivres.

..... L'assaut de Jaffa est le premier auquel j'aye assisté. Si quelque chose dédommage de l'horreur d'un tel spectacle, c'est la bravoure des troupes qui l'ont exécuté, le sang-froid, la prudence et l'intrépidité du général en chef et de tous les officiers d'état-major qui se sont toujours tenus au pied de la brèche.

On a eu environ 80 Français tués et 125 blessés. Le chef de brigade Lejeune, le capitaine d'artillerie Martin, plusieurs officiers d'état-major, ont été tués ou blessés, 21 sapeurs sont tués ou blessés sur 46 qui ont marché.

Rien ne peut donner une idée de la bravoure et du sang-froid des troupes. Aussitôt que le général en chef a donné le signal, elles se sont portées avec calme au pied de la brèche éloignée de plus de cent pas de la tranchée. Elles ont aplani la rampe sous un feu épouvantable et ont chassé en un clin d'œil l'ennemi de toute la maison attaquée. Après la victoire elles ont de beaucoup préféré amasser du butin à tuer les ennemis.

Toute la journée du lendemain a été employée à distinguer les habitants de la ville et les Egyptiens des troupes de Djezzar et à faire fusiller celles-ci, excepté les trois cents canonniers venus de Constantinople, arrivés depuis deux jours et qui avaient été formés par des canonniers français.

Chef de brigade du génie Détroye. (*Archives de la Guerre.*)

..... Nous arrivâmes à Jaffa comme les troupes entraient au camp chargées de butin qu'elles rapportaient de la ville que l'on venait de prendre d'assaut. Là il se fit un terrible carnage ; hommes, femmes et enfants, tous furent passés au fil de la bayonnette. On ne cessa le massacre que par le signal des tambours qui battirent la générale. C'était un affreux spectacle de voir tant de victimes innocentes confondues avec les auteurs du carnage, rendant le dernier soupir, étendues dans les rues et dans les maisons. Partout l'on n'y voyait que le spectacle de la mort. Les Français, la fureur dans les yeux, massacraient tout ce qui se trouvait devant eux sans aucune exception d'âge ni de sexe. Les enfants à la mamelle ne furent point exempts de cet horrible massacre.

Le lendemain matin, le général en chef fit assembler le peu d'hommes tant habitants que soldats de différentes provinces. Il fit mettre les soldats ensemble, les habitants de la ville ensemble, les étrangers d'un autre côté.

Cela étant ainsi arrangé, il renvoya les habitants chacun chez eux et les étrangers se retirèrent aussi chacun dans leur pays. Mais pour les soldats, qui étaient au nombre de sept à huit cents hommes, le général les fit lier tous deux à deux ; on les mena sur le bord de la mer, où ils furent tous fusillés sans aucune exception d'âge ni de grade. Ces soldats étaient presque tous de Constantinople. Ces barbares avaient bien mérité leur sort puisque par leur barbarie périt toute une population d'une ville sans compter les habitants des pays voisins qu'ils avaient forcés d'entrer dans la ville de Jaffa pour soutenir le siège.

Chasseur Pierre MILLET, Manuscrit.

..... Jaffa venait d'être pris d'assaut ; on s'était battu jusque sur les toits des maisons et nous avions poussé nos ennemis vers le port où une partie avait été noyée. On fit environ deux mille prisonniers.

Le lendemain, on apprit que les vivres que nous attendions avaient été interceptés et que l'on avait égorgé les détachements qui les conduisaient. Cette nouvelle jeta la consternation dans l'armée. Il nous était impossible de conserver nos prisonniers, nous manquions de vivres pour nous, et les renvoyer à leurs corps réciproques était chose impraticable. J'en appelle à tous ceux qui ont connu les mœurs des ennemis que nous avions à combattre ; si Napoléon eut suivi l'impulsion de son cœur, il perdait son armée. Un conseil de guerre fut établi ; on y décida que les prisonniers seraient passés au fil de l'épée, triste condition des vaincus. Mais, malheureusement, dans cette guerre, il fallait tuer ou être tué et l'intérêt de la conservation dût l'emporter sur l'humanité même.

On reçut l'ordre de garnir les bords de la mer et une division amena les prisonniers. Soudain une décharge se fit entendre..., une grande partie de ces malheureux tombèrent ; le reste fut chargé par la cavalerie ; mais le cœur du soldat français bondissait d'horreur ; les bras étaient engourdis..., personne ou presque personne ne pouvait frapper..., on les poussa vers la mer où ils se jetèrent à la nage et allèrent gagner des rochers à un quart de lieue, à une demi-lieue et même trois quarts de lieue du rivage, ce qui épargna à nos soldats le triste spectacle de voir massacrer un à un des gens sans défense. Ils ne furent cependant pas sauvés, puisque ces infortunés périrent par les flots de la mer.

Si j'ai dit un mot de cette affaire mémorable en elle-même et par les discussions qu'elle a soulevées parmi les historiens, c'est que je fus témoin oculaire des scènes déchirantes et inévitables de cette terrible journée.

Capitaine KRETTLY, *Souvenirs historiques*.

D'après les mémoires dictés par Napoléon, sur les deux mille cinq cents prisonniers faits à Jaffa, huit à neuf cents, provenant de la garnison d'El-Arich qui avait capitulé, ayant violé leur serment de ne pas reporter les armes contre la France pendant la présente guerre, furent passés par les armes. Les autres prisonniers furent renvoyés en Egypte avec les trophées, les drapeaux, etc.

VIII. — LA PESTE

(*22 ventôse — 12 mars.*) — Une maladie s'est manifestée depuis quelques jours dans l'armée et particulièrement dans la division Bon. C'est une fièvre violente accompagnée de bubons dont on meurt très promptement. Beaucoup de soldats y ont succombé, sont même morts subitement. On a pris cette maladie pour la peste et cette opinion a si fort été adoptée que des hommes qui en étaient attaqués se sont tués.

Les assurances du médecin en chef ne suffisant point pour convaincre que ce n'était pas la peste, le général en chef s'est transporté lui-même à l'hôpital, a touché les principaux malades et a aidé à soulever un soldat qui venait de mourir avec des bubons. Cette démarche d'une politique profonde produit les meilleurs effets. Les esprits se rassurent.....

. . . .

Chef de brigade du génie Détroye. *(Archives de la Guerre.)*

..... Le général Bon proposa au général en chef de nourrir exclusivement sa division et l'armée avec du riz. Je n'approuvai point cette proposition, qui fut rejetée; d'ailleurs, je reconnus que le peu de viande que nous avions, et que l'on regardait comme suspecte, était de bonne qualité.

Le même général se trouvait campé avec sa division sur le bord d'un marais : il demanda à changer de position, et en la quittant il brûla ses baraques. Je me rendis le même soir près de lui; et les généraux, les chefs de corps et plusieurs officiers de différents grades m'ayant environné, je leur parlai de manière à rassurer des hommes qui, quoique habitués à braver journellement la mort dans les combats, ne l'attendent pas d'ordinaire dans leurs lits avec plus d'indifférence que les autres.

Le 21 ventôse (11 mars), le général en chef, suivi

de son état-major, vint visiter les hôpitaux. Un moment avant son départ du camp, le bruit s'était répandu jusque dans sa tente que plusieurs militaires étaient tombés morts se promenant sur le quai. Le fait est simplement que des infirmiers turcs, chargés de jeter à la mer des hommes morts dans la nuit à l'hôpital, s'étaient contentés de les déposer devant la porte de cet établissement. Le général parcourut les deux hôpitaux, parla à presque tous les militaires, et s'occupa plus d'une heure et demie de tous les détails d'organisation; se trouvant dans une chambre étroite et très encombrée, il aida à soulever le cadavre hideux d'un soldat dont les habits en lambeaux étaient souillés par l'ouverture d'un bubon abscédé. Après avoir essayé sans affectation de reconduire le général en chef vers la porte, je lui fis entendre qu'un plus long séjour devenait beaucoup plus qu'inutile. Cette conduite n'a pas empêché que l'on ait souvent murmuré dans l'armée sur ce que je ne m'étais pas opposé plus formellement à la visite si prolongée du général en chef; ceux-là le connaissent bien peu, qui croient qu'il est des moyens faciles pour changer ses résolutions, ou l'intimider par quelques dangers.

..... Comme les accidents se multipliaient devant Jaffa, et enlevaient les malades du cinquième au sixième jour, et souvent plus rapidement, je ne pus méconnaître le danger de notre position. Cependant, comme j'espérais beaucoup du progrès de la belle saison dans laquelle nous entrions, de la diversion des marches, des meilleurs campements, de l'abondance et de la qualité des vivres, et que je n'étais pas du tout convaincu de la communication très facile de la maladie sur laquelle on se livrait à toutes les exagérations de la frayeur, je pris un parti. Sachant combien le prestige des dénominations influe souvent vicieusement sur les têtes humaines, je me refusai à jamais prononcer le mot de *peste*. Je crus devoir, dans cette circonstance, traiter l'armée entière comme un malade qu'il est presque toujours inutile et souvent fort dangereux d'éclairer sur sa maladie, quand elle est très critique. Je communiquai cette détermination au chef de l'état-major général, qui, indépendamment de l'attachement particulier dont il m'honorait, me sembla devoir être par sa place le dépositaire des motifs politiques qui dirigeaient ma conduite.

Médecin en chef DESGENETTES. *Histoire médicale de l'armée d'Orient.*

CHAPITRE XII

SAINT-JEAN-D'ACRE

De Jaffa à Saint-Jean-d'Acre.
Affaire d'Haïffa. — Les assauts de Saint-Jean-d'Acre.
La défense — En parlementaire. — La peste.

I. — De Jaffa a Acre

De Jaffa à Acre il y a vingt-trois à vingt-quatre lieues et environ trente heures de marche.

Le quartier général était le 24 ventôse (14 mars) au Meski, le 25, à la tour de Zeitah ; le 26, près le village d'Hanieh ; le 27, sur le bord du Keissoun ; le 28 (18 mars), nous bivouaquâmes sur la hauteur de Découéh, en face d'Acre.

De Jaffa au Meski, il y a sept lieues de marche... Du Meski à la tour de Zeitah, il y a six heures de marche... De Zeitah au village d'Hanieh, il y a plus de quatre heures de marche ; les chemins sont très mauvais jusqu'à une fontaine ; la plaine cesse, on entre dans un pays montagneux couvert de bois, et que l'on regarde comme faisant partie de la chaîne du mont Carmel ; les chemins sont difficiles, cependant praticables.

D'Hanieh à la rivière de Keissoun, en face du village d'Arthye, il y a plus de cinq heures de marche : on quitte les bois ; au bout de deux heures on découvre le mont Thabor, la vaste plaine d'Esdrelon ; enfin, après avoir traversé quelques vallées qui offrent peu de difficultés, on arrive au bord du Keissoun ; la chaîne du mont Carmel, qui borne ce petit fleuve, est presque taillée à pic ; le chemin est très resserré et offre des passages difficiles dans l'hiver et dans les temps pluvieux.

D'Arthye à Découéh il y a six bonnes heures de marche. L'armée passa le Keissoun à gué dans l'endroit où les montagnes de droite s'écartent pour dessiner avec le Carmel l'immense bassin d'Acre. Ce passage fut pénible, la rivière avait deux pieds et demi à trois pieds de profondeur ; on côtoya le plus possible les hauteurs pour éviter les mauvais chemins ; le temps était très humide et très brumeux, et l'on sait combien cet état de l'atmosphère énerve les forces ; enfin on parvint à traverser les marais qui entourent les moulins de Cherdâm.

De Découéh à Acre il n'y a plus que deux heures de marche et le chemin est assez bon jusqu'au marais formé par la rivière d'Acre dont l'embouchure est environ à quinze cents toises de la place : c'est là qu'on jeta un pont pour le passage de l'armée et qu'on plaça un hôpital dans les étables de Djezzar Pacha, seules constructions dont on put disposer pour ce service.

Le 29 on reconnut le place et le 30 (20 mars) on ouvrit la tranchée.

Quelques hommes du parc d'artillerie étant tombés malades en route et sous mes yeux, je reconnus la maladie observée à Jaffa et je fis mettre à l'ordre du jour l'avis suivant (n° 190 de ma correspondance) :

Au quartier général devant Acre, le 30 ventôse an VII.

« L'armée est prévenue qu'il est avantageux pour
» sa santé de se laver fréquemment les pieds et les
» mains, ainsi que la face, avec de l'eau fraîche, et
» préférable de les laver avec de l'eau tiède, dans
» laquelle on met quelques gouttes de vinaigre ou
» d'eau-de-vie.

» Il faut éviter, quand on a chaud, de boire une
» trop grande quantité d'eau, et il est très prudent
» d'avoir toujours l'attention de se rincer la bouche
» auparavant, et de tremper ses mains dans l'eau... »

..... Le 3 germinal suivant (23 mars), j'adressai au chef de l'état-major général la note suivante (n° 191 de ma correspondance).

Au quartier général devant Acre, le 3 germinal an VII.

« Général, il est utile, pour maintenir la santé de
» l'armée, de faire soigneusement enfouir les débris
» d'animaux qui sont, malgré vos ordres, à la proxi-
» mité du camp ; il est également utile de faire jour-
» nellement couvrir de terre les fosses d'aisances et
» de les renouveler souvent. »

Médecin en chef DESGENETTES, *Histoire médicale de l'armée d'Orient.*

II. — Affaire d'Haiffa

Le 1er germinal (21 mars), nous vîmes reparaître les vaisseaux *le Tigre* et *le Thésée*. Ils s'approchèrent d'abord avec précaution de la ville, craignant sans doute que nous ne nous en fussions déjà emparés ; mais bientôt les communications les rassurèrent, et ils mouillèrent dans la rade à la gauche d'Acre. Ils avaient avec eux des avisos et des chaloupes canonnières qui ancrèrent à une certaine distance, et formaient ainsi une ligne de Haïffa à la ville assiégée.

Le 2 au matin, les petits bâtiments se mirent en mouvement et s'approchèrent de Haïffa. Les avisos se tinrent devant la place, et par un feu suivi et bien nourri, la canonnèrent pendant quelques heures. Le chef d'escadrons Lambert ne parut pas d'abord faire aucune résistance. Il resta derrière les murailles et ne démasqua point l'obusier et le canon de 3 qu'il avait fait mettre en batterie. Après cette première attaque, les Anglais se regardant comme assurés de la victoire, et ne voyant aucune pièce riposter, voulurent tenter le débarquement. Instruits par Djezzar des magasins que nous y avions trouvés, ils désiraient sûrement nous priver des ressources qu'ils nous offraient, en s'en emparant. Lambert avec sa garnison, forte de soixante à quatre-vingts hommes, les laisse s'avancer, et lorsqu'ils furent à portée de fusil, il fit faire si à propos une décharge, que la première chaloupe canonnière amena son pavillon et se rendit. Le feu de la petite pièce et de l'obusier fit éloigner les autres, après leur avoir tué du monde. Il se rendit maître ainsi d'une caronade de 36 que portait cette chaloupe, et l'équipage, commandé par un jeune aspirant tué dans cette affaire, fut fait prisonnier. Je partis dans l'après-midi, par ordre de l'ordonnateur en chef, pour aller voir si les magasins de Haïffa avaient été endommagés : quelques maisons avaient un peu souffert, mais nos fours n'avaient rien éprouvé. Lambert, en rendant compte au général en chef de son opération, avait demandé un chirurgien pour les prisonniers. Ils étaient encore ivres lorsque j'arrivai, je couchai chez le chef d'escadrons Lambert, fort satisfait de sa victoire, et nous bûmes d'excellent rhum, dont il avait trouvé plusieurs bouteilles dans la chaloupe avec de beau biscuit. Il paraît que dans les combats les Anglais ont l'habitude de distribuer aux équipages une grande quantité de liqueur forte. Notre armée peut se vanter de s'être toujours battue de sang-froid pendant son séjour en Égypte et en Syrie, car elle ne buvait jamais que de l'eau, et souvent n'en avait-elle pas autant que de besoin.

Je revins le lendemain matin au camp. L'affaire du chef Lambert divertissait fort les troupes. On disait, en montrant du doigt les vaisseaux anglais, que M. Smith devait regretter vivement les bouteilles de rhum qu'il avait perdues dans cette affaire.

Commissaire des Guerres J. Miot.

III. — Les assauts de Saint-Jean-d'Acre

.....La même nuit, l'on fit investir Saint-Jean-d'Acre qui n'est qu'à deux lieues d'Haiffa. Nous ne partîmes que le lendemain pour nous rendre à Saint-Jean-d'Acre avec la cavalerie qui nous rejoignit en route. Aussitôt que nous fûmes arrivés devant Acre, Djezzar se renferma dans l'enceinte de ses murs avec ses troupes et les Français commencèrent de suite à ouvrir des tranchées, ce qui bientôt fut fait, car toute l'armée y travailla.

On plaça aussitôt les pièces à la batterie de siège. On commença à battre en brèche et on nous fit avancer derrière un aqueduc qui nous servait de retranchement en attendant que la brèche fut praticable pour y donner l'assaut, lequel fut ordonné le même jour sur les quatre heures du soir. Ce fut notre brigade qui ouvrit l'assaut et nous avions pour nous commander le général Junot. En même temps la charge se fit entendre de toutes parts et nous entrâmes dans les boyaux avec une fascine sous le bras gauche de douze pieds de longueur pour emplir un fossé d'environ vingt pieds de largeur sur quinze de profondeur qui était devant la tour qu'on avait battue en brèche.

Lorsque nous y fûmes arrivés, nous jetâmes les fascines dans le fossé afin de le combler. Mais quand elles y furent il s'en fallût encore de plus de six pieds qu'on atteignît à la brèche qui n'était pas du tout praticable, car elle était fort étroite et il n'y pouvait passer qu'un homme à la fois. Presque tous ceux qui descendirent dans le fossé furent tués par la quantité de pierres et de grenades que les assiégés jetaient de dessus les tours qui étaient élevées de plus de trente pieds de hauteur.

Le général Caffarelli, chef du génie, voyant qu'il était impossible de monter, fit retirer la troupe, mais avec grande perte pour la première fois. Nos carabiniers perdirent ce jour-là un tiers de leurs hommes et leur lieutenant y fut tué. Nous eûmes l'ordre de nous retirer au camp et l'assaut fut manqué pour cette fois. Bien d'autres assauts le suivirent et eurent encore de plus malheureux succès puisqu'il resta dans les fossés de cette place plus de quatre mille hommes de l'armée française.

Le peu de vivres que nous avions trouvé dans Haiffa était consommé et l'on ne trouvait plus de moyens pour s'en procurer de nouveau. Le général en chef fit des proclamations qu'il fit circuler dans les montagnes, dans lesquelles il assurait les habitants (qui sont presque tous chrétiens) qu'Acre serait bientôt en notre pouvoir et que, par ce moyen, ils seraient délivrés du joug tyrannique de Djezzar pour jouir en pleine liberté des droits que les Français leur accorderaient, que nous aurions pour eux les égards que mériterait l'activité qu'ils auraient montrée dans les circonstances nécessaires, qu'ils pouvaient, sans crainte, apporter toutes les denrées qu'ils auraient à vendre, propres pour la vivâture de la troupe, qu'on les leur paierait argent comptant selon leur volonté, ce qui fut très religieusement observé.

Dès le lendemain l'on vit venir les habitants de

toutes les montagnes les plus proches d'Acre qui apportaient du vin et du pain et de toutes autres munitions de bouche; de manière que ceux qui avaient le moyen ne manquaient de rien. Mais le nombre en était petit et d'ailleurs ils vendaient leurs services bien cher, car ils faisaient payer le vin six francs la bouteille et le pain sur le pied de plus de vingt sols la livre. Ces avaricieux croyaient encore rendre de grands services comme en effet ils en rendaient aussi, mais ils avaient bientôt emporté le peu d'argent qui était dans l'armée et il aurait fallu avoir des mulets chargés d'argent pour y résister. Et cependant l'on ne donnait à chaque soldat qu'une demi-livre de pain par jour, et encore ne le donnait-t'on pas tous les jours.

Chasseur Pierre MILLET, manuscrit.

.....Le 8 mai (19 floréal) au soir, la brèche entre le port et la grosse tour est praticable. Le général Rambaud et trois cents éclaireurs attaquent, enlèvent, pénètrent dans la ville. La division Lannes suit sur deux colonnes. La 13ᵉ doit entrer et prendre à droite, la 69ᵉ doit entrer et prendre à gauche, la 22ᵉ légère en réserve.

On entend les coups de fusil de l'intérieur. Si on laisse faire, la ville est prise. Des blessés reviennent et donnent courage à ceux qui montent. Malheureusement un *oisif* de l'état-major près du général en chef observe que les Turcs se renfermeront dans les maisons d'où ils feront feu et pourront être forcés.

— Les sapeurs enfonceront les portes, dit le général en chef.

— Y a-t-il des sapeurs?

— Il n'y a pas de doute, dit l'officier du génie.

— Eh bien! faites avancer les sapeurs.

Et au même moment la voix se propage : « *Laissez passer les sapeurs!* »

Il n'y en avait pas de commandés; mais à la voix : « Laissez passer les sapeurs » les deux colonnes s'arrêtent juste sur la crête de la brèche. Point de sapeurs, mais les Turcs tirent quelques coups de fusil des maisons près de la brèche. Ces coups portent dans la tête des masses arrêtées, qui, ne recevant pas d'ordres de se porter en avant, reculent de quelques pas pour se défiler. La queue croit que l'on est repoussé et se retire à la débandade pour se mettre à l'abri dans les tranchées. On veut les reporter en avant; *impossible*. Les Anglais et troupes turques se sauvèrent de leur côté. Les éclaireurs se battirent toujours à la porte du palais de Djezzar; on entendait très bien les coups de fusil. On fait l'impossible pour redonner du cœur à la troupe. Le général en chef ordonne à ses guides de prendre la tête de l'attaque. Ils vont jusques sur la brèche, s'y arrêtent aux premiers coups de fusil qu'ils reçoivent; ils s'y font tuer sans vouloir avancer un pas. C'est une terreur panique des mieux caractérisées.

On entend les coups de fusil de nos éclaireurs, les coups deviennent plus rares. Enfin, au bout de deux heures, on n'entend plus rien. Le sacrifice est consommé.

Chef de bataillon d'artillerie D'ANTHOUARD, livret journalier sur le siège de Saint-Jean-d'Acre. (*Archives de la Guerre.*)

D'Anthouard, né à Verdun en 1773. Chef de bataillon en 98. Aux sièges d'El-Arich, de Jaffa, de Saint-Jean-d'Acre et d'Alexandrie. Colonel en 1800. Blessé de trois balles pendant son séjour en Egypte. Général de division d'artillerie en 1810. Mort en 1852.

Les vivres étaient assez rares tout le temps du blocus. Notre général en chef faisait tout ce qu'il pouvait pour nous en procurer. Mais les paysans, qui ne nous aimaient qu'à moitié, apportaient des vivres dans le camp tant moins qu'ils pouvaient et encore bien cher. Quelquefois, nous avions un pain de trois livres pour huit et pour deux jours; il fallait s'en contenter. Nos chefs étaient aussi privés. L'on nous distribua, un jour, huit figues sèches et encore la moitié ne valait rien.

François Durand, musicien, Mémoire manuscrit.

..... Comme nous étions à Loubia, le général en chef envoya l'ordre de faire partir les trois compagnies de carabiniers de notre demi-brigade et les trois compagnies de grenadiers de la 19ᵉ de ligne. L'ordre arriva le soir et ils partirent de suite. Ils marchèrent toute la nuit et jusqu'au lendemain à deux heures après midi pour arriver au camp [1]. Mais, ô cher lecteur, quel changement ils y trouvèrent. Plus de grenadiers; on ne voyait que blessés qui venaient au-devant d'eux leur raconter que, depuis leur départ, ils avaient essayé de monter à l'assaut onze fois et toujours sans aucun succès, et que c'était sur eux que l'on comptait, car pour des grenadiers il n'en existait plus dans les autres corps.

Lorsqu'ils se furent reposés environ une heure, on les fit partir pour la tranchée. Ils semblaient être tous décidés de périr plutôt que de revenir sans l'emporter d'assaut. Lorsqu'ils furent arrivés à l'endroit où était le général en chef, on fit diriger leur marche sur la

1. De Saint-Jean-d'Acre.

brèche qui paraissait assez praticable et facile à monter. Les éclaireurs, c'est-à-dire gens d'attaque, qui étaient en avant, commencèrent à tirailler à la tour qu'on avait fait sauter. Cette tour se nommait la tour de fer.

Mais l'Anglais et les assiégés les prenaient en flanc dedans un boyau qu'ils avaient creusé par-dessous les murs, lequel boyau s'étendait en dehors. Les Anglais avec des chaloupes canonnières les canonnaient de toutes parts, si bien que les fossés étaient comblés de cadavres, morts, mourants qui se trouvaient enterrés sous les débris des murs qui tombaient à tous moments à leur droite.

Entr'autres il y avait un pan de mur qui ne tenait point justement à l'endroit où ils tentaient l'assaut. L'Anglais voyant cela tira du canon dessus et le fit tomber sur eux au grand préjudice de ces pauvres malheureux, car, en tombant, il ensevelit dans les ruines considérablement des hommes. Après bien des efforts inutiles, ils furent obligés de se retirer laissant la moitié de leur monde enseveli sous les ruines.

<small>Chasseur Pierre MILLET, Manuscrit.</small>

.....Le défaut de munitions nous force d'interrompre l'attaque... Cinquante cheiks sont venus demander des sauve-gardes à Bonaparte. Celui-ci ayant fait dire à un vieillard de cent quinze ans, accompagné d'une nombreuse famille qui était venu au camp, qu'il devait être satisfait d'avoir tant vécu, puisqu'il allait voir de si heureux changements dans son pays, le fils, âgé de quatre-vingt-douze ans, répondit :

« Mon père est comme Siméon, il mourra content puisqu'il a vu le Messie. »

Journal de RANCÉ. *(Archives de la Guerre.)*

IV. — LA DÉFENSE

Le colonel Phelippeaux qui dirigeait la défense ne vit plus d'autres moyens, pour la prolonger, et pour donner le temps à l'armée de Rhodes d'arriver, que de cheminer par des lignes de contre attaque..... Par ce moyen, l'assiégé gagna les quinze jours dont il avait besoin, ce qui donna aux secours de Rhodes le temps d'arriver.

Ce conseil de l'ingénieur Phelippeaux fut le chant du cygne. Il mit tant d'activité dans le tracé et la conduite de ses ouvrages, qu'il prit un coup de soleil, et mourut le 1er mai (12 floréal). Il était Français, élevé à l'École militaire de Paris, était de la même classe que Napoléon, de celle du professeur Monge. Tous deux avaient été examinés le même jour par l'examinateur de La Place et étaient entrés la même année dans le corps de l'artillerie, il y avait de cela quatorze ans. Phelippeaux avait émigré lors de la Révolution. Rentré en France au moment de la réaction de fructidor en 1797, il contribua à faire échapper sir Sidney Smith du Temple. Il obtint le grade de colonel au service de l'Angleterre, pour être employé dans le

Levant. C'était un homme de quatre pieds, dix pouces, mais d'une constitution robuste. Il rendit dans cette circonstance des services importants, toutefois son âme était bouleversée ; dans ses derniers moments, il fut en proie aux plus cuisans remords ; il eut occasion de montrer le fond de son cœur à des Français prisonniers. Il s'indignait contre lui-même de diriger la défense des barbares contre les siens ; la patrie ne perd jamais entièrement ses droits ! Le colonel Douglas remplaça Phelippeaux, mais il n'hérita ni de son instruction ni de ses connaissances.

(*Mémoires dictés par Napoléon.*)

V. — En parlementaire

..... Dans un assaut, nous entrâmes dans la ville. Un bataillon de la 18ᵉ demi-brigade fut pris par les Anglais et les Turcs. On le força à boucher la brèche qu'à chaque instant nous agrandissions. A cette vue, Bonaparte, qui ne voulait pas tirer sur ses propres soldats devenus prisonniers, m'envoya, avec un de ses officiers d'ordonnance, en parlementaire, à la brèche de la tour de Tantourah. J'étais le vingt-deuxième et les vingt et un qui m'avaient précédé n'en étaient pas revenus. Bonaparte me fit donner un de ses mouchoirs blancs, signe ordinaire que prend tout militaire de quelque nation qu'il soit quand il est envoyé en parlementaire.

Je partis aussitôt en faisant flotter mon guidon blanc au haut d'une branche de palmier. Je me glissai à plat ventre jusqu'au pied de la tour, et là, je sonnai la sommation. Sur-le-champ, je reçus pour réponse une décharge de balles qui me coupèrent, près du poignet, la branche de palmier au sommet de laquelle était mon guidon qui fut percé lui-même en tant d'endroits qu'il ressemblait à un morceau de dentelle. Pour moi, j'étais resté intact au milieu de cette grêle mortelle, tant sont bizarres les caprices de la fortune. Ayant été ainsi salué à mon arrivée et n'ayant plus grand temps pour délibérer avec moi-même, je saisis une pierre près de la tour, je coupai le cordon de ma trompette, j'entortillai autour de la pierre la lettre de Bonaparte adressée à Djezzar, je la lançai aux soldats maugrabins qui étaient dans leurs retranchements et je revins, comme j'étais allé, dans une position assez pénible.

..... Les soldats de la tranchée me conduisirent en triomphe à la tente du général Verdier qui me félicita et fit un rapport très flatteur de ma conduite de soldat au général en chef.

Bonaparte était à table quand je me présentai à lui. Il me témoigna son contentement et m'offrit un verre de vin de Chypre que je bus avec le plaisir qu'une première action d'éclat inspire à un soldat français.

Capitaine KRETTLY, *Souvenirs historiques.*

..... Après la glorieuse victoire de Monthabor, nous revînmes au camp de Saint-Jean-d'Acre. Là, je fus envoyé par le général Bonaparte avec un de ses aides de camp en parlementaire vers l'amiral Sidney-Smith, à bord du vaisseau qu'il commandait.

Nous fûmes reçus par cet amiral avec une politesse sans égale. Une table fut servie à l'instant et, pendant qu'il répondait à la dépêche de Napoléon, nous goûtions les délices d'un repas vraiment précieux pour nous puisque, depuis longtemps, nous n'en avions fait un semblable. Quand il eut fini sa missive, il nous trouva sur le pont à nous promener. La beauté de mon uniforme le frappa; il s'approcha de moi :

— A quel corps appartenez-vous? me dit-il d'un air gracieux.

— Aux guides du général Bonaparte, lui répondis-je.

— Vous êtes de fiers sabreurs, reprit-il en souriant, et, en général, Messieurs, votre armée est grande et belliqueuse. Il paraît que vous manquez de boulets, ajouta-t-il d'un air tout à fait malin et avec le contentement d'un homme qui a deviné le secret de ses adversaires, puisque vous venez manœuvrer autour de nous pour nous forcer à tirer sur vous, puis vous ramassez nos boulets avec une témérité vraiment inconcevable.

Nous prîmes congé de l'amiral anglais pour revenir auprès de celui qui nous avait envoyés.

Capitaine KRETTLY, *Souvenirs historiques.*

VI. — La peste

Ce fut pour rassurer les imaginations et le courage ébranlé de l'armée qu'au milieu de l'hôpital je trempai une lancette dans le pus d'un bubon appartenant à un convalescent au premier degré, et que je me fis une légère piqûre dans l'aine et au voisinage de l'aisselle, sans prendre d'autres précautions que celle de me laver avec de l'eau et du savon qui me furent offerts. J'eus pendant plus de trois semaines deux petits points d'inflammation correspondants aux deux piqûres, et ils étaient encore très sensibles lorsqu'au retour d'Acre je me baignai en présence d'une partie de l'armée dans la baie de Césarée.

Cette expérience incomplète, et sur laquelle je me suis vu obligé de donner quelques détails à cause du bruit qu'elle a fait, prouve peu de chose pour l'art; elle n'infirme point la transmission de la contagion démontrée par mille exemples; elle fait seulement voir que les conditions nécessaires pour qu'elle ait lieu ne sont pas bien déterminées. Je crois avoir couru plus de danger avec un but d'utilité moins grand, lorsqu'invité par le quartier-maître de la 75ᵉ demi-brigade, une heure avant sa mort, à boire dans son verre une portion de son breuvage, je n'hésitai pas à lui donner cet encouragement. Ce fait, qui se passa devant un grand nombre de témoins, fit notamment reculer d'horreur le payeur de la cavalerie, Durand, qui se trouvait dans la tente du malade.

C'est, au reste, dans les murs de cette même ville

d'Acre qu'au temps des croisades l'épouse d'un prince anglais, renouvelant l'heureuse audace des Psylles [1], osa sucer les plaies de son mari, réputées empoisonnées, et donna au monde ce bel exemple de la piété conjugale.

..... Le temps est venu de s'expliquer sur un fait important. Le général Bonaparte m'avait fait appeler le 27 floréal (16 mai), de grand matin, dans sa tente, où il était seul avec son chef d'état-major. Après un court préambule sur notre situation sanitaire, il me dit : « A votre place, je terminerais à la fois les » souffrances de nos pestiférés et je ferais cesser les » dangers dont ils nous menacent en leur donnant de » l'opium. »

Je répondis simplement : « Mon devoir à moi, c'est » de conserver. »

Alors le général développa sa pensée avec le plus grand calme, en disant qu'il conseillait, pour les autres, ce qu'en pareil cas il demanderait pour lui-même. Il me pria d'observer aussi qu'il était, avant qui que ce fût, chargé de la conservation de l'armée, et, par *conséquence*, d'empêcher nos malades délaissés de tomber, vivants, sous le cimeterre des Turcs.

« Je ne cherche pas, continua-t-il, à vaincre vos » répugnances, mais je crois que je trouverai des » personnes qui apprécieront mes intentions. »

Le général Berthier resta muet pendant cet entretien ; mais il me témoigna un instant après qu'il approuvait mon refus.

Ce ne fut, au reste, qu'à notre retour à Jaffa, et nulle part ailleurs, que je puisse attester que l'on donna à

---

[1]. Nom d'un ancien peuple de Lybie.

des pestiférés, au nombre de vingt-cinq à trente, une forte dose de laudanum. Quelques-uns le rejetèrent par le vomissement, furent soulagés, guérirent et racontèrent tout ce qui s'était passé.

Ce qui eut lieu dans la première séance de l'Institut d'Egypte, au retour de Syrie, et où les torts furent réciproques, a été assez connu. Le premier consul ne parut pas s'en souvenir, et de grands témoignages de confiance ont prouvé que l'empereur l'avait oublié.

Médecin en chef DESGENETTES, *Histoire médicale de l'armée d'Orient.*

CHAPITRE XIV

EN PALESTINE

En reconnaissance. — Combat de Nazareth. — Bataille de Mont-Thabor. — Bonaparte à Nazareth.

1. — En reconnaissance

Etant à Sâfed, ancienne Béthulie, nous reçûmes ordre de faire une découverte, nous étions peu de monde. En ce fort, nous n'étions pas plus de cent cinquante hommes et l'ennemi venait nous harceler tous les jours, si bien que les habitants de cet endroit furent obligés de se retirer avec nous dans le fort afin d'éviter les insultes journalières des Arabes.

Nous partîmes donc trente hommes commandés par un capitaine pour faire la découverte en question. Nous fûmes vers la montagne environ à trois lieues sans rien apercevoir. Nous nous disposions à revenir, mais la chaleur était si grande que l'officier qui nous commandait, ainsi que nous, étions si fatigués que nous fûmes obligés de nous reposer sur une montagne, à l'ombre de ses rochers.

Plusieurs soldats, dont j'étais du nombre, s'étaient écartés dans un village à peu de distance d'où était le détachement pour y boire de l'eau, car l'on n'y connaît que cette seule boisson. A peine étions-nous entrés dans ce village que nous aperçûmes des Arabes en très grande quantité qui, nous ayant aperçu, venaient fondre sur nous à toutes jambes de chevaux. Voyant cela nous prîmes la fuite pour pouvoir rejoindre le détachement. Mais ces féroces soldats de Mahomet nous atteignirent bientôt. Nous fîmes résistance pour tâcher de gagner la montagne et en tuâmes quatre, mais ils étaient si près de nous que voulant recharger nos armes ils ne nous en donnèrent pas le loisir et prirent quatre de nos malheureux chasseurs auxquels ils coupèrent la tête. Dieu me fit la grâce à moi et à un caporal nommé Landrieu de gagner derrière un rocher et de pouvoir recharger nos armes. Les premiers qui se présentèrent vers nous, nous les mîmes à mort. Ils ne cessèrent de nous poursuivre de cette manière l'espace d'un quart de lieue; mais, nous ayant perdu parmi les rochers, ils nous quittèrent et rejoignirent le corps de leurs troupes qui était en bas de la montagne pour cerner le détachement qu'ils avaient aperçu.

Nous voyant donc abandonnés et échappés des griffes de ces monstres anthropophages, nous nous mîmes à gravir les rochers avec plus de vitesse que ne ferait un voyageur pressé sur un gazon de verdure; mais, étant au haut de la montagne, nous tombâmes, comme l'on dit quelquefois, de fièvre en chaud mal, car nous ne vîmes plus notre détachement mais la plaine couverte de ces monstres cavaliers. Nous n'entendions aucune mousqueterie ce qui nous fit d'abord croire que notre détachement avait été surpris en descendant par ces barbares et qu'il était égorgé. Mais, comme nous étions attentifs à examiner leurs mouvements, nous les entendîmes tout à coup faire des hurlements qui semblaient plutôt aux rugissements de quelques monstres qu'aux cris des hommes. Ils criaient de toutes leurs forces. Ayant entendu ces hurlements nous jugeâmes qu'ils venaient d'apercevoir notre troupe. Nous nous hâtames de courir vers où ils se disposaient à marcher, jugeant bien qu'ils venaient sur notre détachement qui cotoyait la montagne n'osant s'avancer dans la plaine vu leur nombre trop inférieur à l'ennemi.

Nous fûmes assez heureux pour rejoindre notre rang de bataille. Cela fit beaucoup de plaisir à nos camarades qui nous croyaient morts, vu qu'ils avaient entendu les coups de fusil que nous avions tirés et qu'ils avaient vu ces cavaliers féroces porter les quatre têtes de nos malheureux camarades ; ils jugeaient que nous avions tous succombé à leur nombre. Enfin, nous étant complètement mis à nos rangs et ayant formé un petit carré de notre détachement il fallut montrer toute la vigueur dont on a besoin en pareille circonstance. Ces féroces chargèrent sur nous à plusieurs fois et répétant toujours leurs cris lugubres dont la montagne retentissait au loin. Mais nous eûmes le bonheur de faire un feu de file si garni quoi qu'en petit nombre qu'à chaque charge qu'ils faisaient sur nous, ils s'en retournaient plus vite qu'ils n'étaient venus et avec une perte de plusieurs hommes.

Voyant que leurs efforts devenaient inutiles, ils prirent la résolution de tenter une autre voie. Ne pouvant nous cerner ayant la montagne derrière nous, ils prirent le parti de nous couper le passage de notre fort afin de faire user notre munition pour, par après, nous avoir à discrétion ; ce qui n'eut pas tardé si nous ne nous fussions pas aperçus de leur dessein. Mais comme aux maux violents il faut employer les remèdes violents, nous suivîmes le proverbe.

Nous voyant donc réduits à cette extrémité, nous résolumes de tout tenter pour nous tirer d'un péril qui paraissait inévitable. Nous marchâmes donc courageusement sur eux sans toutefois rompre notre petit bataillon carré, faisant des feux de file et de peloton très bien dirigés et fort à propos.

O lecteur, si tu eus vu les lâches nous ouvrir un passage en se retirant dans la plaine, faisant des hurlements capables d'intimider tout autre homme que des soldats décidés à vaincre ou à mourir. Si tu eus vu, dis-je, ces monstres, une lance d'une main, un sabre de l'autre, la rage peinte sur le visage et le sang dans les yeux, criant et hurlant en implorant le secours de leur Mahomet sans implorer le secours de leur courage. Ces monstres nous tuèrent dix hommes auxquels ils coupèrent la tête en notre présence mais hors de la portée de notre fusil. Voyant qu'ils ne pouvaient nous avoir sans s'exposer à une grande perte d'hommes et de chevaux, ils nous laissèrent et de trente et un hommes que nous étions partis de Béthulie, nous y rentrâmes dix-sept en laissant quatre dans la montagne et dix dans la plaine.

Chasseur Pierre MILLET, Manuscrit.

II. — Combat de Nazareth

Rédigé d'après le propre récit du général Junot, confirmé par plusieurs témoins oculaires et acteurs de ce combat mémorable.

Junot, suivant les instructions qu'il avait reçues, s'était emparé de Nazareth et avait le même jour, 6 avril 99 (17 germinal an VII), envoyé dans un village, à quelque distance de cette dernière ville, un détachement de soixante-dix chevaux sous la conduite du Scheick Daher et de son frère. Arrivé dans la plaine qui sépare les montagnes de Naplous de celle de Nazareth, Daher aperçut une avant-garde de l'armée de Damas en nombre d'environ cinq cents chevaux. Trop faible pour aller à la rencontre de cette troupe, Daher se jetta dans les montagnes et fit donner avis à Junot de sa rencontre et de la position dans laquelle il se trouvait.

Junot, à cette nouvelle, partit de Nazareth le 8 avril avec cent cinquante grenadiers de la 19ᵉ de ligne, cent cinquante carabiniers de la 2ᵉ légère commandés par le chef de brigade Desnoyers et à peu près cent chevaux commandés par le chef de brigade du 14ᵉ de dragons Duvivier ; il fut rejoint par le Scheick Daher et son frère et quelques-uns de leurs cavaliers.

Junot arriva au village de Cana à huit heures. Le Scheick El-Beled vint au-devant du général pour l'engager à ne pas avancer plus loin, attendu, disait-il, que l'ennemi se trouvait dans la plaine, au nombre de deux ou trois mille chevaux. Cet avis ne pouvait intimider Junot, qui continua sa marche. Avant de partir de Nazareth, il avait eu soin de faire prévenir le général en chef de la présence des Damasquins et de sa résolution de s'avancer à leur rencontre, en attendant l'arrivée des secours qu'il sollicitait.

Arrivés au débouché de la ville de Cana à Loubi, les Français virent effectivement deux ou trois mille cavaliers divisés en plusieurs corps et caracolant dans la plaine qui se trouve entre Loubi et le mont Thabor. Pour mieux juger de leur nombre, Junot monta sur la hauteur où est situé le village de Loubi; et, n'ayant point reconnu qu'ils fussent en effet plus nombreux qu'ils l'avaient paru au premier aspect, il plaça son infanterie en bataille sur quatre rangs, la cavalerie à gauche faisant face au Mont-Thabor. Dans cet ordre il se disposait à s'avancer dans la plaine pour tourner la montagne et pour s'assurer s'il n'existait point derrière le Mont-Thabor quelque réserve ennemie, lorsqu'il aperçut derrière lui, venant du village de Loubi, un corps de cavalerie ennemie composé de Mameloucks, de Turkurens et Maugrabins. Cette nouvelle troupe paraissait forte de deux mille hommes au moins ; elle marchait en masse, et, contre la coutume des Orientaux, au petit pas et en bon ordre. On apercevait dans les rangs une grande quantité d'étendards dont quatre ou cinq des plus apparents étaient portés devant les chefs.

Dans cet état de choses, Junot crut devoir faire quelques changements à ses dispositions premières. La cavalerie qui était sur la gauche passe à la droite, et il ordonne aux trois derniers rangs de son infanterie de faire demi-tour à droite. Le terrain que venait de quitter la cavalerie fut occupé par un détachement de grenadiers, placé en potence de manière à pouvoir flanquer le nouveau front présenté à l'ennemi.

Junot avait bien jugé, en apercevant le dernier corps ennemi, que son attaque pouvait être seule dangereuse et qu'un rang de grenadiers suffirait de reste pour contenir les deux mille cavaliers aperçus d'abord et que l'on reconnût pour des Arabes qui se contenteraient de harceler la troupe pendant le combat. Le général recommanda aux soldats le silence le plus absolu. Le moment était difficile et chacun sentit qu'il fallait entièrement s'en rapporter à son chef; aussi, pendant le combat, aucun soldat ne fit un mouvement qui ne lui fut commandé : la confiance et l'intrépidité paraissaient sur tous les visages. L'ennemi s'attendait à ne trouver qu'une faible résistance de la part de cette poignée d'hommes qu'il supposait immobiles de terreur. Mais il fut bientôt déconcerté quand, s'étant avancé jusqu'à portée de pistolet sans essuyer aucun feu, il fut accueilli tout à coup par la décharge la plus vive et la plus meurtrière. En un instant, plus de trois cents des siens jonchèrent la terre en avant du front des Français et il se retira à quelque distance.

Junot mit à profit le moment de répit que lui donna la surprise de ses nombreux adversaires pour rétablir les rangs et surtout ceux de la cavalerie, qui, n'ayant pas un feu aussi redoutable à opposer que celui de l'infanterie, avait reçu le choc des chevaux ennemis, et y avait résisté avec une fermeté digne des plus grands éloges. L'ennemi, bientôt revenu de son premier étonnement et fort de sa supériorité, ne tarda pas à recommencer l'attaque. Junot, en le voyant s'ébranler, rappela d'un mot aux grenadiers et aux carabiniers que leur sang-froid venait de les sauver et qu'il importait de le conserver. Cette exhortation était inutile : les troupes de Damas furent reçues à cette seconde charge avec plus d'intrépidité encore, si cela était possible, et perdirent deux cents hommes.

Dans cette charge, un maréchal des logis du 3e de dragons arracha un des principaux étendards à un cavalier ennemi qui le défendit vaillamment. Les deux guerriers restèrent pendant plusieurs minutes serrés corps à corps, l'un voulant enlever l'étendard, l'autre employant toutes ses forces pour le conserver. Pendant cette lutte singulière, leurs chevaux s'abattirent, mais les deux cavaliers ne vidèrent pas les arçons. Enfin le Français, plus leste que le Mamelouk gêné dans ses vêtements, dégage sa main droite et passe son sabre au travers du corps de son adversaire, qui, en perdant la vie, tenait encore son étendard.

Une centaine des plus hardis de la troupe ennemie ne se retirèrent point avec le gros de leurs camarades et revinrent encore escarmoucher au moment où Junot commençait lui-même son mouvement de retraite dans l'ordre le plus parfait. C'est alors seulement que quelques carabiniers de la 2e légère s'élancèrent hors des rangs pour avoir l'honneur d'un combat corps à corps avec la cavalerie ennemie. Il y eut en effet sept ou huit engagements partiels, dans lesquels les Turcs ou les Mamelouks furent toujours vaincus.

Junot s'était écarté un moment de son infanterie pour voir de plus près la lutte de ses intrépides carabiniers avec les cavaliers dont nous parlons ; deux de ces derniers, reconnaissant le général à son panache et à ses marques distinctives, se précipitent sur lui avec furie. Junot, d'un coup de pistolet, renverse le premier qui se présente et assène un coup de sabre sur la tête du second, qui fuit à toute bride.

Le combat avait commencé entre neuf et dix heures du matin et Junot n'opéra sa retraite qu'à trois heures de l'après midi, après avoir eu l'attention de faire construire un brancard pour emporter un carabinier qui avait eu la cuisse cassée d'un coup de feu. Les chefs de brigade Duvivier et Desnoyers s'étaient particulièrement distingués dans cette brillante action. Les Français n'y eurent que douze hommes tués et quarante-huit blessés, dont aucun ne le fut assez grièvement pour ne pas suivre la retraite qui s'opéra sur Cana.

(*Archives de la Guerre.*)

. . . .

Dans ce combat, je reçus ma première blessure à la tête d'un coup de balle et mon cheval fut tué. Je roulai à terre et fus heureusement couvert par son cadavre, sans quoi j'aurais été écrasé sous les pieds de l'ennemi qui nous chargeait. La mêlée fut courte, quoique trop longue pour moi. Je pus me dégager de dessous mon cheval, je pris le fusil d'un mort qui se trouvait étendu à mes côtés et me réfugiai dans les rangs de l'infanterie.

Notre petite troupe décimée passa près d'un village appelé Cana, entre le Jourdain et Nazareth, où se trouvait une fontaine, la plus abondante que j'aie vue dans ces lieux; j'y lavai ma blessure et rentrai ensuite, à pied, à Nazareth, plus ennuyé d'avoir perdu mon cheval que de cette blessure.

En perdant mon cheval, je perdis en même temps mon petit bagage dans lequel se trouvaient les précieuses reliques que m'avaient données les jeunes demoiselles de Lorette.

Des blessés qui purent se sauver, on en forma une ambulance à Nazareth dans un couvent de capucins qui eurent un soin extrême de tous.

Comme ma blessure à la tête ne m'empêchait pas de marcher, je me promenais un jour dans l'intérieur du couvent avec deux officiers et un père capucin ; ce dernier ne parlait que l'arabe et le latin ; un de ces officiers et moi n'entendant ni l'une ni l'autre de ces deux langues, la conversation nous fut traduite par l'autre officier qui parlait la langue latine.

Le principal sujet était la Sainte Famille, et il témoignait au père capucin le désir de voir, sinon la maison, mais du moins l'emplacement où habitèrent la sainte Vierge et saint Joseph. Ce qu'il fit d'abord en nous disant : « La maison de la famille de Jésus-
» Christ se trouve dans l'enceinte de ce couvent. L'on y
» voit encore la place du mur que la fumée de la
» cheminée avait noircie. Les capucins y font faire
» l'oraison. Et pour mieux vous assurer du fait, vous
» trouverez dans les archives de Nazareth combien
» de temps Jésus-Christ a habité cette ville depuis
» son retour d'Egypte, après la mort du roi Hé-
» rode. »

Nous menant ensuite sur l'emplacement qu'occupait cette maison, il nous indiqua spécialement une pièce vide, non habitée, comme ayant été la cuisine de la Vierge. En effet, une partie du mur, à droite, était encore noire ; c'était l'âtre. Tous ces détails donnés par le capucin et traduits par l'officier nous firent plaisir.

J. M. MERME, ex-chasseur à cheval, *Histoire militaire*.

Pendant le temps que nous fûmes à Nazareth, les Arabes vinrent plusieurs fois pour nous attaquer. Le 19 germinal (8 avril), le général Junot voulant faire une découverte prit avec lui les trois compagnies de grenadiers de la 19e de ligne avec nos trois compagnies de carabiniers et un détachement de chasseurs.

Partant de Nazareth, nous fûmes à Cana, à une ou deux lieues de Nazareth, là où Jésus-Christ opéra son premier miracle en changeant l'eau en vin aux noces du même nom. C'est un petit village situé en côte. Etant passés outre ce village d'environ une lieue dans une petite plaine nous aperçumes quelques cavaliers ennemis sur le sommet d'une montagne voisine située entre le Mont Thabor et Tabariéh. Nous cotoyâmes cette montagne croyant que c'étaient des Arabes qui venaient comme de coutume. Je ne sais si le général était instruit de la marche des ennemis, il nous fit avancer vers la montagne. Alors ils se montrèrent et nous nous disposâmes à bien mal les recevoir. Le fort de leur troupe se tenait caché excepté une partie qui nous faisait place en fuyant devant nous afin de nous mieux attirer en leur embuscade. En marchant sur eux nous aperçumes une grande plaine couverte de cavalerie qui semblait aussi vouloir nous attirer en faisant feinte de fuir devant nous. A cet aperçu le chef qui nous commandait nous fit promptement réunir tous ensemble et former le bataillon carré. A peine l'avions-nous formé que l'ennemi s'aperçut que nous voulions nous retirer. Ils commencèrent à charger sur nous ayant six drapeaux à leur tête, mais heureusement que l'épouvante ne nous prit point quoique nous fussions encore presque en masse n'ayant pas encore eu le temps de finir notre bataillon carré.

Notre cavalerie était au fort où l'ennemi dirigeait le plus fort de sa marche, une compagnie de carabiniers de droite et de gauche formèrent la potence et se lancent derrière la cavalerie. Ils en vinrent aux mains avec ces derniers qui se défendirent fort courageusement. Pendant ce temps-là des feux de droite et de gauche s'exécutèrent avec tant de rapidité et de vivacité qu'ils ne purent rompre les rangs comme ils se l'étaient promis quoique bien supérieurs en nombre. Enfin de six drapeaux qu'ils avaient nous en prîmes cinq; mais en voyant que tous leurs efforts étaient inutiles ils commencèrent à se replier en s'éloignant un peu, car ils nous avaient cernés à quinze ou vingt pas au plus, si bien que l'on pouvait choisir celui à qui l'on voulait donner la mort tant d'un côté que de l'autre.

Nous fûmes bloqués de cette manière pendant une heure et nous tirâmes toujours à volonté. Après avoir couvert la terre de corps morts tant d'hommes que de chevaux, le général jugea à propos de se retirer. Il fallait passer au travers de l'ennemi pour gagner la montagne qui nous protégeait beaucoup. Cependant ils nous suivirent jusqu'à Cana et nous quittèrent après avoir perdu beaucoup de monde. Nous perdîmes environ cent hommes dans cette affaire, ce qui n'était rien en comparaison de leur perte. Nous entrâmes dans Cana pour nous rafraîchir et nous nous y désaltérâmes des eaux de cette fontaine dont Jésus-Christ en changea en vin aux noces.

Dans ce combat, l'ennemi était dix contre nous un ; aussi perdit-il au moins huit cents hommes. Nous portâmes nos blessés au couvent de Nazareth auxquels les religieux prodiguèrent tous les secours de l'humanité avec un obligeant empressement. Ils en eurent un soin extrême jusqu'à ce qu'ils fussent parfaitement rétablis.

Chasseur Pierre MILLET, manuscrit.

Tableau représentant le combat.

ORDRE DU JOUR :

Au quartier général devant Acre, le 21 avril 99 (2 floréal an VII).

Le général en chef, voulant donner une marque de satisfaction particulière aux trois cents braves commandés par le général de brigade Junot qui, au combat de Nazareth, ont repoussé trois mille hommes de cavalerie, pris cinq drapeaux et couvert le champ de bataille de cadavres ennemis, ordonne :

Article premier. — Il sera proposé une médaille de cinq cents louis pour prix du meilleur tableau représentant le combat de Nazareth.

II. — Les Français seront costumés dans le tableau avec l'uniforme de la 2e d'infanterie légère et du 14e dragons. Le général de brigade Junot, les chefs de brigade Duvivier du 14e dragons et Desnoyers de la 2e d'infanterie légère y seront placés.

III. — L'état-major fera faire par les artistes que nous avons en Égypte des costumes des Mamelouks, des janissaires de Damas, des Diletti, des Alepins, des Môgrebins, des Arabes et les enverra au ministre de l'intérieur à Paris en l'invitant à en faire faire différentes copies, à les envoyer aux principaux peintres de Paris, Milan, Florence, Rome et Naples, et à déterminer l'époque du concours et les juges qui devront décerner le prix.

IV. — Le présent ordre du jour sera envoyé à la municipalité de la commune des braves qui se sont trouvés au combat de Nazareth.

BONAPARTE.

(*Archives de la Guerre.*)

« Divers extraits faits pour servir à la composition
» du tableau ordonné par le premier consul et qui
» fut exécuté par le peintre Lejeune. »

Le chef de brigade Duvivier avait un cheval noir, à tous crins, et équipé à la hussarde.

Le chef de brigade Desnoyers portait un uniforme d'infanterie légère ; il montait un cheval bai, normand, à courte queue.

L'infanterie française avait des habits vestes bleu.

On doit voir beaucoup de luxe dans l'habillement des Mameloucks qui se trouvaient à la droite de l'attaque ennemie et qui se dirigèrent particulièrement contre la cavalerie française ; ce fut un chef de Mameloucks que le général tua d'un coup de pistolet.

Les Français n'avaient point d'artillerie et l'ennemi point d'infanterie.

La cavalerie française était sur deux rangs.

Les villages présentent un aspect triste et pauvre. Les maisons y sont d'un blanc gris et couvertes de terrasses. Il y a ordinairement dans chaque village un minaret fort élevé.

. . . .

Le drapeau dont s'empara le maréchal des logis était jaune.

Chacune des figures des Français doivent particulièrement porter le caractère de l'assurance.

L'infanterie française ne fait que des feux de file.

Le tableau devait offrir les portraits des chefs de brigade Duvivier et Desnoyers, mais ces deux militaires sont morts au champ d'honneur depuis ce combat.

(*Archives de la Guerre.*)

III. — Bataille du Mont-Thabor

…..Quelques jours après, l'ennemi fit un mouvement et vint camper dans la grande plaine d'Esdrelon à une lieue de Nazareth et le 26 germinal (15 avril) au soir le général Kléber eut l'ordre de l'attaquer.

Nous partîmes donc de suite avec l'artillerie qui était en petit nombre, car nous n'avions que trois pièces de 4 et une de 5. Nous tournâmes autour du Thabor de manière que nous arrivâmes au point du jour à la portée de l'ennemi qui leva le camp aussitôt qu'il nous aperçut, et bientôt la plaine fut couverte d'un nombre infini d'hommes tant cavalerie qu'infanterie. A cela se joignirent les paysans des montagnes de la Samarie qu'ils avaient forcés de venir avec eux. Cette armée de lâches était composée de toutes sortes de troupes et de nations. La cavalerie était composée de Mamelouks ; il y avait des Mograbins, des Syriens, des Samaritains, des Égyptiens, des Turcs de Constantinople, des troupes de Djezzar et des paysans des montagnes. Ils étaient si nombreux qu'on n'en pouvait voir la fin, car autant que l'on pouvait étendre sa vue dans la plaine on ne voyait que cavalerie et infanterie. Ce qui fit dire au Grand Vizir avec juste raison en parlant de ces troupes, lorsqu'il venait pour investir El-Arich, en passant dans cette plaine : « Soldats, c'est dans cette plaine qu'une » poignée d'hommes bien disciplinés ont battu une » armée aussi nombreuse que les grains de sable du » désert. »

Après que le général eut formé la division, qui était d'environ deux mille et quelques cents hommes, en plusieurs carrés, on nous fit avancer pour prendre une position dont ils s'étaient emparés. Le général trouvant à propos de ne pas avancer trop loin fit arrêter la division et envoya deux compagnies de carabiniers s'emparer d'une vieille masure où il y avait de l'eau pour nous servir de retraite en cas de retour. Mais voyant qu'ils ne pouvaient aller plus loin vu leur nombre trop inférieur à l'ennemi, le général résolut de rester dans la position où nous étions jusqu'à la nuit afin de tâcher de nous retirer lorsqu'elle serait arrivée. Ils tentèrent plusieurs charges sur nous, mais inutilement, car la mitraille de nos pièces jointe à une grêle de balles de la mousqueterie tombait sur eux et les obligeait à chaque charge de rétrograder et de s'en retourner plus vite qu'ils n'avaient tenté la charge.

Cependant nous fûmes bloqués de la sorte depuis six heures du matin jusqu'à quatre heures du soir et, pour comble de disgrâce, la munition commençait à manquer, ce qui était le plus fort de notre crainte, non pas seulement la munition de bouche mais la munition de guerre, ce qui est le plus nécessaire dans des cas aussi critiques qu'était celui-là. Nous aurions bien donné le peu de pain que nous avions pour de la poudre et des balles, car nous n'avions pas le temps de manger. Quand même nous eussions eu le temps, nous n'aurions pu en jouir, car nous étions si exténués par la soif et la fatigue que nous ne pouvions plus parler. Joignez à cela d'être exposés à l'ardeur du soleil le plus brûlant, et continuellement avoir la poudre et la fumée des armes en la bouche et n'avoir pas un verre d'eau pour se rafraîchir.

Cependant nous étions assez proches d'un lac, mais, comme je l'ai déjà dit, nous n'avions pu nous en rendre maître; il fallait donc supporter tous ces maux-là ensemble en attendant une mort qui paraissait inévitable et qui eût paru douce à tout autre homme qu'à des hommes qui désiraient non pas de vivre mais de se venger en mourant d'ennemis aussi cruels.

Nous manquions donc, dis-je, de munitions et nous ne pouvions nous servir de nos armes que lorsqu'ils venaient absolument pour enfoncer les bataillons, et l'on ne tirait qu'à coup sûr.

Quoique nous en détruisions beaucoup en faisant cette manœuvre, nous en eussions détruit bien davantage si nous eussions eu des cartouches et de la mitraille pour tirer à volonté. Le manquement de munitions fit qu'ils nous tuèrent et blessèrent beaucoup de monde, car ils approchaient bien plus de nous qu'ils n'ont fait dans un autre cas, de manière que le bataillon carré était rempli de morts et de mourants. Leurs plaintes auraient attendri tous cœurs excepté ceux des hommes qui en attendaient le même sort, mais espérant de vendre le reste d'une vie, qui devenait insupportable, bien cher aux auteurs d'un pareil embarras. Cependant, sans nous épouvanter de leur multitude qui grossissait à tout moment, non plus que des cris des blessés qui tombaient à chaque instant dans le rang, nous résolûmes de nous défendre courageusement.

Cependant, vers les quatre heures du soir, nous entendîmes un coup de canon qui venait de derrière l'ennemi. Nous crûmes d'abord que c'était encore du renfort qui arrivait encore à l'ennemi avec du canon, car, ils n'en avaient point heureusement pour nous, car s'ils en eussent eu, nous n'aurions pu résister. Mais résolus à tout événement, cela ne nous épouvanta pas. Et un moment après nous aperçumes que l'ennemi faisait un mouvement en signe de retraite, ce qui nous fit juger que c'était du renfort pour nous. Notre espérance ne fut point trompée en ce point ; c'était le général en chef Bonaparte qui arrivait avec la division du général Bon. Il venait du côté des montagnes de la Samarie et chassait encore un grand nombre d'ennemis devant lui auxquels il avait pris quatre cents chevaux dont deux cents chargés d'armes et les autres de vivres et des effets d'Ibrahim Bey.

Aussitôt que le général Kléber eut aperçu et reconnu

que c'étaient des Français, il ordonna la charge. Les tambours commencèrent de suite à la battre et les soldats à l'exécuter. Pense, ô lecteur, quelle joie nous eûmes de voir un renfort arriver si à propos. Le soldat par la seule batterie de la charge, ranimant ses forces presqu'entièrement abattues, chargea avec la plus grande intrépidité, mais cette multitude de lâches soldats levantins à ce seul aperçu prit la fuite avec plus de vitesse que ne fait un troupeau de moutons devant des loups affamés. Mais nous les poursuivîmes avec tant de furie, d'intrépidité et de désir de vengeance de ce qu'ils nous avaient tant harcelé dans la journée que nous fîmes mordre la poussière à plus de six mille hommes de leur infanterie qui, se voyant abandonnés de leur cavalerie, ne cherchaient leur salut que dans la fuite; mais peu échappèrent.

Souviens-toi, lecteur, de ce que j'ai dit ci-devant que nous étions péri de soif. Eh bien! la soif de la vengeance avait éteint celle de l'eau et fait place à celle du sang. Nous ne respirions que le carnage auquel nous venions d'échapper, car nous étions dans l'eau de ce même lac jusqu'à la ceinture dont un peu auparavant nous en avions désiré un verre avec tant d'ardeur. Nous ne pensions plus à boire, mais à tuer, à rougir ce lac du sang de ces cruels qui un peu auparavant méditaient d'emporter nos têtes et de noyer nos corps dans ce même lac où ils furent eux-mêmes noyés et dont le lac en fut rempli.

Leur cavalerie se retira de l'autre côté du Jourdain qui est à trois ou quatre lieues de là, et le peu d'infanterie qui échappa à nos bayonnettes se retira dans les montagnes. Le même soir, nous ramassâmes nos blessés et nous couchâmes dans la plaine sur le champ de bataille. Le lendemain matin nous en partîmes et nous fîmes un assez grand tour pour rentrer à Nazareth. Nous passâmes dans un village où ils tuèrent un dragon du 3º régiment. L'on pilla et brûla le village pour récompense d'une si belle action. Nos blessés furent reçus comme les jours précédents dans le couvent de Nazareth où ils trouvèrent toute l'hospitalité due à l'humanité et nous fûmes bivouaquer au pied du Mont Thabor.

Chasseur Pierre MILLET, Manuscrit.

IV. — BONAPARTE A NAZARETH

Le 18 avril (29 germinal), Napoléon coucha au couvent de Nazareth; l'armée était dans la Terre Sainte; tous les villages étaient célèbres par les événements de l'ancien et du nouveau Testament. Les soldats visitaient avec intérêt le lieu ou Holopherne avait eu la tête coupée; le miracle surtout des noces de Cana était fort célébré, car ils n'avaient point de vin. On se peignait le Jourdain comme un fleuve large et rapide, à peu près comme le Rhin ou le Rhône; on fut fort surpris de ne trouver qu'un filet d'eau moindre que l'Aisne ou l'Oise à Compiègne. En entrant dans le couvent de Nazareth, l'armée crut entrer dans une église d'Europe; elle est belle, tous les cierges étaient allumés, le Saint Sacrement exposé, l'armée assista à un *Te Deum*; il y avait un très bon organiste, les récollets étaient Espagnols et Italiens, un seul était Français; ils montrèrent la grotte de l'Annonciation où Notre-Dame reçut la visite de l'ange Gabriel. Le couvent est très beau, il y a assez de logements et de lits; on y établit les blessés, les Pères les soignèrent. Les caves étaient fournies de très bon vin.

(*Mémoires dictés par Napoléon.*)

LIVRE VI

RETOUR EN ÉGYPTE. — ABOUKIR. — RENTRÉE
DE BONAPARTE EN FRANCE

CHAPITRE XV

RETOUR EN ÉGYPTE

Situation de l'Égypte pendant l'expédition de Syrie. — La retraite : les malades et les blessés; sentiments de l'armée. — Entrée au Caire. — Résumé des marches faites pendant l'expédition de Syrie.

I. — Situation de l'Egypte pendant l'expédition de Syrie

Le général de division Dugua au général Damas.

Au Caire, le 5 mai 99 (16 floréal an VII).

..... Il serait bien tems que le siège d'Acre finit et que partie de l'armée revint. Depuis quinze jours il s'est manifesté dans toute l'Egypte une fermentation qui prouve combien le peuple est prêt à se soulever soit par fanatisme, soit par inconstance. Les provinces de Bemsouef, de Minieh, de la Bahéré ont attaqué nos cantonnements et nos barques sur le Nil presque le même jour. Une bande de Mékins échapés au général Desaix ont porté l'esprit zélateur dans les provinces supérieures. Un prophète barbaresque, jongleur, sorcier, etc., l'a porté dans la Bahéré. Tous ces énergumènes annoncent des troupes nombreuses et des miracles. Il n'en faut pas tant pour tourner les têtes d'un peuple ignorant, barbare et supersticieux.

Le retour de l'armée presse sous un autre rapport. Pendant que nous prenons la Syrie, nos ennemis doivent faire des préparatifs pour reprendre, s'ils le peuvent, et la Syrie et l'Egypte. Il serait fâcheux qu'ils se présentassent sur les côtes avant qu'elles fussent en état de deffense.

Je ne sais où en est Lesbèe; je n'ai entendu parler de Cazal qu'une fois, parce qu'il avait besoin d'argent. Alexandrie n'est pas terminé; les fonds ont manqué. Cette place a absorbé un argent incroyable. Il faudrait pour fournir à tous ses besoins 300,000 francs par mois d'après l'apperçu que m'en a donné le général Marmont, c'est-à-dire 3,600,000 francs pour l'année, plus de la moitié des revenus de l'Egypte.

Il nous manque ici, mon cher général, de l'argent, de l'argent et de l'argent; des hommes, des munitions, du bois, du fer, et l'amitié des habitants. Le retour de l'armée de Syrie ramènera-t-elle tout cela? Je le désire de tout mon cœur, mais je vous avoue que ce n'est pas sans impatience que j'attends le dénouement de cette longue tragédie qui perd tous les jours quelques-uns de ses principaux acteurs. Duplessis et Pinon, chefs de brigade du 7e de hussards et du 15e de dragons, ont été tués dans la haute Egypte. Détroye, chef de brigade du génie, l'a été devant Acre avec Laugier et Lescaille. Le général Caffarelly y a laissé un bras, vous y avés presque laissé le vôtre et il s'en faut de beaucoup que ce soit fini.

Je vous le répette, j'attends avec impatience le dénouement. Nous perdons tous les jours du monde, soit par le feu, soit par les maladies, nous ne voyons pas comment il nous en viendra de France; et ce que l'on recrutera dans ce pays-cy, à quelques Grecs près, ne fera jamais des soldats sur qui on puisse compter.

Cette lettre est pour vous seule, mon cher général, je ne fais part de mes réflexions à personne, elles affligeraient. Mais il faut bien cependant que quelqu'un au monde sache que l'on voit les choses telles qu'elles sont; et je vous avoue que je ne veux faire cette preuve qu'à vous.

Davoust sera ici demain. Il poursuit les Mamelucks et les Mékins avec une activité étonnante. J'espère qu'il va me débarrasser de Mohamet Bey Elfi qui est dans le Charkin, m'aider à ravitailler Suez si les Anglais ont formé le projet de l'attaquer, peut-être à les chasser de devant cette place, s'ils y ont débarqué du monde. De là il reprendra le chemin de l'Egypte supérieure si Mourad Bey y reparaît.......... Tous mes jeunes gens embrassent vos aides de camp et vous présentent leurs respects... Salut et amitié sincère.

C. F. Dugua.

(Archives de la Guerre.)

II. — La retraite

Les malades et les blessés. — .....Tous ces blessés furent évacués en Egypte, pendant le siège ou à l'époque du départ de l'armée. Huit cents passèrent par les déserts et douze cents par mer, dont la plupart s'embarquèrent à Yâfa. L'une et l'autre traversée furent extrêmement heureuses, car nous n'en perdîmes qu'un très petit nombre.

C'est au général Bonaparte que ces honorables victimes durent principalement leur salut, et la postérité ne verra pas sans admiration, parmi les vertus héroïques de ce grand homme, l'acte de la plus sensible humanité qu'il a exercée à leur égard.

Le manque absolu de moyens de transport réduisait tous les blessés à la cruelle alternative, ou d'être abandonnés dans nos ambulances, et même dans les déserts, exposés à y périr de soif ou de faim, ou d'être égorgés par les Arabes. Bonaparte ordonna que tous les chevaux qui se trouvaient à l'armée, sans en excepter les siens (le général Bonaparte marcha longtemps à pied comme toute l'armée) fussent employés au transport de nos blessés; en conséquence, chaque demi-brigade ayant été chargée de la conduite de ceux qui lui appartenaient, tous ces braves arrivèrent en Egypte, et j'eus la satisfaction de n'en pas laisser un seul en Syrie.

On s'étonnera sans doute d'apprendre qu'avec quelques galettes de biscuit, un peu d'eau douce qu'on portait avec chaque blessé, et l'usage seul de l'eau saumâtre pour leur pansement, un très grand nombre de ces individus affectés de blessures graves à la tête, à la poitrine, au bas ventre, ou privés de quelques membres, ont passé les déserts d'une étendue d'environ soixante lieues, qui séparent la Syrie de l'Egypte, sans nul accident et avec de tels avantages, que la plupart se sont trouvés guéris lorsqu'ils ont revu cette dernière contrée. Le changement de climat, l'exercice direct ou indirect, les chaleurs sèches du désert, et la joie que chacun d'eux éprouvait de son retour dans un pays qui, par les circonstances et ses grandes ressources, nous était devenu aussi cher que notre propre patrie, me paraissent être les causes qu'on peut assigner à ce phénomène.

Chirurgien en chef Larrey, *Relation historique.*

L'arrière-garde, formée par la division aux ordres du général Kléber, prit un soin particulier de l'évacuation des fiévreux et des blessés ; à l'une des stations, ce général dit un jour aux premiers : « Mes enfants, » je suis occupé de vous, nous allons partager ce que » j'ai ; mais ne m'approchez pas de trop près, parce » que ce n'est pas de la peste qu'il convient que je » meure..... »

Il me pria de rendre aux généraux Junot et Verdier le témoignage d'avoir fait plus que lui pour ces malheureux pendant toute la route.

Mais qui peut nommer le dernier de ces généraux sans se rappeler ce que fit son épouse pendant le cours de l'expédition de Syrie ? C'est elle qui, sans calculer qu'elle s'exposait à toutes les fatigues de la marche la plus pénible, donna son cheval pour faire passer un torrent à des piétons..... Elle donna souvent son eau, ses provisions, son linge, pour des malades ou des blessés.....

Un jour elle entendit dans le désert les cris du désespoir d'un soldat aveugle et abandonné ; elle court à lui. « Attache-toi, lui dit-elle, à la queue de mon che- » val et ne le quitte plus ; il est doux comme moi, il

» ne te fera aucun mal, viens, pauvre misérable, j'au-
» rai soin de toi. » Lui qui ne pouvait voir sa bien-
faitrice s'écriait souvent : « Est-ce un ange qui me
» conduit, qui me nourrit ? » et elle, avec une tou-
chante simplicité, embellie par ses grâces : « Eh
» non !... c'est madame Verdier... une Italienne...
» la femme du général. »

Médecin en chef DESGENETTES. *Histoire médicale de l'armée
d'Orient.*

La veille de notre départ de Jaffa, on nous fit avancer près de la ville afin que nous fussions d'arrière-garde. En passant le long des chemins qui environnaient Jaffa, nous aperçumes des pestiférés au nombre de vingt-cinq. Ceux qui pouvaient encore marcher vinrent nous demander du secours, ce que nous ne pouvions leur procurer sans nous exposer à tout ce qu'entraîne après soi une maladie si cruelle. Cependant nous fîmes tout ce qui était en notre pouvoir de faire pour les soulager.

Cette même nuit nous couchâmes le long des jardins. Le lendemain, au point du jour nous partîmes. Les pestiférés, qui pouvaient encore suivre, suivaient derrière. Le général Kléber qui était d'arrière-garde avec nous fit tout ce qu'il put faire pour ne pas les abandonner. Mais l'excessive chaleur et la soif qui les dévorait jointes à la maladie dont ils étaient attaqués fit que, bientôt, la plupart d'entre eux succombèrent, ne pouvant supporter tant de maux à la fois.

Cependant nous avions ralenti notre marche afin de leur donner la facilité de pouvoir suivre, mais inutilement pour plusieurs ne pouvant supporter les fatigues qu'exigeait leur salut dans un si pressant besoin. Nous fûmes donc obligés de les laisser à la merci des féroces Bédouins qui leur coupèrent la tête à notre vue, non sans que nous ne leur lâchâmes plusieurs coups de fusil, mais ils étaient trop loin pour que nous leur fissions beaucoup de mal.

Leur férocité fit que nous portions, partout où nous passions, l'incendie le plus affreux : les villages et les campagnes prêtes à moissonner et les blés qui étaient déjà coupés, tout fut réduit en cendres. Et comme nous étions d'arrière-garde, il nous était impossible de rien trouver, car c'était le corps de l'armée, qui était devant, qui portait l'incendie partout et cela pour ôter à l'ennemi tous moyens de nous poursuivre et pour punir les féroces habitants de ces plaines, qui sont tous Arabes ou Bédouins, de leur cruauté envers nos malheureux pestiférés.

Chasseur Pierre MILLET. Manuscrit.

Sentiments de l'Armée. — L'on laissa une forte garnison dans le fort d'El-Arich comme étant la clef de l'Égypte de ce côté-là. L'on se croyait déjà dans le bon pays d'Égypte, mais il fallait encore des journées pénibles pour arriver à notre destination. Les divisions retournèrent dans les garnisons qu'elles avaient quittées lors du départ pour l'expédition de Syrie. La nôtre retourna à Damiette en passant par Salhéyéh et la province de Menzaléh.

Je ne peux assez exprimer la sensation douce que nous éprouvâmes lorsque nous aperçumes les minarets de Damiette. Nous ne les perdions pas de vue. Ce Damiette où nous avions joui de tous les plaisirs imaginables auparavant notre départ pour la Palestine et où nous allions retrouver de quoi satisfaire nos désirs. Nous fîmes en arrivant un bon dîner qui fut assaisonné de la bonne manière et arrosé de cette liqueur qui réjouit le cœur. Après le dîner, l'on se distribua les uns à droite, les autres à gauche pour aller retrouver ses anciennes connaissances. Je retrouvai la mienne, mes camarades, les leurs. Quel moment pathétique sans cependant nous écarter des lois de la bienséance.

François Durand, musicien. Mémoire manuscrit.

.....Comme je l'ai déjà dit, le trajet d'El-Arich à Salanieh, qui est de huit jours de marche, est entièrement désert. Les chevaux devant boire au moins une fois par jour, la cavalerie fut obligée de suivre constamment le bord de la mer, afin de profiter des citernes ou puits qui étaient à quelques toises du rivage.

Faisant toujours partie de l'arrière-garde pour ramasser les traînards, une nuit nous entendîmes une voix qui implorait du secours. Nous approchant du lieu d'où elle semblait venir, l'on découvrit qu'elle sortait de l'une des citernes, profonde de six à huit pieds. Alors mon lieutenant s'écria : « Qui es-tu là-bas ? » On lui répondit : « Officier du génie. — Hé bien, répliqua-t-il, tire ton plan. » Et il allait l'abandonner dans ce puits et se retirer.

Je dois ici faire remarquer que, depuis le siège de Saint-Jean-d'Acre, toute l'armée détestait les officiers du génie, parce qu'à ce siège ils avaient formé si mal la brèche par laquelle on avait donné l'assaut, qu'elle avait causé la perte d'un grand nombre de soldats.

Revenons à la citerne. J'eus pitié de lui et dis alors à mon lieutenant qu'il ne fallait pas laisser périr cet homme là-bas, qu'il fallait le secourir. « Et comment veux-tu que nous le tirions de là ? » me dit-il. Je lui répliquai : « Nous joindrons ensemble les longes de nos chevaux et nous le retirerons de là. » Ce qui fut dit fut fait. Nous tendîmes de cette sorte nos longes à cet infortuné qui s'en entoura lui-même par le milieu du corps et il fut bientôt dehors. J'eus la satisfaction d'avoir sauvé la vie à un de mes semblables. Cet officier du génie passait par là de nuit, et n'ayant pas aperçu la citerne, y était tombé depuis quelques heures avant notre passage. Sachant que nous n'avions pas encore passé, il s'épuisait à crier au secours afin que nous puissions enfin l'entendre.

J.-M. Merme, ex-chasseur à cheval de la garde. *Histoire militaire*.

III. — Entrée au Caire

Boyer, adjudant-général, au général de division Dugua.

Salahieh, 3 juin 99 (15 prairial an VII).

Général, parti le 6 de ce mois de Jaffa, j'arrive ici dans le moment avec deux bataillons de la 69ᵉ demi-brigade formant une des colonnes d'avant-garde de l'armée victorieuse de Syrie.

J'emmène avec moi Abdalla, général de la cavalerie

de Djezzar, seize colonels d'artillerie turqs et dix-sept drapeaux pris sur l'ennemi. L'ordre du général en chef est de déposer ces prisonniers dans la citadelle du Caire, de les introduire avec pompe dans la ville, même comme des captifs, enfin d'entrer en triomphe sur la place Esbékier. Étant la première colonne de l'armée qui rentre en Egypte, vous sentés, général, combien il est important de donner à notre entrée tout l'éclat et la pompe possible, cette démonstration est nécessaire à la multitude.

.....Le général Lannes qui arrivera avec nous a besoin du plus grand régime et repos; il espère que dans le cas même où nous ferions quarantaine, l'ordonnateur de la santé le lui laisserait faire dans sa maison à Rhoda; il a d'ailleurs l'ordre du général en chef.

Je vais traverser avec pompe le Scharkié et j'en dirai beaucoup plus qu'il n'y en a. Demain matin je mets à la voile et, vent arrière, je me rends au Caire.

Salut et considération.

BOYER.

(Archives de la Guerre.)

Le général chef de l'état-major général au général Dugua, au Caire.

Quartier général des Alchrich, 9 juin 99 (21 prairial an VII).

Le général en chef vous écrit, citoyen général, pour vous faire connaître son arrivée au Caire. Son intention est, ainsi qu'il vous en parle succintement, que **vous veniez au devant de nous de la manière suivante.**

Vous laisserez au Caire les gardes nécessaires pour

les différents postes. Vous partirez du Caire avec toutes les troupes disponibles en infanterie, cavalerie et artillerie, le jour de notre arrivée une heure avant le jour pour vous rendre à Matarieh où vous devez être sur les sept heures du matin.

Vous serez accompagné de tous les grands du Caire, Divan, etc..., et vous ferez porter par des Sorbagis à cheval tous les drapeaux turqs que nous avons pris et que nous vous avons successivement fait passer.

Lorsque vous verrez arriver l'armée à Matarich, vous mettrez tout votre monde en bataille, la cavalerie sur les ailes et les drapeaux turqs marchant avec vous en avant.

Vous donnerez à ces dispositions l'air de fête que doit avoir le plaisir de nous revoir.

Il est à présumer que nous serons à Matarieh le 26 (14 juin) à sept heures au matin. Au reste, nous vous enverrons un officier de l'état-major qui vous dira si ce sera le 25 (13) ou le 26 (14).

Donnez des ordres, mon cher général, pour qu'on prépare la maison du général en chef et la nôtre de l'état-major.

Je vous embrasse de tout mon cœur.

Alex. BERTHIER.

N'oubliez pas d'amener avec vous toute la musique possible et que le sieur Dargevelle ou tout autre nous donne une belle fête au Caire.

Vous pourrez mettre votre infanterie en bataille sur deux rangs.

(Archives de la Guerre.)

Entrée de Bonaparte au Caire. — L'armée continua sa route sur le Caire, où elle fit le 14 juin (26 prairial) une entrée triomphale. Les habitants étaient sortis au devant d'elle et l'attendaient à la Coubbé. Les députations des corps de métiers et de ceux des marchands avaient préparé des présens magnifiques qu'ils offrirent au sultan Kébir. C'étaient de belles juments superbement harnachées, de beaux esclaves noirs ou de belles négresses, de beaux Georgiens ou de belles Georgiennes et jusqu'à de riches tapis de laine et de soie, des châles de cachemire, des cafetans, du café moka le plus précieux, des pipes de Perse, des cassettes pleines d'encens et d'aromates. Les Français qui étaient au Caire avaient de leur côté fait préparer en plein champ un festin pour fêter l'arrivée de leurs camarades ; ils s'embrassèrent et on passa plusieurs heures à boire. Tant de bruits avaient couru sur les désastres de l'armée en Syrie que, quoique la division Kléber manquât, puisqu'elle s'était rendue directement sur Damiette, on fut étonné de voir l'armée si nombreuse et si peu affaiblie. Il y avait là, présens sous les armes, huit mille hommes. Les Français de retour de Syrie éprouvèrent à la vue du Caire la même satisfaction qu'ils auraient éprouvée à la vue de leur patrie. Les habitants qui avaient la conscience de s'être bien comportés pendant l'absence de l'armée se livrèrent à la joie durant plusieurs jours, pour célébrer cet heureux retour. Le général en chef entra dans la ville par la porte des Victoires, précédé des chefs de milices, des corporations, des quatre muphtis et des ulémas de Gama-el-Azhar. Les mois qui se passèrent jusqu'à la bataille d'Aboukir furent employés à recevoir les députations de diverses villes et provinces qui s'empressèrent de complimenter le sultan Kébir. Les régiments réparèrent leurs pertes par le grand nombre d'hommes qu'ils retrouvèrent aux dépôts et qui étaient sortis des hôpitaux. On forma quatre compagnies des amputés ou grièvement blessés, ils furent chargés de la défense de la citadelle et des tours. La cavalerie fit des remontes, l'artillerie compléta ses équipages, et dès les premiers jours de juillet l'armée était reposée et dans le meilleur état.

(*Mémoires dictés par Napoléon.*)

IV. — Résumé des marches faites pendant l'expédition de Syrie

Distance du Caire à Salhéyéh...............	23	lieues
De Salhéyéh à Katiéh......................	16	3/4
De Katiéh à El-Arich......................	24	
D'El-Arich à Gaza.........................	17	
De Gaza à Jaffa...........................	18	3/4
De Jaffa à Acre............................	23	1/2

Cette route de 123 lieues a été faite dans 38 jours, desquels il faut déduire savoir :

Pour le siège d'El-Arich, 3 jours ⎱ 7
Pour celui de Jaffa..... 4 ⎰   ⎱ 18
Pour séjour.......... 11 ⎰

Il reste pour la marche effective...... 20 jours ; ce qui donne pour terme moyen une marche de 6 lieues 3/20 par jour.

La marche moyenne des convois, les chameaux portant environ 3 quintaux, est d'environ 3/4 de lieue à l'heure ; ainsi la marche moyenne a été de 8 heures environ.

Cette marche considérée quant au sol, l'armée a fait savoir :
    Dans le désert.................... 52 lieues 1/2
    Dans le pays habité ou cultivé.... 70 lieues 1/2

La route de retour n'a été que de 119 lieues 1/2. L'armée a suivi la mer 20 lieues et marché dans l'intérieur du pays 99 lieues 1/2. Ces 119 lieues 1/2 ont été faites en 25 jours.

Savoir :
    En séjour........ 8 ⎫
    En marche....... 17 ⎬ 25

Ce qui fait par jour de marche, pour terme moyen, 7 lieues, et, en même temps, 9 heures 21 minutes.

L'invasion de Syrie a duré 125 jours, savoir :

En marche ⎰ En allant.................. 20 ⎫ 37
         ⎱ Au retour.................. 17 ⎭

En séjour ⎰ En allant.................. 11 ⎫ 16
         ⎱ Au retour.................. 5 ⎭

    En allant................. 7
    Devant Acre............... 62 ⎱ 72
    Au retour pour faire sauter
    les fortifications de Jaffa.. 3

Médecin en chef DESGENETTES, *Histoire médicale de l'armée d'Orient.*

CHAPITRE XVI

ABOUKIR

Débarquement des Turcs à Aboukir ; ils prennent le fort. — Mesures prises par Bonaparte. — Reconnaissance précédant la bataille. — Bataille d'Aboukir.

I. — Débarquement des Turcs a Aboukir.
Ils prennent le fort

Je reviens en arrière pour vous donner quelques détails sur la prise de mon pauvre Aboukir par les Turcs. Il était question d'une attaque des Maugrebins et, plus vaguement, d'une descente des Turcs. Aboukir devait nécessairement jouer un rôle dans l'affaire. Sa position n'était rien moins que forte. La Redoute était à peine palissadée et armée de trois pièces de campagne seulement. Le Fort offrait plus de ressources. Godard, chef de bataillon commandant ce poste, était inquiet et avec raison...

Le général Marmont ordonne expressément à Godard de mettre tout son monde dans la Redoute et de ne laisser au Fort que le service des batteries. Il envoie un renfort de trois cents hommes ; il y en avait déjà autant. Il promet en outre à Godard d'arriver lui-même avant cinq heures du soir, avec des forces imposantes...

Au point du jour, les Turcs sont sur leurs barques. Ils abordent à hauteur du Puits. Les nôtres claquemurés dans la Redoute ne peuvent s'y opposer. Le débarquement est soutenu par le feu des bricks, frégates et chaloupes qui canonnent le Fort et la Redoute. On leur répond aussi bien qu'on peut. Une autre flottille avance vers le Fort pour lui donner l'assaut. L'ennemi débarqué à la hauteur du Puits avance impétueusement sur la Redoute au nombre de dix mille hommes. Elle est cernée de toutes parts. On s'y défend en désespérés. Beaucoup de Turcs tombent. Le Fort ayant à faire face vers la mer et trop peu de monde ne peut aider la Redoute de ses pièces qui regardent la terre. Le temps s'écoule : quatre heures sonnent et on se défend encore. L'ennemi enlève, avec une audace à laquelle il faut rendre justice et à bout portant des feux de la Redoute, un cavalier de tranchée fait de sacs à terre, de mourants, de morts, et finit par dominer; les assiégés sont criblés. Cinq heures sonnent et point de secours. Des six cents hommes, il en reste encore cent!

Les Turcs furieux arrachent les palissades, grimpent les talus et sautent dans la Redoute. C'était comme un vaisseau que les vagues en furie inondent de toutes parts. Ils tuent tout ce qui restait et s'occupent de couper les têtes. Pendant cette boucherie, un des nôtres, désespéré, s'est glissé dans le magasin à poudre et y met le feu. Une effroyable explosion balaie en un instant amis et ennemis.

Un petit tambour, jadis mon cuisinier, traîné hors de la Redoute avant l'explosion, échappe en faisant profession de foi au Prophète, ou plutôt, en gagnant les bonnes grâces d'un infâme qui le sauve. Au milieu du désordre, il échappe à son amoureux musulman, se glisse le long de la mer sous les rochers, traverse Canope et arrive heureusement à Alexandrie pour y donner ces déplorables détails.

Au moment où la Redoute sautait, le renfort arrivait sur les hauteurs de Canope... Le sacrifice était consommé. Il ne fallait pas en faire un second. Le renfort se replia en hâte sur Alexandrie que l'ennemi devait, selon les probabilités, ne pas tarder à attaquer.

Capitaine Thurman, Relation du séjour en Égypte.

II. — Mesures prises par Bonaparte

..... Mourad-Bey s'étant approché des grandes pyramides, Bonaparte en fut instruit, et passa bientôt le Nil pour aller l'attaquer. Il est évident que Mourad-Bey ayant connaissance du prochain débarquement à Aboukir, descendait vers les côtes, afin d'être à portée de s'unir aux Ottomans. Ce mouvement extraordinaire, dont on cherchait en vain la cause, fut expliqué promptement par la lettre que reçut Bonaparte, campé aux pyramides, et qui lui donna connaissance de l'arrivée de la flotte Turque chargée de troupes pour opérer une descente. Le général en chef, revenu à Gizeh, fit expédier ses ordres pour la marche de l'armée vers le point menacé.

Cette nouvelle inattendue troubla notre tranquillité, et quoique confians dans nos moyens, nous ne pouvions point attendre, sans une vive impatience, le résultat d'une affaire qui allait décider de notre sort. On prit des mesures pour assurer aux Français, en cas de révolte des habitans, une retraite à la citadelle (du Caire) qui avait été mise en état de défense. On transporta même sur le champ une partie des papiers de l'administration de l'armée.

Le général Dugua commandait la ville. Sa prudence et sa sagesse nous conservèrent, pendant la crise, le calme le plus parfait.

Combien je fus contrarié de ne pouvoir aller joindre le général Murat. J'ai encore le plus vif regret d'avoir manqué un des combats les plus glorieux de notre expédition.

Bonaparte, avec cette activité extraordinaire, et qui a toujours été si bien secondée par le général Berthier, fit, avant son départ de Gisch, toutes les dispositions nécessaires dans toutes les chances possibles. Une partie de la cavalerie, sous les ordres du général Davoust, attaché à la division Desaix, descendit de la haute Egypte et se joignit à l'armée. Kléber et une partie de sa division quittèrent Damiette et vinrent à Rosette; le général Reynier resta dans sa province, et Desaix se rapprocha du Caire; un corps de troupes fut chargé de suivre et d'occuper continuellement Mourad-Bey. Enfin tout fut prévu : ces précautions étaient indispensables. En même temps qu'elles rassuraient le soldat qui aime toujours à savoir ce qu'il doit faire dans telle et telle circonstance, elles firent voir aux habitants qu'il n'était pas besoin de toutes les forces françaises pour combattre l'ennemi, et par suite qu'il serait dangereux pour eux de se révolter. Les habitants de l'Egypte firent si bien ce raisonnement qu'ils ne firent point le moindre mouvement pendant les jours d'incertitude sur l'affaire d'Aboukir.

L'armée se rassembla à Rhamanié, près Rosette.

Commissaire des guerres J. Miot.

III. — Reconnaissance précédant la bataille

Alexandrie, fructidor an VII (août 1799). — Nous étions à peine depuis cinq jours dans la capitale (au Caire) où nous venions de nous installer, approvisionner, meubler, qu'il a fallu reprendre campagne. C'était la nuit du 26 au 27 messidor (14 au 15 juillet). Je m'étais couché fort tard, je venais de m'endormir et il pouvait être deux heures. On heurte. C'était Hassenfratz :

— A cheval dans une heure ! Le général Crétin vous le fait dire, il veut vous parler tout de suite.

En un clin d'œil, je suis auprès du général.

— Thurman, nous allons rejoindre le général en chef à Terraneh ; préparez-vous, vous avez une demi-heure.

— Mais où allons-nous, général ?

— Mon cher ami, je n'en sais pas plus que vous ; ayez soin de faire vos provisions.

On monte à cheval à la pointe du jour ; mon domestique fait le malade. Reste ! coquin ! Un sapeur monte mon second cheval jusqu'à Boulac où j'entraîne un jeune Turc pour domestique ; je le gagne à grand' peine, moitié force, moitié bonne volonté, en lui achetant à la première boutique turban, babouches, etc. Il enfourche mon bidet et devient mon écuyer. Nous côtoyons les Pyramides qui paraissent interminables. Nous rejoignons Bonaparte qui avait l'avance.

On marche tout le jour et l'on s'arrête le soir à Terranch. Bref, on marche encore tout le 28 (16), puis le 29 (17), et le 30 (18) nous voilà à Rahmanieh. Là, nous nous reposons jusqu'au 5 thermidor (23 juillet) au soir. On remonte à cheval dans la nuit et on arrive le 6 (24) vers onze heures du matin à Birket. Dans le trajet, mon Turc avec mon second cheval et tout ce qu'il portait, provisions, effets et piastres, m'avait brûlé la politesse. J'étais joli garçon. J'ai mangé des oignons en route, puis fourragé et soigné mon cheval moi-même. Mes sapeurs étaient loin. Le général en chef ne s'arrête jamais. Les guides à cheval, mécontents et grognards, ne veulent pas venir à mon aide. Ma position était détestable. Joignez à cela que j'avais certaine maladie propre aux cavaliers. Je prend mon parti mais non sans grincer des dents. Il y a des cas où ces petites misères prennent des proportions intolérables.

Mais où donc va-t-on ? A Rahmaniéh, le mystère s'éclaircit. La flotte des Osmanlis est à Aboukir ; ils sont maîtres de cette place...

En cet endroit, Bonaparte demande le plan du canal d'Alexandrie. Il était dans les malles de Picot, absent. On les force. On étale cent feuilles volantes qu'on réduit aussitôt à une plus petite échelle. A peine cela fait, Bonaparte veut le plan d'Aboukir et environs. Personne ne l'a ici. J'avais habité cinq mois cette place et la connaissais par cœur ; je fais un croquis et le porte au général en chef dans sa tente. Des généraux y sont réunis. On examine et discute. Le général N... prétend que je me suis trompé dans la distance de la redoute au fort. Je la savais de quatre cents toises, il la prétendait de neuf cents ; j'étais bien sûr de mon fait.

Bonaparte me demande si j'ai de bons chevaux ; je lui explique ma position. Il dit un mot à un aide de camp. Je sors et me rends à ma tente où, un instant après, on m'amène, de la part du général en chef, un beau cheval de cinq ans. Nous partons pour Birket. Manquant de domestique, je laisse mon ancien cheval à mon camarade Bouchard à Rahmaniéh. Je suis, par ordre, les sapeurs mineurs ; le guide nous égare. Nous n'arrivons qu'à onze heures du soir. Nous recevons l'ordre de fortifier le village... Nous y trouvons des œufs ; j'en fais cuire et j'allais les manger quand Crétin m'appelle dans sa tente et me dit que Bonaparte avait ordonné une reconnaissance jusqu'à la maison carrée, la digue de Madiéh et, si possible, jusqu'à Etcoz. Il me désigne pour cet effet. Un escadron de dragons m'attendait. Je laisse ma tente, mets mes œufs en poche, règle ma montre, prends du papier, des crayons et pars.

Nous nous dirigeons vers la maison carrée par El-Ouach. Nous cheminons avec précaution. Nous n'apercevons que quelques cavaliers habillés en rouge.

Arrivés à la maison carrée, nous voyons l'appareil formidable de l'escadre turque mouillée dans la rade sous pavillon rouge ; il était environ deux heures après midi. Nous côtoyons le derrière des mamelons de sable qui mènent à Etcoz ; nous apercevons de nouveau quelques cavaliers rouges qui s'éloignent à notre approche vers le désert salé. Nous rencontrons aussi des caravanes d'ânes chargés de selles et de harnais, puis de très nombreux troupeaux de moutons abandonnés à notre vue par les conducteurs. Nous nous emparons du tout en chassant devant nous.

L'ennemi ne se montre pas ; les habitants d'Etcoz nous reçoivent bien ; il était six heures. Nous cassons la croûte tant bien que mal et débridons. Je commence à dessiner la position du village. Mais mon escorte, inquiète, veut repartir ; j'ai beau supplier, et malgré les officiers, on sonne le boute-selle. Je continue mon opération, seul, au milieu des Arabes ; ils me voient faire le tour de l'endroit en dessinant.

Nos coquins avaient une demi-heure d'avance ; je les rejoins au galop, indigné de leur impardonnable conduite. Nous trottons toute la nuit et je fais mon somme à cheval. Nos bourriques et nos moutons sont toujours en avant avec les conducteurs d'Etcoz.

Nous arrivons le matin à la maison carrée où nous faisons une halte d'une demi-heure en contemplant l'escadre et le campement des Turcs à Aboukir sur les hauteurs des puits, de la redoute et autres. Pour voir de plus près nous enfilons la langue de sable qui mène aux digues, puis la digue elle-même. L'ennemi y avait des chaloupes canonnières qui nous aperçoivent et nous canonnent sans nous atteindre. Nous avançons jusqu'à la rupture, distinguons toutes les dispositions ennemies sur les derrières, fusillons les cavaliers rouges qui appelaient des barques pour passer avec des troupeaux dont on s'empare et, satisfaits de nos renseignements, nous retournons à la maison carrée où nous avions laissé nos premières prises sous garde. Après un repos d'une demi-heure, nous reprenons le chemin vers Birket, où nous arrivons à sept heures soir.

L'armée avait décampé et était partie dès le matin pour Alexandrie. Mon camarade L... et cinquante sapeurs avaient achevé de retrancher le village qui devait être le point central de l'affaire. L'ambulance y était établie. Nos moutons furent les bienvenus. J'étais harassé et mon cheval n'en pouvait plus. Cependant L... voulait partir avec les sapeurs et les mineurs. La bataille était probablement pour le lendemain et je tenais à en être. Je remonte à cheval sans me reposer un quart d'heure. Le soleil se couche. Nous suivons, avec nos cinquante hommes et nos chameaux chargés d'outils, le canal jusque-là où il touche le lac de Madiéh près d'El-Ouach. De là, nous obliquons à gauche au milieu des sables en nous dirigeant sur les étoiles. Nous laissons non loin Beda sur la droite et entrons dans les terrains desséchés du lac de Mariouth. Mais la fatigue nous tuait ; mon cheval s'était abattu sous moi et je le conduisais à la main. Les sapeurs tombaient d'inanition, de lassitude et de sommeil. Ils refusent d'avancer. Nous faisons halte, vers minuit, afin que les traîneurs puissent rejoindre. A peine couchés, nous étions tous endormis. J'avais entouré ma tête d'un mouchoir en turban et tourné la bride de mon cheval autour de mon bras. Tout à coup, je suis réveillé par un mouvement de mon cheval et par des cris. Je me lève, mets sabre en main et demande ce que c'est, lorsqu'un violent coup de crosse sur la tête, asséné par derrière, me fait voir mille lumières et me renverse sans connaissance. Revenu bientôt, on s'explique l'affaire. Je ne sais quel bruit avait réveillé nos hommes qui, dans l'obscurité, s'étaient mis à se frapper entre eux ; mon turban m'avait valu une part qui aurait pu m'être funeste. J'en fus quitte pour de fortes contusions. Je n'étais pas le seul maltraité. Cet incident réveilla tout le monde ; on reprit la marche et le 7 thermidor (25 juillet), au point du jour, nous rejoignions l'armée.

Capitaine Thurman, Relation du séjour en Égypte.

IV. — Bataille d'Aboukir

…..Les armées restèrent en présence pendant deux heures dans ce silence avant-coureur de la tempête. La canonnade s'engagea enfin entre les batteries turques placées sur les deux monticules et les batteries de campagne des divisions Lannes et Destaing. Le général Murat fit avancer deux colonnes de cavalerie de quatre escadrons, ayant chacune trois pièces d'artillerie légère ; celle de droite se porta entre le monticule du puits et le monticule du Vizir ; l'infanterie turque faisait bonne contenance ; l'engagement des tirailleurs était très vif, mais lorsque les obus et les boulets des pièces d'artillerie légère qui étaient attachées aux colonnes de cavalerie commencèrent à frapper les ennemis par derrière, ils craignirent pour leur retraite et perdirent contenance. Les généraux Lannes et Destaing saisirent l'à propos, gravirent les deux hauteurs au pas de charge ; les Turcs dégringolèrent en descendant dans la plaine, la cavalerie les y attendait; ne pouvant opérer leur retraite, ils furent acculés à la mer, les uns dans l'intérieur de la rade, les autres dans la haute mer. Poursuivis par la mitraille et la fusillade, chargés par la cavalerie, ces fuyards bravèrent les flots. Ils cherchèrent à gagner leurs bâtiments à la nage ; mais les neuf dixièmes furent engloutis. Le centre de la première ligne turque marcha alors en avant pour secourir les ailes ; ce mouvement était imprudent. Murat commanda par escadron à droite et à gauche et l'enveloppa. L'infanterie de Lanusse découverte par le mouvement de notre cavalerie marcha au pas de charge en colonne par bataillon, à distance de déploiement. Le désordre se mit dans ce centre pressé entre la cavalerie et l'infanterie. Ne pouvant plus opérer leur retraite, les Turcs n'ont d'autres ressources que de se jeter à la mer, s'échappant par la droite et par la gauche. Ils ont le même sort que les premiers, ils disparaissent engloutis. On n'aperçut bientôt plus sur les flots que plusieurs milliers de turbans et de châles que la mer jeta sur le rivage ; c'était tout ce qui restait de ces braves janissaires, car ils méritaient ce nom de braves ! Mais que peut l'infanterie, sans ordre, sans discipline, sans tactique ? La bataille était commencée depuis une heure et huit mille hommes avaient disparu : cinq mille quatre cents étaient noyés, quatorze cents étaient morts ou blessés sur le champ de bataille, douze cents s'étaient rendus prisonniers ; dix-huit pièces de canon, trente caissons, cinquante drapeaux étaient entre les mains du vainqueur.

On reconnut alors la seconde ligne de l'armée ennemie ; elle occupait une position formidable. La droite et la gauche étaient appuyées à la mer, flanquées par des chaloupes canonnières et couvertes par dix-sept bouches à feu de campagne. Le centre occupait la redoute du mont Visir. Il parut impossible de l'attaquer, même après le succès qu'on venait d'obtenir. Le général en chef pensa à prendre position sur les deux monts que l'on avait occupés, mais il reconnut qu'au pied de la falaise du Puits la plage s'avance en forme de cap dans la rade ; une batterie placée à l'entrée de ce cap prendrait à revers toute la gauche de l'ennemi ; en effet, elle l'obligea à se pelotonner entre la redoute et le rivage, par un changement de front, la gauche en arrière. Le mouvement laissait un vide de deux cents toises sur la gauche de la ligne où l'on pourrait percer ; cela s'exécuta. Conduit par le colonel Cretin qui ambitionnait la gloire de rentrer le premier dans sa redoute, Murat pénétra dans cette trouée avec six cents chevaux.

Au même moment Lanusse et Destaing soutenaient une vive canonnade contre le centre et la droite de l'ennemi. Le 18ᵉ de ligne, lancé mal à propos, lâcha pied au moment d'emporter la redoute, et laissa cinquante blessés sur le glacis. Les Turcs, selon l'usage, sortirent en foule pour couper la tête de ces malheureux et mériter l'aigrette d'argent. La 69e, irritée de ce spectacle cruel, se lança au pas de charge sur la redoute et y pénétra. La cavalerie, passant entre le village et le mont du Visir, prit en flanc toute cette seconde ligne, et l'accula à la mer. Lannes se dirigea droit sur le village et s'y logea; il se porta de là sur le camp du pacha où était la réserve; toute cette extrémité de la presqu'île n'est plus qu'un champ de carnage, de désordre et de confusion. Le pacha, le kandjar au poing, environné des plus braves, fait des prodiges de valeur; il est grièvement blessé à la main par le général Murat qu'il avait blessé à la tête d'un coup de pistolet. Il se rend enfin à la nécessité et se rend prisonnier avec mille des siens. Les autres, épouvantés, fuient devant la mort, et cherchent leur salut dans les flots, préférant ces abîmes à la clémence du vainqueur. Sir Sidney Smith fut sur le point d'être fait prisonnier et eut de la peine à gagner sa chaloupe.

Les trois queues du pacha, cent drapeaux, trente-deux pièces d'artillerie de campagne, cent vingt caissons, toutes les tentes, les bagages, quatre cents chevaux, restèrent sur le champ de bataille. Trois à quatre mille fuyards s'étaient réfugiés vers le fort, ils se logèrent dans le village qui est en avant, et s'y crénelèrent Tout ce qu'on fit pour les déloger fut inutile. La victoire était complète..... La perte des Français dans cette bataille a été de deux cents hommes tués, de cinq cent cinquante blessés. Les Turcs y ont perdu presque toute leur armée, deux mille tués, trois mille prisonniers, dix ou onze mille noyés; à peine s'il se sauva douze cents hommes (la garnison du fort est comprise dans ces calculs). Deux petites pièces de canon anglaises dont le roi d'Angleterre avait fait présent au sultan Sélim furent données à la brigade de cavalerie : on y grava les paroles du général en chef : « *Est-ce que la cavalerie a juré de tout faire aujourd'hui ?* » les noms de Murat.... de Duvivier et des régiments de cavalerie.

(*Mémoires dictés par Napoléon.*)

.....En ce moment, le général Bonaparte, qui venait de donner des ordres pour faire avancer la 32ᵉ et la 18ᵉ demi-brigades afin de couper la ligne à la division turque, voyant que ce mouvement ne s'effectuait pas à son gré, prit une de ces déterminations brusques qui n'appartenaient qu'à lui. Il partit au galop, entre le feu de l'ennemi et le nôtre, afin d'arriver plus vite. Il était accompagné du général Murat et du prince Eugène. Cette périlleuse décision fit réussir le mouvement qu'il avait conçu, mais une partie des guides qui le suivaient furent tués ou blessés, et lui, traversa au milieu de tant de balles amies et ennemies sans qu'aucune d'elle ne le touchât. L'armée dut croire comme lui à la fatalité ; car il semblait écrit sur son front que les boulets et la mitraille devraient respecter sa personne.

Quant à moi, je traversai le camp des Turcs au moment où le Pacha sortait de sa tente. Il me tira un coup de pistolet à bout portant. Il ne m'enleva fort heureusement qu'une natte de mes cheveux et il reçut, en échange, un coup de sabre qui lui sillonna la figure. Il était couvert de sang et tout étourdi du coup dont je venais de le gratifier, il ne me fut pas difficile de le faire prisonnier. Je le conduisis à l'état-major. Là, comme il ne parlait pas notre langue, il me fit signe de prendre son étoile et son croissant. Je remis de suite ces objets au général Bonaparte qui me dit : « Garde cette étoile, elle pourra te servir un jour. » Je l'ai gardée religieusement et, aujourd'hui, je la possède encore.

Capitaine KRETTLY. *Souvenirs historiques.*

Fructidor an VII (août 1799). — Je vais ajouter à ma lettre précédente quelques détails sur la mort du chef de brigade du génie Crétin. Après la mort de Caffarelli, et au retour de Syrie, il fut appelé auprès de Bonaparte. Je fus choisi par Crétin pour le suivre au Caire. Crétin, selon les termes du bulletin de Bonaparte, était « l'officier du génie qui possédait le » mieux cette science difficile dans laquelle les moin- » dres bévues ont tant d'influence sur le résultat des » campagnes et les destinées des États ».

C'était un homme d'un certain âge, d'un cœur excellent, d'une loyauté à toute épreuve et d'un courage parfait. A côté de cela, il était grognard, mélancolique, maladif et irritable, s'emportant mais revenant aussitôt, en un mot, difficile à vivre. Je ne sais comment j'étais, cependant, entièrement dans ses bonnes grâces.

Le jour où il reçut à Alexandrie l'ordre de rejoindre Bonaparte, nous parcourions ensemble les travaux. En vue de la hauteur de l'Observation qu'on fortifiait, il s'arrête brusquement et me dit :

— Thurman, voyez-vous cette hauteur ? Ce sera mon tombeau !

Je me récriai sur l'improbabilité puisque nous partions pour la haute Égypte où nous avions, par conséquent, plus de chance de laisser nos os qu'ici.

— Vous verrez, me répondit-il.

Deux jours après, en quittant Alexandrie et passant au même endroit, un étrier du commandant cassa et aussitôt il en tira mauvais augure. Il se retourne vers moi et me montrant de nouveau la hauteur :

— Rappelez-vous, Thurman, ce que je vous ai dit avant-hier.

Quelques jours après, à Boulac, un chameau chargé de pelles et de pioches passe près de Crétin et le heurte :

— Voilà, nous dit-il d'un air sombre, des outils qui m'enterreront.

On arrive sur le champ de bataille. La droite et la gauche étaient formées. Nous étions au centre vis à vis du village d'Aboukir. Il était occupé par des Turcs et garni de bouches à feu. Crétin, impatient d'être sur les devants, enfile une rue du village pour abréger; c'était une témérité. Je crois de mon devoir de le suivre. De toutes parts on nous crie : Ne passez pas là! Crétin n'en tient compte.

— Nos chevaux sont bons, me dit-il, au galop!

Son domestique nous suit. A peine dans la rue, une grêle de balles nous arrive. Crétin en reçoit une dans la nuque et tombe; son domestique a le bras cassé; je m'arrête au milieu des balles qui me percent mon habit et mon casque sans me blesser ni mon cheval. Déjà les Turcs sortaient des maisons lorsque les trois divisions de droite, de gauche et du centre arrivent au pas de course et nous sauvent.

Crétin n'était pas mort, mais il était sans connaissance, on le transporte à l'ambulance et, de là, dans une barque, à Alexandrie. Il expira en route. Il fut enterré, pendant le siège d'Aboukir, sur la plateforme de l'Observation; les mêmes outils du Caire qu'on avait laissés à Alexandrie avant la bataille servirent, en effet, à creuser sa fosse.

Capitaine THURMAN, Relation du séjour en Egypte.

CHAPITRE XVII

RETOUR EN FRANCE

Habillement de l'armée. — Bonaparte et M. Hamelin. — Communications de Sidney Smith. — Départ de Bonaparte. — Impressions de l'armée. — Les vieux soldats d'Eygypte.

I. — Habillement de l'armée

Bonaparte, quelques jours avant son départ, prescrivit un second habillement pour l'armée, mais plus solide que le premier qui ne s'était fait qu'en toile. Il voulait faire celui-ci en drap; la difficulté était d'en trouver une assés grande quantité dans le pays. L'agent en chef lui avait présenté un négociant du Caire qui s'engageait de le trouver, et qui ne demandait que des assurances. Mais dans le moment que Bonaparte semblait vouloir finir cette affaire, il fut obligé de la suspendre pour aller battre les Turcs qui venaient de débarquer : et à son retour de cette expédition, il resta si peu au Caire qu'il n'eut pas le temps de s'en occuper.

Lorsque le général Kléber eut pris le commandement, il renoua cette affaire; et comme il n'avait rien plus à cœur que le bien-être des soldats, il la termina promptement. L'ordonnateur en chef en passa le marché avec le négociant dont j'ai parlé plus haut ; et comme les fraîcheurs s'approchaient, il en pressa l'exécution. Il me remit le marché entre les mains comme chef de service ; je fus chargé d'en faire exécuter les conditions. Le fournisseur n'avait plus affaire qu'à moi, soit pour les fonds qu'il avait à recevoir, soit pour les versements qu'il avait à faire. En moins de trois mois, je reçus dans mes magasins plus de 40,000 aunes de draps de toutes sortes de couleurs, qualités et largeurs. Ce fut ce qui me donna beaucoup d'embarras, parce qu'il fallut réduire tous ces draps à la même largeur de 4/4 et en assortir les couleurs ; car il n'avait pas été possible de se procurer toute la quantité dont on avait besoin dans une seulle : on se vit forcé au contraire de prendre tout ce que l'on trouva en Egypte, et de bigarrer ainsi les troupes sous huit à dix nuances. Ce qui loin de déplaire à l'œil formait au contraire un très bel effet et faisait paraître notre armée beaucoup plus nombreuse qu'elle n'était. On ne me saura pas mauvais grèz d'en retracer ici une idée.

Le 7ᵉ régiment de hussards avait le dolman **gros bleu** et la pelisse écarlate.

Le 22ᵉ régiment de chasseurs à cheval avait le **dolman vert clair et la pelisse vert de pomme.**

Toute la cavalerie avait l'habit vert foncé.

L'artillerie l'avait gros bleu.

Le corps des dromadaires avait le dolman bleu de ciel et en outre un habit long à la romaine en écarlatte avec le costume assorti.

3 demi-brigades étaient en écarlatte.
4 — — — cramoisi.
2 — — — bleu de ciel.
2 — — — vert clair.
2 — — — brun.
1 — — — violet.

Les trains d'artillerie étaient en gris de fer, et la marine militaire et marchande était en aurore et diverses autres couleurs qui n'avaient pu aller aux corps de l'armée.

Chaque demi-brigade était distinguée par les collets, parements, retroussis et passe-poils dont aucun ne se ressemblait.

Toute la cavalerie et l'artillerie à cheval avaient l'habit long comme en France, le pantalon en drap et le gillet en basin blanc.

Toute l'infanterie de toute arme avait un habit court en forme de veste boutonnant jusqu'en bas, le pantalon et le gillet en toile blanche.

La musique, tambours et trompettes de chaque corps étaient habillés d'une couleur différente de celle de leur corps. Cela était à la volonté des chefs entre lesquels il y avait une espèce d'émulation qui serait mieux. Par exemple, les demi-brigades en écarlatte habillaient leur musique et tambours en bleu de ciel, et quelques-unes galonnaient ces habits sur toutes les coutures.

Lorsque toute l'armée fut habillée, elle présentait le plus beau coup d'œil possible. Tous les officiers, à l'envie les uns des autres, s'étaient empressés de s'habiller à l'uniforme de leur corps, en habit long cependant, mais le plus proprement et le plus richement que leurs moyens le leur avaient permis.

Voyage d'un Français en Egypte, fait en forme de journal, dans les années VI, VII, VIII, IX de la République française ; manuscrit appartenant à M. G. Bertin et très obligeamment communiqué par lui.

II. — Bonaparte et M. Hamelin

Le général Menou au général Berthier.

Rosette, le 29 janvier 99 (10 pluviôse an VIII).

Ci joint, mon cher général, une lettre que m'a adressée pour toi le général Marmont avec plusieurs lettres et gazettes pour le général en chef. Elles ont été apportées d'Europe par les citoyens Hamelin et Liveson. Leurs nouvelles ne sont pas fraîches, étant partis d'Europe depuis plusieurs mois. Mais enfin c'est avoir signe de vie.

Il paraît d'après ce que me mande Marmont qu'il y a de grands orages politiques en Europe. Mais tout cela est encore tellement dans le nuage qu'on ne peut avoir que de fortes présomptions mais non pas des certitudes sur les évènements ; d'ailleurs les Anglais se plaisent à embrouiller l'horizon. Adieu, mon cher ami, je t'aime de tout mon cœur et t'embrasserai bientôt de même au Kaire.

MENOU.

(Archives de la Guerre.)

M. Hamelin, armateur français, part de Trieste à la fin de novembre 1798 sur le navire *Dalmate*, avec une cargaison de vins, eaux de vie, aciers, draps et autres marchandises destinées à l'armée française en Egypte. Après une traversée très mouvementée, il trouve dans le port de Navarrin (Morée) un petit brick anglais de trois cents tonneaux; il le frète, le charge avec sa cargaison du *Dalmate* dans les premiers jours de janvier 1799 et parvient à aborder Alexandrie après avoir échappé aux croisières anglaises. Il fait alors le récit suivant:

— Je descendis à terre et je fus voir le général Marmont qui, aussitôt, expédia plusieurs courriers pour prévenir le général en chef de mon arrivée. Au fait, elle devait être intéressante pour lui. Il y avait quatre mois qu'il n'avait reçu de nouvelles d'Europe et j'apportais beaucoup de choses dont l'armée manquait absolument. Aussi l'ordre de mon départ ne se fit pas attendre, et, quoique j'eusse grand besoin de repos, je partis par terre pour Rosette avec un bataillon commandé par l'adjudant-général Martinet. J'eus, en route, l'horrible spectacle d'un rivage (Aboukir) couvert de débris et de cadavres.

A Rosette, je vis le général Menou dont le costume bizarre préludait à son apostasie.

De nouveaux courriers que je recevais à tous moments du Caire ne me permirent pas de m'arrêter et je me jetai à bord d'une djerme pour remonter le Nil jusqu'à Boulac. Les eaux étaient basses et nous nous engravâmes plusieurs fois sous le feu des Bédouins qui parcouraient le rivage. Cependant, j'arrivai sans accident à Boulac. Mais, sur la rive gauche du Nil je trouvai le lazaret et le redoutable Mr Blanc qui s'empara de moi.

J'étais occupé à disputer sur la quantité d'immersions qu'il me faudrait subir quand je vis arriver sur l'autre rive une voiture à six chevaux et tout l'appareil qui annonçait le général en chef. Il descendit de voiture, fit des signes. La consigne fut bientôt levée. Un canot vint me chercher et je me trouvai près du général Bonaparte.

Je dois le dire, l'accueil fut brillant.

Il me fit monter dans sa voiture. Nous étions seuls. Il ordonna une promenade. Mais à peine étions-nous assis qu'il m'accabla de questions avec une telle volubilité qu'il m'était impossible de répondre avec ordre. Je le priai de changer de manière s'il voulait que je fusse clair.

« Vous avez raison, me dit-il, allons dîner, » et il me parla de tout autre chose.

Après dîner, il m'emmena dans son cabinet avec M. Bourrienne qui tenait la plume. Il fit mettre en marge toutes les questions auxquelles il désirait que je répondisse et je dictai mes réponses.

Nous y étions encore à une heure du matin. Je tombais de sommeil et de fatigue. Il m'envoya me coucher en me recommandant de revenir le lendemain avant huit heures du matin; mais, dès cinq heures du matin, il m'envoya chercher.

Pendant que je lui rendais compte de l'état politique de l'Europe si différent de celui dans lequel il l'avait laissée, des fautes du Directoire, de l'avilissement dans lequel retombait la France, son agitation allait toujours croissant. Il marchait à grands pas et proférait des mots entrecoupés parmi lesquels je dis-

tinguais : « Pauvre France... on la gaspille... des
» misérables... des avocats... quel désordre... »

Le travail fini, il me le fit relire et me demanda si tout était exact. Je lui répondis que oui, sauf quelques légères erreurs de date. Alors il me dit :

« Vous allez signer cela. »

Je ne m'en souciais guère, ne voulant pas figurer dans une sorte de dénonciation contre le gouvernement alors établi en France. Il me protesta que cette pièce ne sortirait pas de son portefeuille. Je signai et, bientôt après, le tout fut envoyé au Directoire pour motiver un retour dont le général conçut dès lors le projet.

Mon voyage en Egypte avait un but commercial et, pour le remplir, j'avais besoin de l'appui du général en chef. Je lui exposai mon plan; il l'approuva, me promit tout ce que je voulus et partit pour la Syrie sans que je puisse rien finir avec lui. Il me fallut courir après lui à travers le désert, et ce ne fut qu'après la prise de Jaffa que j'obtins sa signature.

Le retour n'était pas facile, et je profitai du départ de vingt-cinq grenadiers à dromadaire qui portaient la correspondance au Caire où j'arrivai en quatre jours moitié mort de fatigue.

Dès lors, je me livrai tout entier à mes opérations. Elles me conduisirent dans la haute Egypte et j'étais dans les environs de Siche où je faisais récolter du séné lorsque j'appris la victoire d'Aboukir et le départ du général en chef pour la France.

Rapport de M. HAMELIN, armateur, provenant des papiers du général Belliard. (*Archives de la Guerre.*)

Le général Bonaparte au général Marmont.

Au Caire, 9 février 99 (21 pluviôse an VII).

.....Le citoyen Hamelin est arrivé hier ; j'ai trouvé beaucoup de contradiction dans tout ce qu'il a appris en route, et j'ajoute peu de foi à toutes les nouvelles qu'il donne comme les ayant apprises en route : la situation de l'Europe et de la France, jusqu'au 10 novembre, me paraissait assez satisfaisante.

J'apprends qu'il est arrivé un nouveau bâtiment de Candie ; interrogez-le avec le plus grand soin, et envoyez moi les demandes et les réponses.

(Correspondance de Napoléon).

III. — Communications de Sidney Smith. — Départ de Bonaparte

.....Le 15 thermidor an VII (2 août 1799), huit jours après la bataille d'Aboukir contre les Turcs, le général en chef Bonaparte, étant à Alexandrie, reçut l'avis que le fort d'Aboukir, dans lequel s'étaient retirés les débris de l'armée turque, capitulait. Il m'expédia aussitôt auprès du général Menou qui commandait le siège de ce fort afin de prendre une connaissance exacte de la situation de la place au moment de la prise de possession, de l'état de la garnison prisonnière, etc.

Il serait hors de propos de retracer ici l'affreuse image de carnage et de destruction qu'offrait ce petit fort qui, destiné à contenir une garnison de deux à trois cents hommes, en avait renfermé, pendant huit jours, environ cinq mille que nos bombes et nos boulets de gros calibre et le manque absolu d'eau et de vivres avaient réduits au nombre d'environ deux mille au moment de la capitulation. Il suffira de dire que jamais tableau plus affreux ne s'est offert à mes yeux pendant le cours de dix-sept campagnes, si ce n'est peut-être à la bataille d'Eylau.

Après avoir rempli ma mission dans le fort d'Aboukir, je pus rejoindre le général Menou dans sa tente pour y prendre les dépêches pour le général en chef. J'y trouvai le secrétaire du commandant anglais sir Sidney Smith qui venait d'y arriver comme parlementaire sous prétexte de traiter d'un échange de prisonniers. L'objet de sa mission exposé, il ajouta :

« M. le commandant a reçu, hier, un aviso qui lui
» a apporté des gazettes d'Europe. Comme vous en
» êtes privés depuis longtemps, il a pensé que vous
» les liriez avec plaisir, et voici un paquet qu'il m'a
» chargé de vous remettre. »

Le parlementaire parti, on n'eut rien de plus pressé que de parcourir les gazettes, mais on ne put, au préalable, se défendre d'un sentiment d'effroi, présumant avec raison que le commandant Smith n'était aussi obligeant que parce que les nouvelles étaient désastreuses pour la France. Ce funeste soupçon fut bientôt confirmé. Ces journaux contenaient tous les détails des défaites de Schérer sur l'Adige et des événements accomplis depuis ces premiers revers jusqu'à l'arrivée des débris de l'armée française sous les murs d'Alexandrie, la défaite de Jourdan en Souabe, etc.

Je m'empressai de prendre congé du général Menou et de repartir pour Alexandrie pour y porter au général Bonaparte les gazettes funestes, quoique bien précieuses en même temps. Il était dix heures du soir et j'arrivai à Alexandrie à minuit passé. Le général Bonaparte était couché et dormait profondément. J'entre dans la chambre :

— Général, lui dis-je en l'éveillant, je vous apporte une collection de gazettes d'Europe (c'était la *Gazette de Francfort* et le *Courrier français* de Londres). Vous y lirez beaucoup de nouvelles désastreuses.

— Que se passe-t-il donc? me demande-t-il en se mettant avec agitation sur son séant.

— Schérer a été battu en Italie; nous avons perdu presque tout ce pays et, à l'époque du premier mai, notre armée avait rétrogradé jusqu'à la Bormida. Jourdan a été battu dans la forêt Noire et a repassé le Rhin.

A ces mots, le général se jeta en bas de son lit et s'empara des gazettes qu'il lut sans interruption et pendant le reste de la nuit. Des exclamations de colère et d'indignation sortaient à chaque instant de sa bouche en voyant comment on avait perdu, dans moins d'un mois, le beau pays qu'il avait conquis avec tant de gloire!

Le lendemain 16 thermidor (3 août), il fit appeler de grand matin le contre-amiral Gantheaume, avec lequel il s'enferma dans son cabinet pendant deux heures.

Le 17 (4) il partit pour le Kaire. Arrivé à Rahmaniéh, il laisse les chevaux et bagages et tous ceux de son état-major avec ordre d'y attendre son retour et s'embarqua avec nous pour le Kaire, où nous arrivâmes le 20 (7). Nous n'y étions que depuis cinq à six jours lorsque le général Bonaparte annonça pour le lendemain un voyage dans la province de Damiette qui ne devait nous tenir que huit jours absents, et nous ordonna de faire nos préparatifs en conséquence. Quelques mots échappés au général Bonaparte lorsque je lui avais remis les gazettes à Alexandrie, sa conférence mystérieuse avec Gantheaume, m'avaient donné l'éveil sur ses desseins et l'annonce d'un voyage de peu de jours à Damiette ne me fit pas prendre le change. Je voyais faire, pour cette absence de huit jours, des préparatifs plus considérables qu'on n'en avait fait pour l'expédition de Syrie qui nous avait tenus quatre mois éloignés du Kaire. Bourrienne, secrétaire du général, emballait tous ses papiers et, à 11 heures du soir (une heure avant le départ), plus de vingt chameaux étaient rassemblés dans la cour du quartier général et y attendaient leur charge. Tout cela était bien de nature à me confirmer dans l'opinion que j'avais conçue que le général Bonaparte allait quitter l'Egypte.

Il partit du quartier général à minuit et fut s'embarquer à Boulac sur le bateau qui lui servait à naviguer sur le Nil, joli bâtiment de l'espèce de ceux que l'on nomme dans le pays une djerme. Il était armé de six pièces de canon et avait une chambre spacieuse et bien meublée pour le général et son état-major.

Arrivés à la pointe du Delta que l'on nomme en arabe Bab-el-Bakara, au lieu de prendre à droite la branche de Damiette, il fit suivre celle de Rosette et se rendit à Menouf, capitale de la province de Menouffich, dans le Delta. Le général de division Lanusse commandait cette province et Bonaparte s'arrêta pendant vingt-quatre heures chez le général qui, pendant le dîner, lui dit :

— On prétend, mon général, que vous allez vous embarquer à Aboukir pour retourner en France. Si le fait est vrai, j'espère que, rentré dans notre patrie, vous penserez à votre armée d'Égypte.

Le général répondit que ce bruit était faux, que son voyage n'avait d'autre but que de visiter le Delta et la province de Damiette qu'il n'avait pas encore vus.

— Si vous allez à Damiette, lui répliqua le général Lanusse, il serait plus naturel et plus direct de prendre le canal de Menouf qui y conduit en droite ligne et vous procurera l'agrément de traverser le Delta dans son entier. (On était alors dans la saison où le Nil commence à sortir de son lit et où tous les canaux intérieurs sont navigables.)

Le général répondit qu'il avait besoin d'aller d'abord à Rosette et que, de là, il se rendrait à Damiette en traversant le lac de Bourlos. Le général Lanusse ne put pas insister davantage, mais il fut sans doute plus convaincu qu'auparavant du départ du général en chef pour la France.

En quittant Menouf, le général Bonaparte rentra dans la branche de Rosette et continua sa route jusqu'à Rahmanieh, où il débarqua et où nous trouvâmes les chevaux qu'il nous avait ordonné d'y laisser lorsque nous nous y étions embarqués dix jours auparavant pour remonter au Kaire.

Aussitôt débarqués, nous montâmes à cheval et continuâmes notre route sur Alexandrie. La nuit nous surprit au village de Birket qui n'en est éloigné que de cinq à six lieues. Le général en chef s'arrêta dans cet endroit et y fit dresser les tentes pour y passer la nuit. Jusque-là le plus grand mystère avait été gardé sur le véritable but de notre voyage par le général Bonaparte, le général Berthier et Bourrienne (ces deux derniers étaient seuls dans la confidence du général en chef). Cependant, personne de l'état-major ne pouvait plus douter du motif de notre prompt retour à Alexandrie depuis que nous avions quitté la direction de Rosette. Bourrienne cessa alors de nous faire un mystère de notre départ, et il nous annonça que notre embarquement aurait lieu le lendemain.

Il faut avoir été éloigné pendant dix-huit mois de sa patrie, en proie pendant tout le temps aux fatigues et aux dangers dans un pays barbare, pour se faire une idée de la joie que nous causa cette annonce !.. Peu d'instants après l'établissement de notre camp à Birket, il passa un détachement qui se rendait d'Alexandrie à Rahmaniéh et qui nous annonça que deux frégates françaises étaient à l'ancre en dehors du port neuf et qu'elles n'attendaient que nous pour mettre à la voile.

Le lendemain, on fit halte au puits de Beda à trois lieues d'Alexandrie dans le désert. Bourrienne me tira à part et me remit, pour en faire un duplicata, l'instruction que le général Bonaparte adressait en partant au général Kléber en lui remettant le commandement. Assis sur le sable, à l'ardeur du soleil brûlant de midi, j'éprouvai une vive satisfaction à faire cette copie.

Après être restés une heure environ au puits de

Beda, nous continuâmes notre route, mais, au lieu de nous diriger sur Alexandrie, nous prîmes brusquement à droite pour gagner directement le bord de la mer, que nous atteignîmes au bout de deux heures. Arrivés sur la plage, nous aperçûmes distinctement une voile à environ trois lieues au large. Le général en chef en conçut quelque inquiétude; Sidney Smith avait quitté huit jours auparavant sa croisière pour aller se ravitailler à Chypre et l'on craignait que ce ne fût son escadre qui revînt prendre sa station devant le port d'Alexandrie.

Le général Bonaparte avait donné rendez-vous au général Menou et au contre-amiral Gantheaume à la première citerne que l'on rencontre en allant d'Alexandrie à Aboukir et qui est à une lieue de ce fort. Il m'ordonna de m'y transporter et de guider ces deux généraux vers l'endroit où il se trouvait à les attendre. Je partis avec un seul guide au risque d'être enlevé par les Arabes, ce qui, dans ce moment, eût été jouer de malheur, et je trouvai effectivement Menou et Gantheaume à l'endroit désigné. Gantheaume prit l'alarme lorsque je lui parlai du bâtiment que nous venions d'apercevoir; il monta sur une dune de sable pour le reconnaître et ne tarda pas à se convaincre que ce navire courait la bordée vers l'île de Chypre; ce qui lui fit conjecturer qu'il avait été envoyé pour reconnaître ce qui se passait dans le port d'Alexandrie. Il se hâta de rejoindre le général Bonaparte pour lui faire part des craintes que ce bâtiment lui inspirait et pour l'engager à ne pas perdre un instant pour s'embarquer.

L'endroit où nous avions joint le bord de la mer et

où nous avions fait halte est éloigné d'une petite lieue d'Alexandrie. Depuis cet endroit jusqu'à la ville, la côte est bordée de dunes peu élevées qui s'abaissent vers la mer en pente douce. Une demi-heure avant le coucher du soleil nous cheminâmes le long du rivage, et couverts par les dunes qui empêchaient notre troupe d'être aperçue, nous nous dirigeâmes vers le Pharillon, situé à la pointe orientale du Port-Neuf, à un demi-quart de lieue de la ville de laquelle on ne pouvait nous découvrir. La nuit était close et obscure lorsque nous arrivâmes au Pharillon, et les chaloupes des frégates qui devaient s'y trouver pour nous recevoir n'étaient pas encore arrivées.

Rendus au lieu de l'embarquement, tout le monde mit pied à terre et le général Menou envoya un aide de camp en ville pour en ramener du monde afin de prendre nos chevaux et ceux des cent cinquante guides ou environ qui allaient s'embarquer avec le général Bonaparte. Ces chevaux, en attendant, furent abandonnés sur le rivage aux soins du petit nombre d'individus qu'on laissait à terre et au nombre desquels se trouvaient tous les palefreniers Egyptiens accoutumés à suivre à pied leur maître, même dans les courses les plus pénibles.

Cependant, quoique nous fussions depuis une demi-heure sur le rivage, les chaloupes n'arrivaient pas, et au risque de donner l'éveil à la ville, on fut obligé de brûler des amorces pour les avertir de notre arrivée et leur indiquer l'endroit où nous étions à les attendre. Elles répondirent à la fin à ce signal sans lequel on ne nous eût trouvés qu'avec beaucoup de temps et de difficultés, tant la nuit était noire. Les chaloupes arrivées, chacun, sans distinction de rang ni de grade, s'empressa de s'embarquer et se mit pour cela dans l'eau jusqu'aux genoux, tant l'impatience était grande, et tant on craignait d'être laissé en arrière. C'était à qui entrerait le premier dans les embarcations et on se poussait pour y arriver avec assez peu de ménagement et de considération. Il en résulta, dans le moment, entre les officiers de l'état-major quelques querelles qui furent oubliées dès qu'on fut arrivé à bord des frégates.

Les frégates *le Muiron* et *le Carrère*, destinées à transporter le général Bonaparte, son état-major et les officiers généraux qu'il emmenait avec lui, étaient mouillées en dehors de la passe du Port-Neuf, à demi portée de canon du Pharillon. Le général Bonaparte arriva à neuf heures à bord du *Muiron*. Il faisait un calme plat et on se mit à table en arrivant, en formant des vœux pour obtenir promptement un peu de vent pour appareiller. On désirait pouvoir, avant le jour, se trouver hors de vue de la terre, tant par la crainte de la croisière anglaise qui pouvait reparaître d'un moment à l'autre, qu'à cause de la garnison d'Alexandrie dont on craignait le mécontentement à la nouvelle de l'embarquement de Bonaparte.

Le lendemain 7 fructidor an VII (24 août 99), au lever du soleil, le même calme régnait encore et, pendant plus de trois heures, nous pûmes distinguer la foule qui s'était portée sur les avancées du Port-Neuf pour nous examiner. Aucun symptôme de mécontentement ne se manifesta, aucun mouvement n'eut lieu pour s'opposer au départ du général en chef.

Vers neuf heures du matin, il s'éleva une légère brise

de terre dont on se hâta de profiter pour mettre à la voile. Au bout d'une heure, cette brise fraîchit un peu et, à midi, nous avions perdu de vue les côtes d'Egypte.

Général Eugène Merlin, aide de camp de Bonaparte en Egypte. Note fournie à Arnault, de l'Académie française.

Merlin, né à Douai en 1778. Sous-lieutenant de hussards en 95 ; aide de camp de Bonaparte en 98 ; nommé lieutenant en 99 « en » récompense du zèle qu'il a mis dans son service en Egypte et » notamment de la prise de possession de Cathiéh, où il a accom- » pagné le général Lagrange ». — Lieutenant-général en 1832. — **Pair de France.**

IV. — Impressions de l'armée

Le général de division Dugua au général en chef.

Au Kaire, le 26 août 99 (9 fructidor an VII).

Général, la nouvelle de votre départ se répand avec des circonstances qui ne laissent plus de réponse puisque vous n'en faites pas vous-même sur cet article. Est-il possible que vous n'ayez pas eu assez de confiance en personne de ceux que vous laissés ici pour leur dire que vous les y laissiez, et que l'état des affaires en Europe l'exigeait impérieusement et sur le champ. Tous ceux qui ne sont venus ici que parce que vous étiez le chef de l'expédition, que par *attachement* pour vous, vous auraient encore sacrifiés ce qu'ils ont de plus cher, l'espoir de revoir leur famille et cela sans se plaindre.

Votre silence, votre *fuite* les a mis au désespoir parce que vous ne l'avez pas motivée, vous le pouviez ; et je suis convaincu que vous vous le deviez. Votre successeur aurait dû entrer au Kaire le lendemain de votre départ ; plus son arrivée sera retardée et plus notre position ici sera difficile. Il y a neuf jours que vous êtes parti et il n'est pas connu. L'armée va éprouver un moment d'anarchie funeste. Vous aviez promis de l'argent de Menouf et de Garbie. Si le peu d'heures que vous avez resté dans le Delta vous a laissé le temps d'en donner l'ordre, il n'a pas été exécuté mieux que celui donné au général Reynier et tous les services manquent ; la solde que vous avez ordonnée ne se paye pas et le mécontentement est au comble.

Cette lettre n'arrivera pas peut-être à Alexandrie qu'après votre départ. Elle n'arrivera pas sans doute avant que vous n'ayez fait connaître votre éloignement et ses causes. Si cependant elle arrivait avant que cela ne fût fait, je compte qu'elle vous déterminera à ne pas perdre un instant pour faire cesser une crise qui sera peut-être la plus fâcheuse qu'ait éprouvée l'armée depuis qu'elle est en Egypte. Je ferai de mon côté tout ce qui dépendra de moi pour la prévenir, mais je vous le répète, général, j'aurais dû savoir quel est votre successeur et il devrait être ici.

Salut et respect.

C. J. Dugua.

Le général de division Dugua au général Kléber, à Damiette.

Au Kaire, le 26 août 99 (9 fructidor an VII).

Le général en chef ne m'a pas annoncé son départ pour la France, mon cher général, tout le monde l'assurait et j'avoue que je n'y croiais pas d'après une longue conversation que j'avais eu avec lui et dans laquelle il me fit beaucoup de demi-confidences. Je ne puis plus douter qu'il n'ait pris la route d'Alexandrie au lieu de celle du Delta. Je ne puis plus douter qu'il n'emmène avec lui des hommes qui ne s'y attendaient pas. Andréossi est du nombre. Mais j'ignore si c'est vous, général, qu'il a désigné pour commander l'armée, il a gardé à cet égard le secret comme sur tout le reste. Je crois que c'est vous, général, et je le désire. Je vous instruis que, pour mieux couvrir son projet, le général n'a annoncé qu'un voyage de dix jours, qu'il n'a fait de fonds à l'ordonnateur pour aucun service, que les ordres qu'il a donné de verser des fonds des caisses des provinces dans la caisse générale n'ont point été exécutés et que les soldes mises à l'ordre du jour ne sont pas payées ici. Votre présence devient extrèmement nécessaire au Kaire sous tous les raports. Je n'ai pas besoin de vous en dire davantage. Salut et amitié.

C. F. G. Dugua.

P.-S. — La ville du Kaire est tranquille et j'espère la maintenir dans cet état jusqu'à ce que j'ai le plaisir de vous y embrasser.

Le général de division Kléber au général de division Menou, à Alexandrie.

Rosette, le 25 août 99 (8 fructidor an VII).

Je reçois le 5 au soir, mon cher général, une lettre du général en chef dont voici l'extrait :

« Vous recevrez cette lettre le 3 ou le 4, partez je
» vous prie sur le champ, pour vous rendre de votre

» personne à Rosette si vous ne voyez aucun incon-
» vénient à votre absence de Damiette ; sans quoi
» envoyez-moi un de vos aides de camp. Je désirerais
» qu'il pût arriver à Rosette dans la journée du 7.
» J'ai à conférer avec vous sur des objets extraordi-
» nairement importants. »

Je traverse en deux jours le désert et le lac de Baierlos. J'arrive à Rosette le 7 à dix heures du soir ; mais l'oiseau était déniché et n'avait pas même passé ici. Je m'en retourne à Damiette où j'attendrai tranquillement que vous veuilliez bien m'annoncer quel est celui qui commande l'armée..... Rien ne pourra m'être plus agréable que de recevoir souvent de vos lettres et, par la première, j'espère que vous aurez la complaisance de me donner des détails sur le départ de notre héros et celui de ses dignes compagnons.

Je vous embrasse de cœur et d'âme.

KLÉBER.

Le général en chef Kléber au général de division Menou, à Alexandrie.

Rosette, le 25 août 99 (8 fructidor an VII).

J'ai reçu le papier que vous m'avez fait passer par le chef de brigade de la 69ᵉ, mon cher général ; j'aurais bien désiré que vous vous fussiez rendu vous même ici. Ma présence me semble très nécessaire au Caire, cependant je vous attendrai jusqu'au 18, *neuf heures du matin*. Hâtez-vous donc d'arriver afin que nous puissions amplement conférer ensemble. Non seulement je vous maintiendrai dans le commandement du 2ᵉ arrondissement, qui n'aurait jamais dû vous être ôté, mais je ferai encore, et toujours, tout ce qui pourra contribuer à votre satisfaction, persuadé que vous mettrez toujours en première ligne le bien des choses qui est notre bien commun et d'où seulement peut découler le bien particulier.

J'approuve le motif du départ de B... Du moins me reste-t-il quelque chose à dire sur la forme. Adieu ou plutôt au plaisir de vous voir bientôt. A vous et tout à vous.

Kléber.

Le général en chef Kléber au général de division Menou à Rosette. Au quartier général à Rosette le 26 août 99 (9 fructidor an VII).

Le général en chef est parti, citoyen général, dans la nuit du 5 (22) au 6 (23) pour se rendre en Europe. Ceux qui connaissent ainsi que vous l'importance qu'il attachait à l'issue glorieuse de l'expédition d'Égypte, doivent apprécier combien ont dû être puissants les motifs qui l'ont déterminé à ce voyage, mais ils doivent se convaincre en même temps que, dans ses vastes projets comme dans toutes ses entreprises, nous serons sans cesse l'objet de sa sollicitude.

« Je serai, me dit-il, d'esprit et de cœur avec vous, » et je regarderai comme mal employés tous les jours » de ma vie où je ne ferai pas quelque chose pour » l'armée dont je vous laisse le commandement. »

Ainsi nous devons nous féliciter de ce départ plutôt que nous en affliger. Cependant le vuide que l'absence de Bonaparte laisse, et dans l'armée et dans l'opinion, est considérable : comment le remplir ? En redoublant de zèle et d'activité ; en allégeant par de communs efforts le pénible fardeau dont son successeur demeure chargé. Vous les devez, citoyen général, ces efforts, à votre patrie, vous les devez à votre propre gloire. Vous les devez à l'estime et à l'affection que je vous ai voué.

Je vous salue,

Kléber.

P.-S. — Vous m'adresserez vos dépêches au Caire où je serai rendu dans trois jours.

(Archives de la Guerre.)

Ordre du jour de la place du Kaire du 29 août 99 (12 fructidor an VII).

Tout annonce que le général Bonaparte est parti pour la France; il a reçu dans sa tournée des ordres pressants du gouvernement ; son absence ne doit causer aucune inquiétude aux Français ni aux Egyptiens ; toutes ses actions n'auront pour but que le bonheur des uns et des autres, et le général qui le remplacera a déjà la confiance de toute l'armée.

Le général de division,
C. F. J. Dugua.

(Archives de la Guerre.)

.....Quelque temps après, Bonaparte partit pour Paris et fut remplacé par le général Kléber.

Le départ de Bonaparte occasionna d'abord de grands murmures dans l'armée. On disait tout haut qu'il nous abandonnait à la merci de l'ennemi et qu'il se sauvait lâchement. Un calembourg roula même assez fortement. On l'appela, en décomposant son nom, *Bonatrape*...

Mais parut un ordre du jour, signé par lui, par lequel il disait qu'il ne partait que provisoirement, pour aller chercher des secours en France.

Cela calma l'armée; et confiée au général Kléber, elle reprit toute confiance.

J.-M. Merme, ex-chasseur de la garde. *Histoire militaire.*

V. — Les soldats d'Egypte !

Je dirai ici le cas que faisait l'Empereur des vieux soldats d'Egypte.

A Thorn, passant à pied la revue d'un régiment qui avait figuré honorablement aux Pyramides, il dit au colonel : « As-tu encore beaucoup de soldats qui » ont été en Egypte ? » Le colonel lui répond : « Sire, » ils sont déjà bien rares. »

Et lorsque l'empereur passait une revue à pied, il avait l'habitude de questionner les soldats, leur demandant s'ils étaient contents ou si on ne leur faisait point de torts.

Ayant remarqué dans cette revue un vieux sergent qui avait trois chevrons, il lui demanda : « Quelles cam- » pagnes as-tu fait ? » Le sergent lui répond : « Sire, » j'ai fait les campagnes d'Italie et d'Egypte. — As-tu » été au siège de Saint-Jean-d'Acre ? — Sire, c'est là où » j'ai gagné mon fusil d'honneur. — Tu n'es encore » que sergent ? — Sire, je ne sais ni lire, ni écrire. »

L'empereur fit aussitôt sortir ce soldat des rangs et le nomma lieutenant. L'empereur recommanda en même temps au colonel d'avoir soin de ces soldats qui avaient fait partie de l'expédition d'Egypte, en disant : « C'est à eux que je dois toute ma gloire. Car, avec les trente mille hommes que j'ai conduits en Egypte, j'avais déjà battu trois cent mille hommes en Italie. Six mois après la paix de Campo-Formio, j'étais maître du monde; et nos drapeaux flottaient sur les bords du Jourdain. Je veux que l'état de soldat s'achette comme un titre de noblesse. »

L'empereur savait bien récompenser le mérite. J'en parle ici comme témoin oculaire et non comme historien.

J.-M. MERME, ex-chasseur de la garde, *Histoire militaire*.

FIN

TABLE DES MATIÈRES

	Pages.
Introduction	I

LIVRE PREMIER

Préparatifs. — En mer. — Malte

Chapitre premier. — Toulon.
    Considérations générales. — Préparatifs. — Organisation. 3

Chapitre II. — En mer.
    Départ de Toulon. — Marche de l'escadre. — La vie à bord. — Convoi de Civita-Vecchia. — Réunion de la flotte. 38

Chapitre III. — Malte.
    Prise de Gozzo. — Attaque de Malte. — Négociations et capitulation. — Une fête donnée par Bonaparte. 58

LIVRE II

Conquête de la basse Égypte

Chapitre IV. — Alexandrie.
    De Malte à Alexandrie. — Débarquement de l'armée et marche sur Alexandrie. — Attaque et prise de la ville. — Après la prise. 75

Chapitre V. — Les Pyramides.
    D'Alexandrie au Caire. — Dans le désert. — Fatigues de l'armée. — La flottille. — Combat de Chébreiss. — Bataille des Pyramides. — Après la bataille. — Entrée au Caire. 91

Chapitre VI. — La rade d'Ahoukir.
    Le combat naval. — Avant. — Pendant. — Après. 119

LIVRE III

Occupation de la basse Égypte

Chapitre VII. — Les débuts.
 Premières mesures de Bonaparte. — Combat de Salhéyéh. — Massacre de la garnison de Mansourah. — Fête du Nil. — La vie au Caire. — Les savants et l'Institut 137

Chapitre VIII. — L'occupation.
 Fête de l'anniversaire de la fondation de la République. — Recouvrement des impôts. — Révolte au Caire. — Etat général de la basse Egypte. — Les distractions au Caire. — Apparition de la peste. 159

Chapitre IX. — L'armée.
 Etat moral. — Vie intime. — Quelques mesures d'organisation. — Les aveugles. — L'habillement 180

LIVRE IV

Haute Egypte : Desaix. — Suez

Chapitre X. — Haute Egypte.
 A la recherche de Mourad Bey. — Bataille de Sédiman. — Dans le Faïoum. — Dans le Sud. — Dénûment des troupes. 209

Chapitre XI.
 Bonaparte à Suez 228

LIVRE V

Expédition de Syrie et de Palestine

Chapitre XII. — El-Arich. — Jaffa.
 Causes de l'expédition de Syrie. — Du Caire à El-Arich. — Prise d'El-Arich. — D'El-Arich à Gaza. — De Gaza à Jaffa. — A la garde du camp. — Prise de Jaffa. — La peste. 242

Chapitre XIII. — Saint-Jean-d'Acre.
 De Jaffa à Saint-Jean-d'Acre. — Affaire d'Haïffa. — Les assauts de Saint-Jean-d'Acre. — La défense. — En parlementaire. — La peste. . 274

Pages.

Chapitre XIV. — En Palestine.
Une reconnaissance. — Combat de Nazareth. — Bataille de Mont-Thabor. — Bonaparte à Nazareth 292

LIVRE VI

Retour en Egypte. — Aboukir. — Rentrée de Bonaparte en France

Chapitre XV. — Retour en Egypte.
Situation de l'Egypte pendant l'expédition de Syrie. — La retraite : les malades et les blessés, sentiments de l'armée. — Entrée au Caire. — Résumé des marches faites pendant l'expédition de Syrie. 315

Chapitre XVI. — Aboukir.
Débarquement des Turcs à Aboukir ; ils prennent le fort. — Mesures prises par Bonaparte. — Reconnaissance précédant la bataille. — Bataille d'Aboukir 329

Chapitre XVII. — Retour en France.
Habillement de l'armée. — Bonaparte et M. Hamelin. — Communications de Sidney Smith. — Départ de Bonaparte. — Impressions de l'armée. — Les vieux soldats d'Egypte 346

PARIS. — IMP. FERD. IMBERT, 7, RUE DES CANETTES.

www.ingramcontent.com/pod-product-compliance
Lightning Source LLC
Chambersburg PA
CBHW071907230426
43671CB00010B/1514